중국 대표 사상가들에의해 쓰여진

중국 사상으로의 여행

노자 · 장자 · 전국책 · 한비자 · 삼국지 등을
비롯한 중국 고전학을 한눈에 볼 수 있는

권순우 편역

KB057407

법문 북스

지혜의 재발견

중국 대표 사상가들에의해 쓰여진

중국 사상으로의 여행

노자 · 장자 · 전국책 · 한비자 · 삼국지 등을
비롯한 중국 고전학을 한눈에 볼 수 있는

권순우 편역

법문 북스

한권으로 읽는
중국의 사상

책 머리에

중국의 10억 인구를 이끌어가는 고대 성현들의 지성과 사상을 이루는 뼈대는 무엇인가. 그들이 부딪혀야 했던 문제점과 그에 상응하는 삶의 문제 해결을 위한 다양한 방법론들은 치열한 삶의 터전에서 살고 있는 현대인들이 되새겨 볼 만한 가치를 지니는 것들이다.

이 책에서는 〈노자〉, 〈장자〉, 〈전국책〉, 〈한비자〉, 〈삼국지〉, 〈손자병법〉, 〈묵자〉, 〈사기〉, 〈회남자〉, 〈논어〉, 〈육도삼략〉 등 중국의 고대 사상가들에 의해 쓰여진 많은 고전 73권 중에서 현대인들이 반드시 기억해 두어야 할 만한 것들을 가려 뽑아 한눈에 중국인들의 삶의 토대를 이루는 중국 고대 성현들의 사상의 정수를 읽어 내려갈 수 있도록 했다.

또한, 인간이 겪을 수 있는 모든 상황에 대한 정확한 판단과 진실한 삶을 위한 성현들의 통찰력, 삶의 고비에서 성현들의 유연한 삶의 대처법, 고대 중국 지성들의 삶을 바라보는 태도와 세계관, 그리고 인간이 인간과 세상에 대해 가질 수 있는 최선과 최후의 진정한 승리를 향한 삶의 방법들이 각 장별로 나누어져 독자들의 이해를 돕고 있다.

차례

차례

차례

차례

차례

차례

차례

차례

차례

5. 숨겨진 힘을 깨우친다

차례

1. 뜻을 세우면 반드시 이룬다

강남의 귤을 강북에 심으면 탱자가 된다

제나라 경공(景公) 때 안자(安子)는 재상으로 이름이 높았다. 안자가 왕의 명을 받고 형나라에 갔을 때다.

형나라 임금은 안자의 소문을 익히 듣고 있었던 터라 어떻게 하든 안자를 골려 주려고 좌우에 있는 신하들과 의논을 했다.

"좋은 수가 있습니다. 임금께옵서 안자와 같이 계실 때 제가 죄인 하나를 끌고 들어오겠습니다. 그리고 나서 이렇게 저렇게…… 하면 어떻습니까?"

계교가 다 짜여졌다.

안자가 형나라 임금과 같이 앉아 있을 때 한 죄인이 포승을 한 채 끌려가는 모습이 보였다.

"그게 누구냐?"

형나라 임금이 물었다.

"제나라 사람이올시다."

"무슨 죄를 지었느냐?"

"도둑질을 했습니다."

형나라 임금은 짐짓 놀라는 체하면서 죄인과 안자의 얼굴을 번갈아 보면서 말했다.

"제나라 사람도 도둑질을 하는가?"

그러자 안자는 빙그레 웃으며 대답했다.

"강남에 귤나무가 있는데 제나라 임금이 그것을 강북에다 심게 했더니, 강북에서는 귤나무가 탱자나무로 변해 버렸습니다. 제나라 사람이 제나라에 있을 때 도둑질을 하지 않는데 형나라에 오면 도둑질을 하게 되는 모양이니, 형나라의 풍토가 그렇게 만드는가 봅니다."

형나라 임금은 안자를 골려 주려 했다가 오히려 무안을 당하고 말았다.

그 다음에 안자는 초나라에도 사신으로 갔다. 초나라에서도 안자를 골려 주려고 큰 문 옆에 조그만 문을 만들어 놓고 안자에게 그 문으로 들어가라고 했다.

안자가 말했다.

"개의 나라에 가면 개구멍으로 드나드는 것이 예의일 것이나, 나는 개의 나라에 온 것이 아니고, 버젓한 사람의 나라 초국에 온 것이니 어찌 개구멍으로 들어갈 수 있겠는가."

초나라 사람은 허둥지둥 큰 문을 열고 그리로 안자를 안내했다. 그리하여 초나라 임금을 만났다.

"제나라에는 인물이 없는 모양이군."

"제나라의 서울은 사방이 3백 여 정보나 되며, 인종이 많아 옷 소매를 벌리면 채알을 친 것 같고, 땀을 뿌리면 비가 오는 것과 같습니다. 어찌 그러한 곳에 인물이 없을 수 있겠습니까."

"그러면 어찌하여 그대와 같은 사람을 사신으로 보냈단 말인가."

"제나라에서는 외국에 사신을 보낼 때 슬기로운 임금이 있는 나라에는 슬기로운 사람을 보내고, 못난 임금이 있는 나라에는 못난 사람을 사신으로 보내옵니다. 저는 아주 못난 축이어서 초나라에 오게 된 것입니다."

초나라 임금은 아무 말도 못하고 얼굴만 붉으락푸르락 했다.

– 〈설원〉에서

겨울의 햇볕은 사랑스럽고, 여름의 햇볕은 무섭다

춘추시대 때 조(趙)나라는 진(晉)나라를 종주(宗主)로 섬겼다. 문공(文公) 때에는 조쇠(趙衰)가, 다음 양공(襄公) 때에는 그 아들 조둔이 각각 진나라에서 높은 벼슬을 했었다.

조쇠와 조둔 부자는 다 같이 뛰어난 인물이었으나, 조쇠는 성품이 온순하고 부드러워서 누구나 친숙할 수 있는 사람이었고, 그 아들 조둔은 성질이 서릿발같이 매서워서 누구나 그 앞에 오면 떨지 않는 사람이 없었다. 세상사람들은 이들 부자를 가리켜서 '그 아버지는 겨울날의 햇볕 같고, 그 아들은 여름날의 햇볕 같다'고 했다.

겨울의 햇볕은 따뜻하고 포근하지만 여름의 햇볕은 뜨겁고 두렵다는 뜻이다. 조둔은 그래서 싫어 하는 사람도 많았고 원한을 가지고 있는 사람도 많았다. 그러나 조둔이 살아 있을 때는 아무도 그 앞에 대드는 이가 없다가 그가 죽고 나니까 화근은 그의 아들 삭(朔)에게로 닥쳐 왔다.

조둔이 살았을 때 그와 권력 다툼을 했던 도안고(屠岸賈)는 사구(司寇)라고 하는 사법관이 된 것을 기회로, 조씨들의 잘못을 하나하나 끄집어 내어 조씨 일족을 모두 죽여 버렸다. 이때 조삭의 아내는 아기를 배고 있었는데, 조삭의 집에 식객으로 있던 공손저구(公孫杵臼)와 정영 두 사람의 도움으로 겨우 목숨을 건져 그 후에 난 아들이 자라서 아버지와 문중의 원수 도안고를 죽이고 조씨 집안을 다시 일으켰다.

— 〈사기(史記)〉, 〈좌전〉에서

관(棺)의 뚜껑을 덮고 나서야 그 사람의 팔자를 말할 수 있다

　이 말은 흔히들 하는 말이다. 사람은 죽은 뒤 관에 넣고 뚜껑을 덮고 나서야 비로소 그 사람이 평생에 성공을 했는지 실패를 했는지, 혹은 행복했는지 불행했는지를 말할 수 있다는 것이다. 아직 살아 있는 동안에 스스로 성공을 했다고 안심을 해도 안 되고, 실패를 했다고 낙망을 할 것도 없다.
　당나라 때 시인 두보의 시에 이런 것이 있다.

그대 못 보는가
길가에 썩은 물 괴어 있는 연못을,
그대 못 보는가
앙상하게 등걸만 남아 있는 오동나무를,

오동나무는 죽은 등걸로도
거문고를 만들 수 있고,
썩은 물에 교룡(蛟龍)이 숨어 있는 것을
사나이 죽어 관 뚜껑을 덮고 나서
비로소 성패를 말할 수 있으니,
그대 아직 늙지도 않았거늘,
어쩌다 불우함을 한하는고.
심산유곡은 그대 있는 곳이 아니니,
벽력과 비바람까지 이네.

　이 시는 두보가 친구의 아들 소계(蘇溪)에게 빨리 산속에서 나오라고 한 편지를 시로 엮은 것이다.

구리(銅) 냄새가 난다

후한(後漢)은 영제(靈帝)까지 내려오는 동안 점점 기울어져 나라 형편이 말이 아니었다. 태평도(太平道)라는 사교(邪敎)는 신자가 수만 명으로 불어나 그 세력이 만만치 않게 된데다가, 조정에는 내시들이 권세를 잡고 앉아서 자기네들의 배만 채우고 있었다.

국고에는 돈이 떨어져서 벼슬 자리를 돈 있는 사람에게 팔지 않으면 안 될 정도가 되었다. 감투값은 벼슬자리에 따라서 값이 매겨졌다. 2천 석짜리 지방장관이면 2천만금, 5백 석짜리 벼슬이면 5백금, 이렇게 값이 정해졌다.

어떤 사람이 5백만금을 주고 사도(司徒)라는 감투를 샀는데, 아무래도 세상 이목이 꺼려져 그 아들에게 '세상 소문이 어떻드냐?' 고 물어 보았다.

"별로 나쁜 소문은 없습니다만, 사도 자리에서 구리 냄새가 난다고 하더군요. 구리 냄새가 싫은 것 같아요."

그 아들의 솔직한 대답이었다. 구리 냄새는 그 당시의 돈이 구리로 만든 동전이었기 때문에 돈 냄새라는 뜻이다.

- 〈후한서(後漢書)〉

귀중한 보배를 지닌 이는 밤길을 가지 않는다

전국시대, 진(秦)이 조(趙)를 공격했다. 초(楚), 제(齊), 연(燕), 조(趙), 위(魏), 한(韓)의 여섯 나라가 힘을 합해서 진나라에 대항하면 진나라는 어느 한 나라도 호락호락하게 공격하지 못할 것이라고 주장해온 소진(蘇秦)은 진이 조를 공격했다는 소리를 듣고 재빨리 진나라로 갔다. 진나라 소왕(昭王)을 설득하기 위해서였다.

전에 소진은 조나라 숙후(肅侯)를 설득해서 연나라와 동맹을 맺게 한 적이 있었다. 그런데 조나라가 진나라의 공격을 받게 되면 지금까지 한 일이 허사로 돌아갈 뿐 아니라, 조나라 숙후가 어떻게 나올지 몰라 우선 진나라를 달래 조를 공격하는 것을 중지시키지 않으면 안되게 된 것이다. 소왕을 만난 소진은 이렇게 말했다.

"밝은 임금은 널리 인재를 구하여 그들의 재주에 따라서 일을 맡긴다 합니다. 그래서 재주 있는 사람들은 제각기 일자리를 얻어 재주를 펼 수 있게 된다는 것입니다. 또 밝은 임금은 여러 사람들이 하는 말을 듣고 그때 그때 형편에 맞춰 일을 처리합니다. 그래서 만사에 실패가 없다는 것입니다. 이런 점을 생각하시어 제발 저의 말을 들어 주시기 바랍니다."

소진은 우선 소왕을 추켜 놓고 나서 말을 이었다.

"귀중한 보배를 지닌 사람은 밤길을 가지 않고, 큰 공(功)을 맡은 이는 적을 가벼이 여기지 않는다고 합니다. 그러므로 어진 이는 그 소임이 중하여도 행동이 겸손하고, 슬기로운 이는 공이 커도 그 언사가 공손하다고 합니다. 진나라로 말씀하면 그 실력이 조나라쯤 공격하기는 아주 쉬운 일입니다. 그러나 조나라도 작으나마 독립된 한 나라입니다. 반드시 죽음을 걸고 대들 것이 틀림없습니다. 게다가 자칫

하면 다른 나라들까지도 진의 적이 될지도 모르는 일입니다. 지금이라도 조나라에 쳐들어간 군사를 거두시는 것이 진나라를 위해 좋을 것입니다."

소진의 말솜씨는 세상에 따를 사람이 없었고, 소왕 역시 소진의 말에 떨어졌다.

그래서 곧 조나라에 대한 공격을 중단했다. 이런 일이 있은 후 29년간 진나라와 여섯 나라 사이에는 다시 전쟁이 없었다.

- 〈전국책(戰國策)〉에서

나무는 고요하려 해도 바람이 멎지 않네

공자가 이 나라 저 나라를 유랑하고 있을 때였다. 한 곳에서 몹시 슬피 우는 한 남자를 보고 그 이유를 물었다. 그랬더니 그 남자가 하는 말이,

"저는 세 가지 큰 허물을 저질렀습니다. 저는 젊어서 글 배우기를 좋아하여 스승을 찾아 천하를 두루 돌아다니다가 고향에 돌아와 보니 이미 양친은 돌아가시고 안 계셨습니다. 이것이 첫째의 죄를 진 것입니다. 그리고 제가 일자리를 얻어 주인을 위해 정성껏 일을 보려 했으나, 주인이 하도 교만해서 저는 거기를 뛰쳐 나오고 말았습니다. 이것이 두번째 실패입니다. 그 다음에 저에게 아주 친한 친구가 있었습니다. 그런데 마지 못할 사정이 있어 그 친구와 절교를 하고 말았습니다. 이것이 세번째의 허물이올시다. '나무는 고요하려 해도 바람이 그치지 않고, 부모를 뫼시려 해도 부모가 기다려 주지 않으니' 세

월은 가고 못 오는 것, 가신 어버이를 다시 뵈올 길이 없습니다. 이제 더 살 생각이 없습니다."

하면서 그 남자는 물 속에 몸을 던져 버렸다. 공자는 마음에 깊이 느끼는 바 있어 제자들에게 일렀다.

"이 일을 적어 두어라. 계명으로 삼을 만하니라."

이 말을 들은 제자 중에 열 세 명이 그 당장에 고향으로 돌아갔다고 한다.

눈은 아주 작은 물건도 보지만, 제 눈썹은 보지 못한다

월(越)나라 무강(無疆)왕 때다. 무강은 월왕 구천(句踐)이 죽고 6대 임금이다.

천하는 전국시대, 모두들 천하를 놓고 서로 다투고 있었다. 월나라는 이미 구천이 살아 있을 때와 같지는 못했으나, 그래도 야망은 있어 제나라를 공격했다. 제나라 위왕(威王)은 월왕에게 사자를 보냈다.

"월나라의 적은 제나라가 아니고 초나라일 것입니다. 초나라를 쳐 없애지 않으면 천하를 차지할 수는 없을 것입니다. 그런데 월나라가 초나라를 치지 못하는 것은 한(韓)과 위(魏)가 한편이 되지 못한 때문이 아닙니까? 이때 한과 위와 손을 잡고 초를 치는 것이 상책일 것입니다. 눈은 아주 작은 것도 볼 수 있지만, 바로 제 눈 위에 있는 눈썹은 보지 못하는 것입니다. 남의 나라의 작은 일을 살피지 말고, 자신의 가까운 일들을 잘 살펴 보시는 것이 좋을 것입니다."

무강은 그도 그럴 듯하여 제나라를 공격하는 것을 그만 두고 제나라를 공격하던 군사를 몰고 초나라를 공격했다. 그러나 초나라는 워낙 강한 나라였기 때문에 월나라 군사는 크게 패하여 무강도 목숨을 잃고 말았다.

초나라는 월나라의 땅을 모두 차지했다. 월나라는 여기서 망하고 만 것이다. 월왕의 자손은 한나라 고조(高祖) 때 공을 세워 다시 월왕이 되었다.

－〈사기〉에서

담비꼬리가 모자라서 개꼬리가 세난다

삼국 정립시대와 수(隋), 당(唐) 사이에 서진(西晋) 동진(東晋) 남북조(南北朝) 시대와 같은 혼란했던 한 시대가 있었다. 서진(西晋) 제2대 혜제(惠帝)는 어리석은 임금이어서 고(賈) 황후와 그 일족들이 세력을 잡고 마음대로 판을 쳤다. 고 황후와 그 일족들은 고 황후의 소생이 아닌 태자를 폐하고 마침내는 죽여 버렸다.

종실 중에서 가장 나이가 많은 조왕(趙王) 윤(倫)은 제왕(齊王)과 함께 태자의 원수를 갚는다는 명목으로 군사를 이끌고 궁중으로 들어가 고 황후를 죽이고, 고씨 일족은 물론 중신들까지 모두 죽인 후에 혜제를 협박하여 임금자리를 물려 받았다. 임금이 된 윤은 자기 편이라고만 하면 누구에게나 벼슬 자리를 주었다. 졸개들에게 관작을 주기까지도 했다.

궁중은 온통 높은 벼슬에 있는 이들로 득실거렸다. 그때 유행하던 말로 '담비꼬리와 매미의 날개'가 궁중에 가득했던 것이다.

'담비 꼬리가 모자라서 개꼬리가 세 난다'는 말은 그 당시 높은 벼슬에 있는 사람들은 담비꼬리와 매미의 날개로 장식한 관을 썼던 것이다. 담비꼬리와 매미의 날개가 궁중에 득실거린다는 것은 그 만큼 높은 벼슬을 한 사람이 많았던 때문이며, 개꼬리가 세난다는 것은 하도 높은 벼슬을 한 사람들이 많아서 담비꼬리가 모자라 담비꼬리 대신 개꼬리를 써야만 했다는 것이다. 한편 개꼬리는 보잘 것 없는 졸개들이 높은 벼슬을 했다고 거들먹거리는 것을 비웃는 뜻으로도 쓰였다.

이런 꼴을 보고 제왕(齊王)은 군사를 일으켜 윤을 죽이고, 다시 혜제에게 임금자리를 돌려 주었다. 그러나 이로부터 서진(西晉)은 어지러워질 대로 어지러워져서 이른바 '팔왕의 난(八王의 亂)'이 벌어지고, 혜제는 동해왕에게 독살되었다.

— 〈신서(晉書)〉에서

던진 과일이 차에 가득하다

옛날 진나라에 번악이라는 미남자가 있었다. 번악은 젊어서 곧잘 수레를 타고 서울 거리를 달렸다. 그럴 때면 길 가던 여인들이 번악의 수레를 둘러싸고 가지고 있던 과일을 번악의 수레를 향해 던졌다. 번악의 수레는 과일로 가득 찼다. 이때 번악과는 반대로 장재(張載)라는 아주 추하게 생긴 사나이가 있었다.

장재도 수레를 타고 서울 거리를 달리기를 좋아했다. 장재가 수레를 타고 지나가면 어린아이들이 돌팔매질을 해서 장재의 수레는 돌멩이로 가득찼다. 잘 생기고 못 생긴 차이가 이렇게 다르다.

- 〈진서〉에서

도(道)라는 것은 절대적인 것이 아니다

제나라 환공이 어느 날 당상(堂上)에서 책을 읽고 있었다. 당 아래
에서는 수레를 만드는 장인이 수레바퀴를 만들고 있었다.

"성상께옵서는 무슨 책을 읽고 계시오니까?"

"성현의 말씀을 적은 책이다."

"그 성현이란 분들은 지금 살아 계시나요?"

"벌써 오래 전에 돌아가셨다."

"그러면 그 책은 성현의 찌꺼기구먼요?"

환공은 벌컥 화를 냈다.

"장인 주제에 무엇을 안다고 지껄이느냐?"

장인은 황공하여 아뢰었다.

"소인이 하찮은 수레바퀴를 만드는 데도 그러하옵니다. 너무 굳어
도 안 되고 너무 물러도 안 되는데, 그것은 손대중과 눈어림으로 아
는 것이옵니다. 이 손대중과 눈어림은 제가 제 자식에게 일러 주려고
해도 일러 줄 수가 없사옵고, 자식놈이 그것을 배우려 해도 배울 수
가 없습니다. 그러므로 제가 살아 있는 동안은 제 손으로 만들다가
죽으면 그만인 것이옵니다. 성현의 말씀도 그 실속은 성현이 몸에 지
니고 돌아가셨고, 그 찌꺼기만이 남아 있을 것이라고 생각되어 그
만……."

환공은 장인의 말을 듣고 보니 그럴 듯하기도 했다.

- 〈회남자〉에서

도척의 개, 요(堯) 임금 보고 짖는다

도척의 개가 요(堯) 임금을 보고 짖는 것은 요 임금이 어질지 못해서가 아니라, 개라는 짐승은 주인 이외의 사람을 보면 짖기 때문이다. 그것이 개로서는 주인 대한 충실한 행동인 것이다.

제나라 사람 괴통이 한신을 보고 유방에게서 떠나 스스로 천하를 꾀해 보라고 권한 적이 있었다. 그러나 한신은 괴통의 말을 듣지 않았다. 뒤에 한신이 사형을 당하게 되었을 때 '괴통의 말을 들었더라면……' 하고 후회했다.

고조(高祖, 유방)는 괴통이 한신에게 그런 말을 했었다는 것을 알고 곧 괴통을 잡아다가 심문을 했다.

"너는 지난 날 한신에게 모반할 것을 권했는가?"

"예, 그러하옵니다. 그 못난 녀석이 그때 내 말을 들었더라면 오늘 그와 같이 가엾은 운명은 되지 않았을 것입니다."

고조는 머리 끝까지 화가 나 당장에 괴통을 사형에 처하라고 명령했다. 그때 괴통이 이렇게 변명했다.

"진(秦)나라가 기울어질 때 천하에는 각지에서 영웅들이 벌집같이 일어났습니다. 누가 먼저 천하를 잡느냐 하는 때 폐하가 걸음이 빨라서 먼저 천하를 얻으셨습니다. 도척의 개가 요 임금을 보고 짖는다는 격으로, 그 당시 저는 한신을 알고 있었을 뿐 폐하를 알지 못했습니다. 그때 군사를 일으켜 천하를 잡고자 했던 사람들은 숱하게 많이 있었습니다. 그러나 그들은 힘이 모자라서 목적을 이루지 못한 것 뿐입니다. 폐하는 그러시다면 그 사람들을 모조리 사형에 처하시겠습니까?'

고조는 괴통의 말을 듣고 괴통의 죄를 용서해 주었다.

개는 짖는 것이 그의 본분이다. 짖지 않는 개는 아무 쓸모가 없다. 송나라 때 시인 소동파(蘇東坡)가 신종(神宗)에게 올린 글 중에 '개를 기르는 것은 도둑을 막기 위해서입니다. 도둑이 없다고 해서 짖지 않는 개를 기를 까닭은 없습니다' 라는 말이 있다. 무능한 관리는 쓰지 말아야 한다는 뜻이다.

－〈사기〉에서

드디어 어린 녀석이 공을 세웠구나

한자어(漢字語)에 수자(竪子)라는 말이 있다. 유자(孺子)도 같은 말이다. 우리 말로는 더벅머리, 또는 어린 녀석이라고 하는 말과 같다.

전국시대에 위(魏)나라가 한(韓)나라를 쳐들어갔다. 한나라에서는 제나라에 후원을 청했다. 이에 제나라는 전기(田忌)가 대장이 되고 손빈(孫殯)이 참모가 되어 한나라를 구원하러 갔다.

위나라의 대장은 방연(龐涓)이었다. 손빈과 방연은 한때 병법을 같이 공부한 적이 있었다. 이 두 사람은 처음에는 함께 위나라에 있었는데, 방연의 재주가 손빈을 따르지 못했다. 방연은 손빈을 시샘하여 간사한 꾀로 손빈을 죄인으로 몰아 두 다리를 자르게 하고 그 이마에

먹물을 넣어 죄인의 낙인을 찍어 놓았다. 그 후 손빈은 제나라 사신에게 구출되어 제나라로 갔던 것이다. 이제야 손빈은 방연을 치기 위해서 구원군의 참모가 된 것이다.

오래간만에 두 사람은 재주를 겨루게 되었다. 손빈은 여러 가지 계교를 써서 방연의 군사를 가는 곳마다 쳐부쉈다. 두고 두고 맺혔던 원한을 풀어 보려는 것 같았다.

손빈은 거짓 쫓기는 척했다. 방연의 군사는 쫓기는 손빈의 군사를 쫓아 오고 있었다. 손빈은 미리 산 허리에 복병(伏兵)을 감춰 놓고 방연의 군사가 골짜기에 이르를 즈음, 일제히 활을 쏘게 했다. 그리고 그 곳에 있는 큰 나무를 깎아 거기다가 '방연 이 나무 밑에서 죽다'라고 써 놓았다. 아니나 다를까. 방연은 군사를 휘몰아 골짜기로 들어섰다. 방연의 눈에 큰 나무에 씌여 있는 글씨가 들어왔다. 그 순간 산 허리로부터 화살이 비오듯 날아왔다. 방연은 피할 사이도 없이 화살을 맞고 쓰러졌다.

"드디어 어린 녀석(竪子)이 공을 세웠구나."

방연은 이 한마디를 외치고 이를 갈며 죽었다.

위나라 군사는 풍지박산이 되어 크게 패하고 말았다. 더벅머리 또는 어린 녀석이란 말이 나오는 또 하나의 얘기가 있다.

"진(秦)나라가 망해 갈 무렵, 유방과 항우가 천하를 다툴 때 유방이 먼저 재빠르게 관중(關中)으로 들어갔다. 항우는 유방이 먼저 관중으로 들어간 것이 몹시 불쾌하여 유방을 공격하려 했다. 유방은 손수 항우의 진영으로 가서 자기가 먼저 관중으로 들어오게 된 경위를 해명하려 했다. 이른바 '홍문(鴻門)의 회합'이라는 것이다. 항우의 참모 범증(范增)은 이 기회에 유방을 죽이자고 했다. 유방의 목숨은 바람 앞에 놓인 촛불이나 다를 것이 없게 되었다. 그러나 유방은 이 범의 아가리를 벗어날 수 있었다.

그러나 유방은 이를 먼저 알아챈 장양(張良)의 계교로 겨우 자기 진영으로 돌아올 수 있었다. 항우의 진영에 남아 있던 장양은 항우와 범증에게 각각 값진 보배 구슬을 바쳤다. 얼마 있다 유방이 도망간 것을 알아 챈 범증은 화가 머리 끝까지 나서 칼을 빼어 장양에게서 받은 보배 구슬을 산산이 깨 버렸다.

"아아 분하다. 유방을 놓치다니…… 어린 아이 같은 항우하고는 더불어 천하 대사를 도모할 수 없다. 천하를 얻을 자는 유방일 것이다."

범증의 예언은 그대로 맞았다. 항우는 싸움에 져서 자결했고, 유방은 천하를 손에 넣었다.

앞에서도 나왔지만 장양이라는 사람은 유방 밑에서 많은 공을 세웠다. 유방도 장양의 계교에는 따를 수 없다고까지 감탄했었다.

장양이 아직 어릴 때의 일이다. 장양이 다리 근처를 거닐고 있으려니 남루한 옷차림의 한 노인이 신고 있던 신짝 하나를 다리 아래로 떨어뜨리고 그것을 장양에게 집어 오라고 했다. 장양은 노인이 시키는 대로 다리 아래로 가서 신짝을 집어 왔다. 그랬더니 이번에는 그 신짝을 발에 신기라고 한다. 장양은 이번에도 하라는 대로 노인의 발에 그 신을 신겼다. 노인은 '너는 싹수가 있어 보인다. 가르칠 만한 어린 아이다' 하면서 보름 후에 병서(兵書) 한 권을 장양에게 주었다. 장양은 그것을 열심히 읽고 또 읽어서 깨쳤다고 한다.

진시황(秦始皇)이 책이란 책은 모조리 불살랐다고 하지만, 이 병서는 어쩌다가 남아 있었던 모양이다.

뜻 있는 자는 필경 이룬다

후한(後漢) 광무제(光武齊)가 착착 나라를 세워 가고 있을 때, 제나라의 왕으로 자처하던 장보(張步)가 귀순하겠다고 왔다. 장보는 원래 동래 태수로 있다가 전한(前漢) 말, 난리 통에 스스로 제왕이 되었다.

그런데 이번에 경엄(耿弇)의 군사에게 쫓겨 항복을 하게 된 것이다. 경엄은 계속하여 축아, 제남, 임치 등 각지를 정벌했다. 광무제는 경엄의 전공을 치하하고 노고를 위로하기 위해 멀리 임치까지 거동했다.

"장군은 전날 남양에 있을 때 제나라를 치자고 한 적이 있었다. 그러나 그때는 나의 뜻과 맞지를 않아 장군의 모처럼의 건의가 받아 들여지지를 않았다. 그러나 오늘에 와서 장군이 처음 목적했던 제나라를 장군의 손으로 쳐 부수게 되니, 참으로 감탄해 마지 않는 바다. '뜻 있는 자는 필경 이룬다'는 말이 바로 장군을 두고 한 말인가보다."

광무제는 경엄을 극구 칭찬해 마지 않았다.

마음이 정해지지 않으면, 수족이 움직이지 않는다

전국시대 제나라는 연(燕)나라의 공격을 받아 국토의 반 이상이 연나라에 점령되었으나, 전단(田單)이 일어서서 연나라 군사를 물리치고 잃었던 땅을 다시 찾았다. 전단은 쉴 새도 없이 북방에 있는 적

(狄)을 공격했으나, 석달이 걸려도 적의 성을 함락시키지 못했다.

이것을 본 현자 노중련(魯仲連)이 전단에게 이렇게 충고했다.

"장군이 먼저 즉묵성(卽墨城)에 있을 때는 나라가 위태로워 몸 붙일 곳조차 없었기 때문에 장군 스스로도 죽음을 각오하였고, 군사들도 죽기를 한사코 싸워 이겼던 것입니다. 그러나 지금의 장군은 전날의 공으로 안평군이 되어 만호의 땅과 만금의 재물을 가지게 되었습니다. 이제 장군은 편하게 살 수가 있습니다. 한 해라도 오래 살아서 인생의 즐거움을 맛보고 싶을 것입니다. 장군의 마음이 그처럼 전날과 같지 않은데, 군사들인들 어찌 전날같이 죽음을 무릅쓰고 싸우려 하겠습니까? 군사들이란 장수의 수족과 같은 것입니다. 마음이 정해지지 않고 수족을 움직일 수는 없습니다. 그래서 적의 성을 함락시키지 못하는 것입니다."

전단은 그 말을 듣고 반성했다.

자신의 마음에 채찍질하듯 곧 적의 성을 돌아보고 적진 앞에 서서 군사를 지휘했다. 군사들의 사기가 갑자기 드높아지면서 적의 성은 순식간에 함락되고 말았다.

- 〈설원〉에서

많은 사람의 노염은 거스르기 어렵다

춘추시대, 위후(衛侯)가 대부들을 불러 놓고 연회를 열었다. 그런데 그 자리에 나온 성자(聲子)가 버선을 신고 있었다. 이것을 본 위후는 역정이 났다. (그 당시 임금 앞에서는 버선을 신지 않는 것이 예의

였던 것 같다.)

성자는 '발을 다쳐서 그렇다'고 변명을 했으나, 위후의 노염은 더했다.

"네 그 발을 잘라 버릴 것이다."

성자는 그 자리에서 기어 도망쳐 나왔다. 위후는 이처럼 화를 잘 내는 사람인데다가 난폭하기도 했다. 대부들을 여러 사람의 면전에서 꾸짖기는 예사 일이었다. 고관들은 더 참을 수 없어서 반란을 일으켰다.

위후를 옆에서 모시고 있던 견자사가 반란을 일으킨 자들을 맞아 싸우려 하니, 옆에 있던 권미(拳彌)가 견사자를 말렸다.

"그대는 용사이니 한판 싸움을 해 볼만도 하지만, 이번만은 가만히 있는 것이 좋겠네. 위후가 너무 심하게 해서 그런 것이니, 많은 사람의 노여움을 거스르기가 어려우이."

측근에 있는 자까지도 이런 형편이었으니 위후의 처지를 가히 알 수가 있다. 위후는 하는 수 없이 진나라로 몸을 피하려 했다.

"제나라와 진나라는 언제나 우리를 노리고 있습니다. 당치않은 생각이십니다."

권미가 말했다.

"그러면 노(魯)로 갈까?"

"노도 안 됩니다. 월(越)이 좋을 듯합니다."

위후는 월로 가기로 했다. 월을 향해 얼마쯤 가다가 도중에서 권미가,

"제가 먼저 가서 월의 형편을 살펴 보겠습니다. 그리고 반란을 일으킨 자들이 또 어떻게 나올지 모르니까 보물들은 먼저 보내는 것이 안전할 듯합니다."

하고 보물을 수레에 싣고 월로 향해 가는 척하다가 자기 집으로 다시

돌아와 버렸다. 나쁜 신하라고 말할지 모르지만, 포악했던 위후이고 보면 그도 당연한 보복이라고 할 수밖에 없다.

- 〈좌전〉에서

먹이는 많이 주는데, 말은 말랐다

먹이를 많이 주도록 되어 있기는 하나, 실제로는 먹이를 주지 않아서 말이 말랐다는 것이다. 승급이나 승진도 빈 약속만으로는 아무 소용이 없다는 말이다.

송나라 태조(太祖)는 장사광(張思光)에게 사마장사(司馬長史)의 벼슬을 주겠다고 약속한 일이 있었다. 장사광은 오늘 사령이 내릴까, 내일 내릴까 하고 기다리고 있는데 아무리 기다려도 사령이 나지를 않는다. 장사광은 기다리다 기다리다 못해 한 꾀를 냈다.

그는 어디서 비쩍 마른 말 한 필을 구해 타고 태조가 볼 수 있는 곳을 지나갔다. 태조는 장사광이 탄 말을 보고 물었다.

"이 말이 몹시 말랐으니 대체 하루에 얼마나 먹이를 주는가?"

"하루 한 섬입니다."

"하루 한 섬이면 적지도 않은데 너무 말랐는 걸."

"저는 하루 한 섬씩 주라고 일러 놓았습니다마는 실제는 그렇게 주지 않은 모양입니다."

태조는 그때서야 장사광의 말 뜻을 알아 들었다. 그래서 곧 장사광에게 정식으로 사마장사에 임명한다는 사령을 주었다.

- 〈세설신어(世說新語)〉에서

모자는 헐어도 머리에 쓰지만, 신은 새 것이라도 머리에 쓸 수 없다

전한(前漢) 경종(景宗) 때 청하왕(淸河王)의 스승 원고생(轅固生) 은 〈시경(詩經)〉에 통하여 박사가 되었다.

어느 날 임금이 보는 앞에서 황생(黃生)과 논쟁을 벌인 일이 있다. 이때 황생이 말했다.

"은(殷)나라 탕왕(湯王)과 주(周)나라 무왕(武王)은 천명을 받아 왕이 된 것이 아니라, 그 임금〈하(夏)나라 걸왕(桀王)과 은(殷)나라 주왕(紂王)을 가리킴〉을 죽인 것입니다."

"그것은 틀린 말이오. 걸왕과 주왕은 포악한 임금이어서 천하의 인심이 탕왕과 무왕에게 돌아간 것이오. 백성들은 악덕한 왕의 지배를 받기 싫어하기 때문에 하는 수 없이 임금이 된 것 뿐이오. 걸왕과 주왕을 죽였다 하나 그것은 백성의 뜻을 따른 것이며, 따라서 천명을 받은 것이라고 할 수 있소."

"관은 아무리 해지고 더러워졌더라도 반드시 머리에 써야 하는 것이며, 신은 아무리 새 것이라 해도 머리에 쓸 수는 없는 것입니다. 걸왕과 주왕이 아무리 정치에 바른 길을 벗어났다 할지라도 왕은 왕인 것입니다. 탕왕과 무왕이 아무리 덕망이 있었다 할지라도 그는 역시 신하인 것입니다. 임금에게 잘못이 있었다면 신하된 자 간언으로 바로 잡도록 해야 할 일이지, 임금에게 잘못이 있었다 해서 임금을 죽이고 자기가 임금이 된다는 것은 될 말이 아닙니다."

"그대의 말과 같다면 고조(高祖)가 진(秦)을 대신해서 천자가 된 것도 도리에 어긋나는 일이 되겠군요."

임금이 보는 앞에서 그 임금의 조상을 들추어 낸다는 것은 원고생도 비겁한 짓이다. 황생은 더 할 말이 없어서 아무 말도 않고 있으려니까 임금이 입을 열었다.

"말고기를 먹는 데 돈이 있는 말의 간을 먹지 않았다고 해서 고기 맛을 모르는 사람이라고는 하지 않을 것이다. 학문을 애기하는 데 꼭 탕왕이나 무왕을 끄집어 내지 않는다고 해서 어리석은 사람이라고 할 수는 없을 것이다."

이래서 원고생과 황생의 논쟁은 중단이 되었다. 이런 일이 있은 후 탕왕과 무왕이 옳으냐 그르냐 하는 문제는 누구도 그것을 밝히려 하지 않았으며, 이 문제를 가지고 논쟁을 벌이는 일도 없게 되었다.

– 〈사기〉에서

바라건대 어진 신하가 되게 하시고, 충신이 되지 않게 하소서

당나라 태종(太宗)을 처음부터 보좌했던 사람은 방현령(房玄齡), 두여회(杜如晦) 두 사람이었다. 이 두 사람이 하나는 우승상, 하나는 좌승상으로 있을 때 비서감(秘書監) 위징(魏徵) 또한 유능한 사람이었다.

위징이 어느 날 태종에게 말했다.

"제발 저로 하여금 어진 신하가 되도록 해 주십시오. 충신이 되는 것은 싫습니다."

"충신과 어진 신하가 어떻게 다른가."

태종은 구별할 수가 없었던 것이다.

위징이 다시 여쭈었다.

"그러하옵니다. 후직(後稷)이나 설(契)이나 고도(皋陶) 같은 사람은 요(堯) 임금과 순(舜)임금을 섬기어 임금과 신하가 화락하게 지냈고, 천하가 태평했습니다. 이것이 바로 어진 신하이올시다. 그와 반대로 관용달(關龍逄)은 걸(桀)의 신하가 되고, 비간(比干)은 주(紂)의 신하가 되어 두 사람은 다 임금의 잘못을 간하다가 죽고 말았습니다. 이 사람들은 충신이올시다. 그러므로 저는 충신이 되지 않기를 바라는 것이옵니다."

위징이 어진 신하가 되고 싶다는 말은 천하가 태평하기를 바란다는 뜻이었다. 태종은 위징의 말을 듣고 대단히 마음에 흐뭇했다. 이런 위징이었지만, 태종이 임금이 된 지 얼마되지 않아서,

"큰 난리 끝에는 민심이 흩어져서 다스리기가 어렵다."

고 한탄하자 위징은 이렇게 말했다.

"저는 그렇게 생각하지 않습니다. 큰 난리를 치르고 나면 백성들이 모두 곤궁하니 배 고픈 자가 음식 탓을 하시 않는 것과 같이, 조그마한 은혜를 베풀어도 고맙게 여기어 태평할 때의 백성보다 다스리기가 수월하다고 생각합니다."

뒤에 위징이 죽었을 때 태종은 시신들에게 이렇게 말했다.

"구리로서 거울을 삼으면 의관을 바로잡고, 옛일로서 거울을 삼으면 흥망을 알 수 있고, 사람으로서 거울을 삼으면 성공과 실패를 알게 된다. 내 위징을 잃었으니 거울 하나를 잃어 버렸도다."

— 〈신당서(新唐書)〉에서

백마(白馬)는 말이 아니다

전국시대 여러 학자들 중에 공손용(公孫龍)이란 사람이 있었다. 그가 한 말 중 가장 유명한 말(言)이 '백마는 말(馬)이 아니다'라는 것이다.

'백마는 말이 아니다'라는 것은 무슨 뜻일까.

말이란 그 형체를 두고 붙인 이름이다. 그리고 희다는 것은 그 빛깔을 말한다. 형체를 나타내는 것과 빛깔을 나타내는 것은 다르다. 형체에는 빛깔 같은 것은 상관이 없다. 빛깔을 말할 때는 형체 같은 것은 아무래도 좋다. 즉, 백마란 형체와 빛깔의 두 가지를 합친 것이다. 그러므로 백마라는 낱말에 포함되어 있는 개념은 말이라는 낱말에 포함되어 있는 개념과 다르다는 것이다.

어떤 사람이 공손용에게 물었다.

"허나 백마가 있으면 말이 없다고 할 수는 없지 않은가? 백마가 있으면 말이 있다고 할 수 있으니, 백마는 말이 아니라고 할 수 있는가?"

이 물음에 공손용이 대답하기를,

"그렇다. 백마라도 있으면 말이 없다고 할 수는 없다. 그러나 말이 필요하다고 하면 백마이건 누런 말이건 검정 말이건 상관이 없다. 반면, 백마가 필요하다면 누런 말이나 검정 말은 소용이 없다. 즉, 백마라는 개념과 말이란 개념은 다르기 때문에 백마는 말이 아닌 것이다."

"그러나 세상에 빛깔이 없는 말은 없다. 반드시 무슨 빛깔이고 빛깔은 있다. 그러면 이와 같이 빛깔이 있는 말은 모두 말이 아니란 말인가. 그렇다면 세상에 말은 없다고 할 수 있지 않은가?"

"물론 말에는 털 빛깔이 있다. 그러나 세상에 털 빛깔이 없는 말이 있다고 하면 세상에는 말이 있을 뿐, 백마나 누런 말이나 검정 말이란 게 없다. 그래서 말과 백마는 다르다는 것이다."

공손용은 똑같은 논법으로 단단하고 흰 돌은 돌이 아니라고도 했다. 이 말은 흔히 궤변이라고 말한다.

법을 만드는 폐(弊)

진(秦)나라 효공(孝公)을 섬기면서 진나라를 부강한 나라로 만들어 놓은 공손앙은 뒤에 상어(商於)라는 땅을 얻어 상군(商君), 또는 상앙이라고 불리웠다. 상어에서도 공손앙은 여러 가지 일을 많이 해서 백성들은 부유해지고 군사도 강해졌다.

그러나 너무 법이 엄해서 법에 걸리는 사람이 많아 사람들의 원한을 사기도 했다. 상앙의 법은 빈틈이 없었다. 백성들의 토지를 측량해서 일보가 여섯 자가 넘으면 세금을 포탈하려고 한 짓이라 하여 벌을 주기도 했다. 심지어 재를 길가에 버리면 농사를 게을리하는 놈이라 하여 붙잡아 가기도 했다.

〈십팔사략〉에는 위수(渭水)가에서 죄인들을 처형하는데 허리를 베어 죽인 죄인이 얼마나 많았던지 위수의 물이 벌겋게 물들었다고까지 전한다.

그래도 효공이 살아 있을 때에는 아무도 상앙에게 손을 대지 못했다. 그러다가 효공이 돌아가고 혜문왕(惠文王)이 임금이 되자 사정은 달라졌다. 혜문왕이 태자로 있을 당시 태자가 법을 범했다. 상앙은 차마 태자를 벌 줄 수는 없어서 태자 대신 태자의 보좌역으로 있던 공자 건(虔)과 태자의 선생인 공손고(公孫賈)를 처벌한 일이 있었다. 그래서 이 두 사람은 언제나 상앙에게 원한을 품고 있었는데, 혜문왕이 임금이 되자 쌓이고 쌓였던 원한을 풀기 위해 상앙이 모반할 마음을 품고 있다고 참소를 했다. 상앙은 그런 눈치를 채고 몰래 변장을 하고 도망을 쳤다.

상앙은 길을 가다가 어느 여숙에 들러 하룻밤 자고 가기를 청했다.

"상앙의 법 때문에 여권이 없는 사람을 재우면 나까지 잡혀 갑니다."

여숙 주인은 이런 이유를 들어 상앙을 재워 주지 않았다. 상앙은 비로소 깨달았다. 자기가 만든 법률이 이렇게까지도 심했던가를……

상앙은 여숙에서 쫓겨나와 밤길을 걸어서 위나라까지 왔다. 그러나 위나라에서도 상앙이라면 모두 머리를 흔들었다. 상앙은 발붙일 곳이 없었다. 상앙은 하는 수 없이 진나라로 되돌아와 군사를 일으켰으나 잡히고 말았다. 상앙은 극형에 처해졌다. 자기가 만든 법률에 자기가 걸려 든 것이다.

－〈사기〉에서

부귀와 영화를 어느 날 기다릴고

양훈은 전한(前漢)의 대학자였던 사마천(司馬遷)의 외손자다. 양훈은 선제(宣帝) 때 대신 자리에까지 올라갔었으나, 어떤 사람의 참소로 벼슬 자리에서 쫓겨났다. 벼슬 자리를 물러난 양훈은 고향에 돌아와서 농사를 지어 돈을 모으고 살았다. 그러나 양훈의 마음은 늘 쓸쓸하고 편안치 않았다.

이런 양훈에게 어떤 친구가 편지를 보내왔다.

"대신으로 있다가 쫓겨 났으면 문을 닫고 들어 앉아서 몸을 삼가는 것이 옳거늘 돈을 모은다는 것이 될 말인가."

양훈은 곧 답장을 썼다.

"나는 벼슬 자리에 있을 때 큰 허물이 있어 쫓겨 났소. 그러므로 다시는 벼슬 자리에 나아가려는 생각을 버리고 농군이 되었소. 이보다 더 어떻게 몸을 삼갈 수가 있단 말이오."

어느 명절 날이었다. 명절 기분에 양훈은 거나하게 술에 취했다. 가슴에 사무친 불평이 울컥 일어나서 술병을 두들기며 혼자 이런 노래를 불렀다.

남산에 밭을 가니,
잡초만 우거졌네.
긴 사래 심은 콩은
쪽지만 날렸고나.
인생은 허무한 것,
아니 놀고 무엇하리.
부귀영화를
그 어느 날 기다릴고

이로부터 양훈은 점점 자포자기(自暴自棄)하게 되어 그의 행동은 불평과 불만으로 과격해졌다. 이러한 일이 임금의 귀에까지 들어갔다. 이렇게 되자 전날 양훈이 친구에게 보냈던 편지까지 튀어 나왔다.

선제는 매우 화가 나서 양훈을 대역(大逆)의 죄를 지워 사형에 처했다.

사람마다 하늘이 하나인데, 나는 하늘이 둘이다

후한(後漢) 제7대 순제(順帝) 때 얘기다.

조정은 황후의 형제들인 양(梁)씨와 내시들의 손에 의해 마음대로 움직여지고 있었다. 나라의 정치는 그야말로 한껏 부패했다. 그러나 지방에는 간혹 유능하고 청빈한 관리가 없던 것도 아니었다.

기주(冀州)의 장관으로 있는 소장(蘇章)은 관내를 순시하던 길에 청하군(淸河郡)이라는 곳에 갔다. 그 곳 태수는 옛날부터의 친구였다. 옛 친구이며 지금은 상관인 소장이 자기 고을에 들른다는 소문을 듣고 태수는 크게 잔치 준비를 하고 장관을 환대했다.

술잔이 몇 순배 돌아갔을 때, 태수는 소장에게 이런 말을 했다.

"다른 사람은 하늘이 하나밖에 없지만, 나에게는 하늘이 둘이오. 옛 친구이자 상관인 당신이 순찰을 왔으니 웬만한 일은 눈감아 줄 것이 아니오."

그러나 소장은 낯빛을 바꾸고 꾸짖듯 말했다.

"지금 내가 그대와 마주 앉아 술을 마시는 것은 옛 친구로서 마시는 것이오. 그러니까 이것은 사정이오. 그러나 내일은 장관의 자격으로 감사를 해야 하오. 그것은 공사요. 공과 사를 혼동해서는 안 되오."

이튿날 소장은 샅샅이 태수의 한 일을 조사하여 부정을 적발해서 법에 정한 대로 처리를 했다. 이렇게 꼿꼿하고 청렴한 관리도 있었지만, 조정은 여전히 외척과 내시들 때문에 나라 꼴이 점점 기울어져가고 있었다.

- 〈후한서(後漢書)〉에서

사람의 본성은 서로 같다
- 사람의 본성은 환경과 교육에 따라 달라진다. -

공자(孔子)는,
"사람의 본성은 대체로 똑같으나, 글을 배우고 안 배우는 데 따라 크게 차이가 벌어진다."
고 말했다.

공자가 글을 배우는 일을 대단히 중요하게 여겼던 것은 그의 언행 중 여러 곳에서 찾아 볼 수가 있다.

"내 일찍이 종일 먹지도 않고 자지도 않으며 생각해 보았으나 아무 이익이 없었다. 글을 공부하는 것만 같지 못하다."

"배우고 생각하지 않으면 깨치지 못하고, 생각만 하고 배우지 않으면 위태롭다."

이와 같이 공자는 수양과 학문이 중요하다고 말하고 있다.

공자는 인간의 본성은 같다고 말했다. 다시 말하면 갓 태어났을 때에는 나쁜 사람도 착한 사람도 없다는 것이다. 그러나 공자는 인간이 처음 태어날 때는 착한가, 악한가에 대해서는 말하지 않았다. 이 문제를 두고 맹자(孟子)와 순자(荀子)는 뒷날 서로 반대되는 주장들을 내세웠다.

공자가 '사람이란 환경과 교육에 지배된다'고 생각했던 것은 그야 말로 새로운 사상이었다. 그런데 천재와 바보만은 변치 않는다고 말한 것은 아무래도 그의 사상이 철저하지 못했던 것 같다.

－〈논어〉에서

사마귀 매미를 엿본다

춘추시대 오왕(吳王)은 형나라를 칠 생각으로 '누구든지 말리는 자가 있으면 사형에 처할 것'이라고 신하들에게 단단히 일러 놓고 싸울 준비를 갖추어 갔다.

소유자(少孺子)라는 신하가 오왕의 생각을 돌리게 하고 싶었으나 감히 입 밖에 낼 수는 없고 해서 궁리 끝에 어느 날 아침 새총을 들고 궁궐 뒤뜰로 갔다. 아침 이슬에 옷 아랫도리가 축축히 젖어드는 것도 모르고 무엇인가를 열심히 들여다보고 있었다. 이러기를 사흘 동안이나 계속했다.

오왕은 소유자의 하는 짓이 괴이해서 물었다.

"너는 매일 아침 무엇을 하느라고 옷이 젖는 것도 모르고 있느냐?"

그때 소유자는 임금에게 이렇게 말했다.

"뜰 안에 있는 큰 나무에 매미 한 마리가 앉아 있습니다."

"그래서?"

"그 아래 사마귀가 매미를 덮치려고 엿보고 있습니다. 그러나 매미는 그것도 모르고 울고만 있습니다. 그런데 사마귀는 매미를 덮치는 데만 정신이 팔려 제 뒤에서 새가 자신을 엿보고 있는 것을 모르고 있습니다. 그러나 그 새 역시 제가 총을 가지고 새를 노리고 있는 것을 모르고 있습니다. 눈 앞에 보이는 것에만 정신이 팔려서 눈이 어두워 뒤에서 닥치는 위험을 생각하지 못하는 것이 불쌍해서 그것을 바라보고 있었습니다."

오왕은 무릎을 탁 치며 말했다.

"잘 일러 주었다."

오왕은 곧 형나라를 치러 가려던 것을 중지했다.

－〈설원〉에서

사슴은 죽을 때 제 소리를 찾지 못한다

사슴이란 짐승은 그 우는 소리가 짐승 중에서는 가장 아름답다고 한다. 그런데 이 사슴도 죽을 때에는 여느 때와 같이 아름다운 소리를 내서 울 수는 없다. 그것은 그만한 여유가 없기 때문이다.

사람도 마찬가지다. 위급할 때에는 이것 저것을 가리고 생각하고 할 여유가 없다. 그래서 사람이 막다른 경우에 부딪히면 어떤 일을 하게 될지 모른다는 것이다.

〈좌전〉에 이런 얘기가 있다.

춘추시대 진나라의 진후(晋侯)는 정나라의 정백(鄭伯)과 만난 지가 하도 오래 돼서 정나라가 혹시 초나라와 내통이나 하는 것이 아닌가 해서 정백을 힐난했다. 정나라의 자가(子家)는 진후의 의혹을 풀기 위해 진나라의 대신 조선자(趙宣子)에게 다음과 같은 편지를 써 보냈다.

"저희 정백은 태자와 함께 종종 귀국을 방문했습니다. 그리고 정나라는 늘 진(陳)나라와 채(蔡)나라에도 마음을 쓰고 있습니다. 진나라와 채나라는 초나라와 가깝게 있기 때문입니다. 이 두 나라가 초나라와 가까우면서도 초나라와 통하지 않게 된 것은 오로지 정나라 때문입니다. 이렇게까지 정나라는 귀국을 위해서 성심성의껏 힘을 쓰고 있습니다.

그런데 이번에 진후가 정백을 힐난하신 데 대하여는 참으로 뜻밖의 일이라 놀랍고 야속하지 않을 수가 없습니다. 성의를 다해도 부족하다고 꾸지람하신다면 저희 정나라는 귀국 앞에 멸망되고야 말 것을 각오하지 않으면 안 될 것입니다.

옛 사람이 말하기를 '머리도 무섭다. 꼬리도 무섭다. 그러면 몸 둘 곳이 없지 않으냐'고 했습니다. 또 '사슴도 죽을 때는 소리를 가다듬지 못한다'고 합니다. 큰 나라를 섬기는 작은 나라는 큰 나라가 은혜와 우의를 베풀어 주시면 어디까지나 좋을 뿐이지만, 그렇지 않으면 소리를 가다듬을 여유조차 없는 사슴 꼴이 되는 수밖에 없습니다.

쫓기고 쫓겨 온 산을 헤매며 도망치는 사슴이 마지막에 지르는 비명은 어떠한 소리일 것인지 짐작하실 수 있을 것입니다. 큰 나라가 무례하기 한이 없다면, 작은 나라도 멸망을 각오하고 마음을 정하지 않을 수 없습니다.

찢어진 갑옷 차림으로 국경에서 만나 뵙게 된다 해도 할 수 없는 노릇. 큰 나라와 큰 나라 사이에 끼여 여기서 눌리고 저기서 눌리며 본의 아닌 삶을 연명해야 하는 것이 작은 나라의 슬픈 숙명이라고 할진대, 그것은 결코 정나라의 죄는 아닐 것입니다.

이 점 큰 나라에서 깊이깊이 양해해 주시지 않으면 아무리 작은 나라라도 멸망을 각오하고 나설 수밖에 없습니다."

어지러운 난세에 조그만 나라가 나라를 부지하기 위해서 얼마나 고통을 겪었던가 하는 것을 여기서 엿볼 수 있다.

궁한 쥐가 고양이에게 대드는 것 같은 이 편지를 보고 진나라의 진후는 곧 정나라 정백에게 사람을 보내어 서로 화해를 했었다고 한다.

살아 있을 땐 알 수 있어도, 죽은 뒤야 알 수 있어야지

촉한(蜀漢)의 제갈공명(諸葛孔明)은 위나라를 칠 생각으로 여러 차례 감숙(甘肅) 방면으로 쳐 들어가 보았으나 번번이 이롭지가 못했다. 촉나라 군사에게 제일 큰 걱정은 식량 문제였다. 그래서 공명은 3년을 두고 이 점에 유의하면서 차비를 갖추었다.

이번에는 사곡구(斜谷口)라는 곳으로부터 쳐 들어가 위수(渭水) 남쪽에 진을 쳤다. 공명은 위나라 장수 사마중달(司馬仲達)에게 싸움을 걸었다. 그러나 사마중달은 공명이 무서워서 싸우려 하지 않았다. 그렇지 않아도 식량문제를 고심하지 않을 수 없는 처지에 이런 식으로 시간을 끌 수 없어 노심초사하던 공명은 사마중달에게 여자의 옷과 목걸이를 보냈다. '너도 대장부인가' 하고 놀린 것이다. 그래도 사마중달은 굳게 지키고 나와 싸우지를 않았다.

사마중달은 제갈공명이 피로해서 먹지를 잘 못한다는 말을 듣고 공명이 죽기를 기다리고 있었는지도 모른다. 사마중달이 예측했던 대로 제갈공명은 병이 악화되어 얼마 있다 죽었다.

사마중달은 제갈공명이 죽은 것을 알고 이제는 촉나라 군사와 싸울 생각을 했다. 그리고 퇴각하려는 촉나라 군사를 뒤에서 쫓았다. 그런데 갑자기 촉나라 군사가 뒤로 돌아 반격 태세를 갖추었다. 사마중달이 바라보니 촉나라 군사 선두에 제갈공명의 수레가 있고, 그 위에 제갈공명이 의연히 걸터앉아서 진두 지휘를 하고 있는 것이 아닌가.

"그러면 제갈공명이 죽었다는 것이 거짓말이었던가?"

사마중달은 겁을 집어먹고 도망쳐 버렸다.

사마중달이 공명으로 본 것은 나무로 깎은 공명이었던 것이다. 공명이 생전에 만일의 일을 생각해서 만들어 두었던 것이다.

이 얘기가 전해지자 '죽은 공명이 산 중달을 쫓았다'고들 말했다. 사마중달에게는 더없는 수치였지만 중달은 태연히 웃었다.

"공명이 살아 있을 때는 공명의 속을 알 수 있었지만, 죽은 뒤까지야 알 수가 있어야지."

사마중달도 일세의 영웅임에 틀림없다.

새깃도 많이 실으면 배가 가라앉는다
- 가벼운 물건도 많으면 수레의 굴대가 부러진다.-

새의 깃처럼 가벼운 것이 없다. 그러나 이렇게 가벼운 것이라도 많이 싣고 보면 배가 가라앉는다. 즉, 조그마한 나쁜 버릇이라도 쌓이고 쌓이면 큰 나쁜 짓을 하게 된다는 뜻이다.

〈회남자〉에 보면,

"군자는 하지 않은 조그마한 일일지라도 그것이 착한 일이라면 허술히 하지를 않는다. 그것은 조그마한 착한 일일지라도 쌓이고 쌓이면 큰 착한 일이 되기 때문이다. 이와 반대로 좋지 않은 일은 아무리 그 일이 조그만 일이라 할지라도 결코 하지 않는다. 그것도 자꾸 쌓이면 크게 되기 때문이다."

그러므로 '새의 깃도 많으면 배를 가라앉게 하고, 가벼운 것도 많으면 차의 굴대(軸)를 부러뜨린다'는 것이다.

"군자는 작은 일에도 신중하다. 하나의 착한 일이 그 하나만 가지고는 대단한 것이 못 되지만 그것이 거듭 되어 쌓이고 보면 덕(德)이 되는 것이다. 하나의 조그마한 원한 같은 것도 그 일 하나로는 큰 잘못이 될 것이 없지만, 그것이 쌓이고 쌓이면 큰 원한이 되는 것이다. 적선이란 말이 있다. 또 적악이란 말도 있다. 이것은 글자 그대로 착한 일과 악한 일이 쌓이게 된다는 뜻이다. 요(堯), 순(舜), 하(夏), 은(殷), 주(周)나라가 후세에 찬양을 받는 것은 천년을 두고 쌓이고 쌓인 명예 때문이며, 걸(桀)과 주(紂)가 비난을 받는 까닭도 천년의 적악이 있었던 때문이다."

새의 깃이 뼈와 고기보다 소중할 수야

남북조(南北朝)시대라 하면 중국 역사에서 가장 암흑시대였다고 할 수 있다. 중국 남, 북에 크고 작은 숱한 나라들이 일어났다가는 망하고, 망했다가는 또 일어나곤 하던 시대다.

이러한 때 남조(南朝)에 제(齊)라는 나라가 있었다. 이 제나라에 무제(武帝)라는 임금이 있었는데, 형제간에 우애라곤 털끝만치도 없었다. 세상이 어지러울 때이니까 형제간이라 할지라도 언제 누가 형의 자리를 빼앗을지 몰라 그랬을지도 모른다. 아니면 임금의 자리에 있다가 다른 자에게 그 자리를 뺏겼을 때 아우들에게까지 누가 끼치게 될 것을 염려하여 일부러 형제간에 서먹서먹하게 지냈는지도 모른다. 어쨌든 무제는 그 아우들을 멀리 했다.

그러던 어느 날, 무제가 아우들을 불러 함께 술자리를 베풀었다. 여러 아우들은 오래 간만에 형제가 한 자리에서 술을 마시게 되니 퍽 기뻤다. 이때 술이 거나해진 아우 무릉(武陵)이 모자에 달려 있는 새의 깃을 뽑아 가지고 접시에 있는 고기를 찍어 먹었다.

무제는 아우의 하는 짓이 하도 우스워서 한 마디 했다.

"그러면 새의 깃이 더러워지지 않겠는가?"

무릉이 형 무제의 말을 받아 말했다.

"폐하께옵선 모자의 장식으로 꽂는 새깃은 아끼시고 골육(骨肉)은 아끼실 줄 모르십니다."

무릉은 접시에 있는 고기(骨肉)에 빗대어 형제간에 우애없음을 말한 것이다.

－〈세설〉에서

선비, 사흘이면 다시 봐야 한다

삼국시대 오나라 손권(孫權)의 장수에 여몽(呂蒙)이란 사람이 있었다. 여몽은 글을 싫어해서 손권이 항상 글 공부를 하라고 권했다. 여기에 힘을 얻은 여몽은 공부를 시작했다.

그 뒤 얼마 있다가 여몽과 노숙(魯肅)이 토론을 하게 됐다. 여몽의 아는 것이 전날과 달랐다. 노숙이 더불어 견줄 수 없을 만큼 여몽의 학식이 풍부해진 것이다. 노숙은 놀랐다.

"언제 그렇게 공부를 많이 했소? 옛날 여몽이 아닌데."

여몽이 대답했다.

"선비를 사흘 동안 만나지 못했다가, 다음에 만날 때는 눈을 크게 뜨고 바라보아야 한다(刮目相對)는 것이오."

여몽은 그야말로 다시 봐야 할 만큼 학식이 풍부해져 있었던 것이다.

여몽은 노숙이 없을 때 노숙을 대신하여 손권을 보좌했다. 여몽은 손권에게 위나라 조조와 연락하여 촉나라의 관운장(關雲長)이 싸움에 나가고 성이 비어 있는 틈을 타서 관운장의 성을 들이쳐 관운장을 사로잡고 마침내 관운장을 죽이게 했다.

오나라가 지반이 튼튼해지기 시작한 것은 여몽의 현책(賢策)에 의해 이루어진 것이라고 해도 틀리지 않는다.

'선비는 사흘이면 다시 봐야 한다'는 말과 유사한 말에 '사흘 책을 읽지 않으면 말할 재미가 없다'는 것도 있다.

— 〈오지(吳志)〉에서

세 사람이 의심하면 자식도 믿을 수가 없다

전국시대, 진나라 혜문왕(惠文王)이 죽고, 그의 아들 무왕(武王)이 임금이 되었다. 진나라는 나라가 차츰 부강해져서 이제는 다른 나라를 공략할 마음이 생겼다. 그래서 첫번째로 한(韓)나라를 치기로 하고 감무(甘茂) 장군에게 그 일을 맡겼다.

명을 받은 감무 장군은 무왕에게 아뢰었다.

"진나라와 한나라는 천리를 떨어져 있습니다. 도중에는 험난한 지경이 여러 곳 있습니다. 이 험난한 지경을 넘어서 쳐 들어간다는 것은 여간 어려운 일이 아닙니다. 이 자리에서 제가 바라옵는 바는 어디까지나 저를 믿어 줍시사 하는 것입니다. 옛날 노나라에 공자의 제자 증삼(曾參)과 이름이 똑같은 자가 있었는데, 그 자가 살인을 했습니다. 어떤 사람이 그 자를 공자의 제자 증삼인 줄 알고 급히 증삼의 어머니에게로 가서 그런 사실을 알렸습니다. 그러나 아들의 평소 행실을 잘 알고 있는 증삼의 어머니는 조금도 놀라는 기색이 없이 베틀에 앉아 베를 짜고 있었습니다. 그런데 뒤이어 다른 사람이 와서 또 그런 말을 전했습니다. 세 사람째 와서 똑같은 말을 했을 때에는 증삼의 어머니도 조금 의심이 생기지 않을 수 없었습니다. 증삼의 어머니는 베틀에서 내려오더니 그 자리에 있을 수 없어 밖으로 나가 버렸습니다. 세 사람이 의심을 가지면 어머니도 그 아들을 믿을 수 없다는 것입니다. 저의 재주와 덕이 증삼에 미칠 수는 없습니다. 그리고 왕께서 저를 믿는 것도 증삼의 어머니가 그 아들을 믿었던 것만은 못할 것입니다. 게다가 저를 의심할 사람은 세 사람 정도가 아닙니다. 저는 왕께서 없는 일을 고해 바치는 사람의 말을 믿고 저를 의심하시게 될까 두렵습니다."

무왕은 알아 들었다는 듯이 고개를 끄덕이며 말했다.

"설사 장군을 참소하는 자가 몇 백 명이 있더라도 나는 장군을 믿겠소. 맹세해도 좋소."

감무는 안심하고 물러나와 한나라 정벌의 길에 올랐다. 싸움은 벌써 다섯 달이 지났다. 그런데도 감무는 한나라의 서울을 함락시키지 못했다. 그러자 과연 감무가 염려했던 것처럼 참소를 하는 자가 나왔다.

무왕의 마음은 흔들리기 시작했고, 결국은 감무를 다시 불러들였다. 무왕 앞에 나아간 감무는 말했다.

"언젠가의 맹세를 잊으셨습니까?"

무왕은 그제서야,

"아, 이렇게 될 것을 두려워 했던 것이었군."

하고 자기의 잘못을 뉘우쳤다.

그래서 이번에는 전보다 더 많은 군사를 감무에게 주어 한나라를 기어코 정복하고야 말았다.

- 〈전국책〉, 〈십팔사략〉에서

송곳이 자루 속에 있는 것과 같다

조나라가 진나라의 공격을 받고 곤경에 빠졌다. 조나라의 공자(公子) 평원군(平原君)은 초나라로 구원을 구하기 위해 식객 중에서 스무 명을 추려 같이 가기로 했다. 물론 이 사람들은 글을 잘 하거나 무술이 뛰어나거나 말을 잘 하는 등 한 가지씩 특별한 재주가 있는 사람들이었다.

그런데 평원군이 열 아홉 사람을 골라 뽑고 한 사람이 모자랐다. 한 사람을 마저 채워야 하겠는데 적당한 사람이 없었다. 누구를 뽑아야 할까 망설이고 있는데, 모수(毛遂)라는 사람이 불쑥 나서면서 자기가 따라 가겠노라고 했다. 평원군은 어처구니가 없었다.

"대개 선비가 세상에 있는 것은 송곳이 자루 안에 있는 것과 같아서, 그 끝이 자루를 뚫고 밖으로 나오는 법이오. 그런데 당신은 내 집에 3

년이나 있었지만 지금까지 나는 당신의 이름조차 알지를 못하오."

눈에 띄지도 않던 당신 같은 무능한 사람을 이번같이 중대한 길에 데리고 갈 수 없다는 뜻으로 말했던 것이다.

그랬더니 모수가 받아쳤다.

"저의 이름을 모르고 계신 것은 그런 기회가 없었기 때문입니다. 만약 저를 자루에 넣어 주셨더라면 송곳 끝이 아니고 송곳 자루까지 불거져 나왔을 것입니다."

평원군은 이 재치 있는 대답을 듣고 스무 명의 수행원 속에 모수도 끼워 주었다. 다른 열 아홉 명의 수행원은 자기가 자기를 자랑하는 모수를 비웃으며 빈정대기도 했다. 그러나 여행 중 열 아홉 사람은 모두 모수의 말 재주에 당해 내지를 못하고 굴복하고 말았다. 모수는 의외로 대 논객이었던 것이다.

결국 모수의 지략과 말솜씨로 평원군은 초나라로부터 구원병을 얻을 수 있었다.

– 〈사기〉에서

술은 양이 없으나, 취한 적이 없다

〈논어〉 '향당편(鄕堂篇)' 에는 공자의 식생활에 대하여 다음과 같이 씌여 있다.

"먹는 것은 깨끗해야 하고, 생선회는 잘게 썰어야 한다. 음식은 쉰 것을 먹지 않고, 생선은 상하면 안 먹는다. 빛깔이 나쁜 것은 먹지 않고 냄새가 나는 것도 먹지 않는다. 너무 삶아진 것도 좋아하지 않고,

제철의 것이 아닌 것도 좋아하지 않는다. 반듯반듯하게 잘라지지 않은 것은 먹지 않고, 간이 맞지 않는 것도 먹지 않는다. 아무리 맛이 있는 것도 너무 많이 먹지 않고 오직 술만은 양이 없으나, 취해서 정신을 차리지 못한 적은 없다. 시장에서 파는 술이나 고기는 먹지 않고, 다른 것은 다 먹지 않아도 생강은 먹는다. 많이 먹지 않고, 음식을 먹을 땐 말을 하지 않는다."

공자의 식성을 대강 짐작할 수 있는 글인데, 상당히 까다로웠던 것 같다.

음식에 대해서는 이렇게까지 까다로웠던 공자였지만 술에 대해서만은 지나치게 대범하다. 원래 술이 세고 좋아했던 모양이다.

술을 마시고 공사(公事)를 얘기하지 않는다

고래로 술에 대한 이야기는 많다. 〈한서(漢書)〉 '식화지(食貨志)'에서는 '백약의 으뜸'이라고 했고, 모든 회합과 의식에서 술은 없어서는 안될 음식이라고도 했다. 그러나 이러한 술도 도가 지나치면 '술은 병기와 같다'고 〈남사(南史)〉에서는 말했다. 병기(兵器)와 같다는 것은 곧 경계하지 않으면 안 된다는 뜻이다. 그러므로 술은 적당히 먹는 것이 좋다.

술을 다른 사람에게 권할 때는 물론 조금도 악의가 없다. 그러나 도를 지난 술은 사람의 몸을 상하게 할 뿐 아니라, 술이 들어가면 마음이 커져서 평소에 없던 말투와 행동을 하게 되고, 혹은 이성을 잃게 되어 다른 사람에게 폐를 끼치게 되는 수도 있고, 때로는 원한을 사게 되는 일까지 있다.

〈남당서(南唐書)〉에 '술을 써서 사람을 욕보인다'는 말이 있고 '통속편(通俗篇)'에는 '술을 마시고 공사(公事)를 얘기 않는다'고 했다. 사람에게는 누구나 그 사람 나름의 생각이 있고, 주의 주장이 있다. 그러나 자기 생각이나 주장을 말할 때 술을 마시고 술 기운을 빌어서는 안 된다. 술 좌석에서는 그저 풍월을 얘기한다든가 청담(淸談)으로 흥취를 돋우면 되는 것이다. 독도 안 되고 약도 안 되는 얘기, 그런 얘기가 술 좌석에서는 좋다.

그러나 한편으로는 술이란 마셨으면 취하도록 마셔 보고 싶은 것이기도 하다. 술을 마셔도 취하지는 말라든가 취해서는 안 된다고 한다면 모처럼의 술맛이 날 턱이 없다.

'술을 마시고 취하지 말라는 것은 산 채로 파묻는 것보다도 심하다'는 말이 〈진서(晋書)〉에 있다. 술이 제일 맛있을 때는 마음에 맞는 친구와 아무 속에 둔 것 없이 술을 마실 때다.

'술이란 지기를 만나면 천종(千鍾)도 적다'는 말이 있다. 천종이 얼마나 되는 분량인지는 알 수 없으나, 얼마가 있어도 모자란다는 그런 말일 것이다.

술의 맛, 거문고 소리, 그대와 이를 즐기고자

제나라 경공(景公)이 어느 날 밤 술이 거나하게 취해 가지고 재상 안자(晏子)의 집을 찾아갔다. 경공이 자기 집을 찾아온다는 전갈을 듣고 안자는 조복을 갖춰 입고 문간에 나와 서서 경공을 맞이했다.

"밤중에 행차가 웬일이십니까? 제후간에 무슨 일이라도 일어났습니까? 그렇지 않으면 나라 안에 무슨 변이라도 생겼습니까?"

"아니야, 그런 일이 아니야. 그대와 술을 한 잔 먹고 싶어서지. 술과 거문고 소리, 그대와 함께 즐겨 봄이 어떠한가?"

그러나 안자는,

"술 자리를 장만하고 모실 사람은 따로 있을 것입니다. 저는 못하겠습니다."

라고 말하며 경공의 제의를 거절했다.

경공은 이번엔 양저의 집으로 갔다. 양저는 경공이 온다는 기별을 듣고 갑옷 투구에 장창을 빗겨 들고 문에 나와 영접했다.

"무슨 사변이라도 일어났습니까? 아닌 밤중에 웬일이시오니까?"

경공은 안자에게 하던 말과 같은 말을 했다.

양저도 안자와 똑같이 거절을 했다.

경공은 하는 수 없이 양구거(梁丘據)라는 신하에게로 갔다. 양구거는 악기를 손에 들고 노래를 읊으며 경공을 맞아들였다. 경공의 마음은 흡족했다.

"아아, 즐거운지고. 오늘 밤 내가 술을 마시려 해도 안자와 양저가 하나는 정치를 보고, 하나는 군사 일을 보아 주지 않으면 어떻게 내가 마음을 놓고 술을 마실 수 있겠는가? 또 양구거 같은 신하도 없으면 누가 나를 즐겁게 해 줄 수 있겠는가? 나는 좋은 신하들을 두어 참으로 행복하다."

안자와 양저가 자기의 맡은 소임 이외에 아첨할 줄을 몰랐다는 것도 장하지만, 경공이 신하의 그와 같은 거절에도 무례하다고 생각지 않은 것은 과연 임금의 큰 데가 있다.

－〈설원〉에서

슬기로운 사람도 천 번에 한 번은 실수가 있다

진(秦)나라 말기 유방과 항우가 천하를 두고 다투던 때의 일이다. 유방은 한신에게 조나라를 치라고 했다. 조왕과 진여(陳餘)는 정경구라는 곳에서 한신의 군사를 맞아 싸웠다.

조왕과 진여는 광무군(廣武君) 이좌거(李左車)의 말을 듣지 않아 한신의 계교에 빠져 죽고 말았다. 조나라 군사가 크게 패한 것은 두 말 할 것도 없다.

광무군 이좌거는 한신에게 사로잡혔다. 한신은 이좌거가 재주가 있는 사람이라는 것을 전부터 알고 있었다. 그래서 이좌거를 극진히 대접했다. 한신은 이좌거에게 예를 갖추고 물었다.

"북에 있는 연(燕)나라를 치고 다시 동쪽에 있는 제나라를 치려고 하는데 어떻게 하면 잘 되겠소?"

"싸움에 진 장수는 용맹을 말하지 말라 했고, 나라가 망한 대부는 나라 일을 꾀하지 말라고 했습니다. 내 싸움에 지고 나라가 망해 사로잡혀 있는 몸, 무엇을 말할 수 있겠습니까?"

"그건 그렇지 않소. 만약 조왕이 그대의 말을 듣고 그대로 했었더라면 도리어 우리 군사가 져서 나는 당신네 군사에게 사로잡혔을지도 모르오. 겸손하지 말고 좋은 수를 가르쳐 주시오."

광무군 이좌거는 그때서야 입을 열었다.

"속담에 '슬기로운 사람도 천 번에 한 번 실수가 있고, 어리석은 사람도 천 번에 한 번은 성공할 때가 있다'고 하지 않습니까? 그렇기 때문에 미친 사람의 말일지라도 성인이 들을 것이 있다고 합니다. 장군께서는 어리석은 사람의 천 번에 한 번 있을 수 있는 일이라 여기시고 들어 두십시오."

그리고 나서 이좌거는 자세하게 작전 계획을 일러 주었다. 한신은 이좌거의 말대로 하여 싸우지도 않고 연나라의 항복을 받았다.

천 번 싸우면 천 번을 이겼던 한신. 그도 뒷날 여후(呂后)의 꾐에 빠져 호락호락하게 모반죄로 사형을 당했으니, 이것도 천 번에 한 번 있는 실수였다고 할까?

－〈사기〉에서

아름다운 여인은 못생긴 아낙네들의 원수다

전국시대 양인(楊因)이란 사람이 조나라 간자(簡子)를 찾아가서 말했다.

"저는 고향에서 세 차례 쫓겨났고, 임금을 섬겼으나 다섯 번이나 물러나왔습니다. 그러나 조왕께옵서는 선비를 알아 주신다고 하기에 왔습니다."

간자는 양인의 말을 듣고, 감탄해서 예를 갖추어 맞았다. 그러자 좌우에 있던 사람들이 간자에게 아뢰었다.

"고향에서 세 차례나 쫓겨났다면 여러 사람과 함께 끼일 수 없는 사람입니다. 또 임금을 섬기다가 다섯 번씩이나 물러나왔다고 하니, 충성심이 없는 사람입니다. 그런 사람을 쓰셔서는 안 됩니다."

그러나 간자는 고개를 저었다.

"그것은 그대들이 모르는 소리다. 얼굴이 아름다운 여자는 못생긴 여자들에게 원수요, 덕이 있는 선비를 어지러운 세상에서는 알아 주지 않는다. 정직한 사람을 정직하지 않은 사람들은 미워한다고 하지 않느냐? 저 사람은 너무 훌륭해서 고향에 있는 소인들과 같이 섞이지 못했을 것이며, 저 사람이 섬겼던 임금은 어질지 못한 데다가 임금 곁에 있는 무리들이 간악해서 저 사람을 몰아낸 것이다."

간자는 양인을 당장에 재상을 시켰더니 과연 나라를 잘 다스려 나갔다고 한다.

〈논어〉에는 이런 얘기가 있다.

자공(子貢)이 어느 날 공자에게 물었다.

"어떤 사람을 그 마을 사람들이 모두 칭찬한다면 그 사람은 훌륭한 사람이라고 생각되는데, 선생님은 어떻게 생각하십니까?"

"그것만 가지고는 충분하지 않다."

"그러면 사람들이 나쁜 사람이라고 하는 사람을 나쁜 사람이라고 생각하는 점은 어떻습니까?"

"그것도 옳지 않다. 한 마을의 훌륭한 사람들에게서 훌륭하다고 칭찬을 받는 사람이 훌륭한 사람이고, 나쁜 사람들이 나쁘다고 하는 사람도 훌륭한 사람이니라."

아마도 양인이 살던 고향 사람들이나 양인이 전에 섬겼던 임금의 측근들은 모두 나쁜 사람들만 있었던 모양이다.

— 〈설원〉에서

알고 모르는 차이는 30리

위나라 무제(武帝)가 양수(揚修)와 같이 여행을 하다가 한나라 때 효녀 조아(曹娥)의 무덤 앞에 있는 비석을 보았다. 그 비석 뒤쪽에

'황 유부외손 백(黃 幼婦外孫 白)'이란 여덟 자의 부(賦)가 씌여 있었다.

무제는 그게 무슨 뜻인지를 알 수가 없어 양수에게 그 뜻을 알겠느냐고 물었다.

"알고 말구요."

양수가 대답했다. 그러자 무제는 양수에게 말했다.

"가만 있게. 내가 알 수 있을 때까지 말하지 말게."

무제는 길을 걸으면서 그 여덟 자의 뜻을 풀어 보았다. 꼭 삼십 리를 걸었다. 무제는 겨우 그 뜻을 알아 내고는 종이에 그 뜻을 써서 양수에게 주고, 양수도 뜻을 적어 보이라 했다. 두 사람의 해석이 똑같았다.

무제는 감탄했다.

"내 재주는 그대보다 삼십리를 미치지 못하는군."

– 〈세설〉에서

암탉이 울면 집안이 망한다

주나라 문왕(文王)이 죽고 무왕(武王)이 임금이 되었다. 은나라 주왕은 점점 포악무도해 갔다. 제후들 사이에서는 주왕을 없애야 한다는 소리가 높았지만, 무왕은 아직 때가 아니라고 제후들을 누르고 있었다.

무왕이 임금이 된 지 9년 되던 해 그 시기가 왔다.

"은나라 주왕에게 죄가 있다. 토벌하지 않을 수 없다."

무왕은 문왕의 위패를 모시고 전차 3백 대, 무장병 4만 5천, 용사 3천을 이끌고 주왕을 정벌하러 나섰다. 때는 봄 2월. 무왕의 군사는 은나라 서울에서 남쪽 오십 리 지점에 이르렀다.

무왕은 전군을 향해 외쳤다.

"나를 따른 제후와 용사들이여, 그리고 멀리 각지에서 모여 온 장사들이여, 이제 창과 칼을 들어라. 옛 사람이 이르기를 '암탉이 울면 집안이 망한다'고 했다. 지금 주왕은 여색에 빠져 스스로 제 집안을 망치고, 백성을 못 살게 하고 나라를 어지럽혔다. 나는 삼가 하늘의 뜻을 대신하여 주왕을 치려 하는 것이다. 너희들에게 주의시킨다. 쓸데없이 공을 다투지 말라. 범과 같이 승냥이처럼 용감하라. 그러나 사람을 너무 살상하지는 말라."

무왕의 출전 명령을 듣는 군사들의 사기는 하늘을 찌를 듯했다.

한편 주왕도 대병 칠십만을 풀어 싸우도록 했다. 그러나 장병들은 싸울 의욕이 없었다. 싸움의 결과는 뻔했다. 주왕은 성중으로 도망쳐 들어갔다. 그리고는 아끼고 소중히 간직했던 금은보화를 한 데 꾸려 몸에 지니고 녹대(鹿臺) 위로 올라가 불을 질렀다.

구름처럼 몰려드는 토벌군의 함성을 들으며 시뻘겋게 타오르는 불꽃 속에 주왕은 몸을 던졌다. 이 때가 기원전 1120년, 탕왕으로부터 644년이 된다.

– 〈사기〉에서

어찌 시(詩) 한 수로 적을 쫓지 못하는가

송나라 제3대 진종(眞宗) 때, 북녘의 글안(契丹)이 쳐들어와 세상이 소란했다. 송나라는 항상 북녘으로부터의 침범 때문에 골치를 앓다가 결국은 몽고에게 망하고 말았지만, 진종 때에도 글안의 공격은 매우 거세어서 송나라의 서울 개봉(開封)까지도 위태로운 지경에 놓이게 되었다.

임금을 모시고 금릉(金陵)으로 피난을 가자는 말까지 나왔다. 구준(寇準)은 이러한 상황에서 임금을 모시고 황하까지 쳐 나왔다. 황하 남쪽 기슭에서 강 건너를 바라보니 글안군이 새까맣게 널려 있었다. 임금을 모시고 있는 신하들 가운데는 겁쟁이들이 많았다. 그들은 '그만 더 나아가서는 안 된다' 고들 야단들이다. 그러나 구준은 강을 건너 북으로 더 쳐 나가야 한다고 우겼다. 그만 가자는 쪽과 더 나아가자는 두 패로 갈렸다. 전전도지휘사(殿前都指揮使) 고경(高瓊)은 구준 편이었다.

고경이 진종께 아뢰었다.

"이 강을 건너지 않으시면 하북 백성들은 어버이를 잃은 꼴이 될 것입니다. 하북의 백성을 그대로 버리시렵니까?"

고경은 임금의 봉련을 앞으로 모시라고 했다. 이 때 양적(梁適)이 임금의 허락도 기다리지 않고 봉련을 앞으로 모시라고 하는 것이 무엄하다고 대들었다. 양적이란 사람은 시를 잘 지어서 출세한 사람이다.

고경은 양적을 보고 버럭 소리를 질렀다.

"당신네들 선비님은 이런 때도 예법만 찾고 있을 테요? 그렇게 글을 많이 알고 예법도 잘 알고 있다면, 왜 시라도 한 수 읊어서 적을 쫓아 버리지 못하오?"

양적은 더 할 말이 없었다. 임금의 봉련은 강을 건너 북쪽 기슭에 닿았다. 임금의 깃발이 북성 누문 높이 달려 바람에 펄럭였다. 이것을 바라보는 장병들은 만세 소리를 높이 부르며 용기가 백배나 솟아났다.

구준은 모처럼 장병들의 사기가 이 만큼 높아진 김에 더 앞으로 나아가자고 했다. 그러나 더 싸우기를 꺼려하는 임금의 뜻을 거역할 수가 없어서 마음에 내키지는 않았지만, 글안과 강화를 맺고 말았다. 송나라는 형이 되고 글안은 아우가 된다는 것이었다. 그 대신 송나라에서는 해마다 은 십만 냥과 비단 이십만 필을 글안에 보내기로 했다. 물론 글안은 자기네가 빼앗은 송나라 땅을 도로 돌려 주었다.

이것은 사실상 송나라가 무조건 항복한 것이나 다를 바 없다. 그래서 그 뒤 왕흠약(王欽若)이 구준을 시샘하여 지난 날 글안과의 강화를 트집잡아 구준을 몰아 내게 했던 것이다.

– 〈십팔사략〉에서

여우 가죽 외투 한 벌을 30년 동안 입은 재상

제나라 환공(桓公)으로부터 8대를 지나 경공(景公) 때, 환공을 보필했던 관중에 비길 만한 명 재상 안영으로 인해 제나라는 또 한 번 천하의 강국이 되었다.

안영은 학식이 뛰어나고 검소하기로 유명하였다. 안영은 여우가죽으로 만든 외투 하나를 30년 동안이나 입었다고 한다. 제사를 지낼 때에는 돼지고기 적이 제기 한 구석에 담길 만큼 조그맣게 올려 놓았다. 지체가 재상자리에 있으면서도 그렇게 검소했던 것이다.

안영은 그렇게 절약해서 모은 돈으로 곧잘 어려운 사람들을 도와 주곤 했다. 당시 제나라에는 안영의 도움을 받아 살아 나가는 집이 70여 가구나 되었다고 한다. 말하자면, 이만한 사람들을 먹여 살리기 위해 자신은 검소할 수밖에 없었는지 모른다.

안영은 아랫사람을 쓰는 데도 퍽 세심한 데가 있었다.

어느 날 안영의 집 문 앞에는 그의 마차가 대령하고 있었다. 안영이 출입을 하는 모양이었다. 그때 마부의 아내가 제 남편의 꼴을 볼 모양으로 문 틈으로 내다보았다. 마부는 재상의 마부는 저밖에 사람이 없다는 듯이 으쓱대고 있었다. 이 모양을 본 마부의 아내는 속으로 실망하고 아랫입술을 지긋이 깨물며 안으로 들어가 버렸다.

그 날 저녁, 마부의 아내는 남편에게 말했다.

"주인 대감께서는 재상 자리에 계셔도 조금도 거만하신 데가 없이 항상 겸손하십니다. 그런데 당신은 명색이 무엇입니까? 마부에 지나지 않는 주제에……. 당신과 같은 사내와는 같이 살 수가 없습니다."

마부는 아내의 말을 듣고 크게 뉘우치며 다시는 그러지 않겠노라고 아내 앞에서 다짐했다. 그 뒤부터 마부는 딴 사람처럼 공손해졌다.

안영은 마부가 전과 달라진 것을 보고 그 까닭을 물었더니, 그와 같은 애기를 죽 하는 것이었다. 안영은 지아비에게 바른 말로 타일렀던 그 아내와 아내의 충고를 듣고 태도를 고친 두 사람을 다 훌륭하다고 여겨 마부를 대번에 대부(大夫)로 올려 주었다 한다.

- 〈예기(禮記)〉, 〈십팔사략〉에서

여자와 소인은 건지기 어렵다

〈논어〉에 있는 공자의 말이다. 여기서 말하는 소인(小人)은 어린 사람을 말하는 것이 아니다. 흔히 아녀자(兒女子)라고 해서 어린 아이들과 여자를 같이 말할 때가 있는데, 공자가 말하는 소인은 수양을 쌓지 못한 사람들을 가리킨다.

공자가 살아 있을 때는 춘추 전국시대. 그야말로 어지러운 시대였다. 주나라 왕실의 위엄이 쇠미해져서 열국이 다투어 천하를 쥐기 위해 쉴 새 없이 전쟁이 계속되고 있었다.

'어지러운 세상은 어리석은 자에게 다행한 일'이라고 했듯이, 세상은 소인들이 판을 치는 암흑시대였다. 그래서 공자는 섬길 만한 임금을 만나지도 못했고, 그의 도(道)를 천하에 펴지도 못하고 큰 뜻을 가슴에 안은 채 여기 저기를 유랑하는 신세가 되었던 것이다. 공자는 이처럼 분하고 억울한 마음을 '소인이란 정말 건질 수 없는 것'이라고 한탄했을 것이다.

그러면 여자는 어떠한가. 공자는 여자를 낮춰 보고 있다. 여자는 남자를 좇아야 한다고 한다. 여자는 어려서 어버이를 좇고, 자라서 지아비를 좇고, 다음에 아들을 좇아야 한다는 삼종(三從)의 가르침은 바로 공자의 가르침이다.

〈논어〉에 보면, '젊어서는 혈기가 아직 자리잡히지 않았으므로, 여색을 조심해야 한다'는 말이 있다. 또 군자는 여색을 물리치고 오로지 수양에 힘써야 한다고도 했다. 여자는 수양에 방해가 되고 남자를 유혹하는 것으로 되어 있다. 그러므로 여자의 유혹에 빠지지 않도록 늘 경계를 해야 한다는 것이다.

공자가 소인과 여자를 같이 보고 있는 것은 여자도 건질 수 없는 것이라 해서, 측은하게 여겼던 때문일 것이다.

열 다섯에 학문에 뜻을 두어 서른 살에 자립할 수 있었다

만년(晩年)의 공자는 이렇게 말했다.

"내 열 다섯 살 때 학문에 뜻을 두어 서른 살에 자립하였고, 마흔 살이 되니까 미혹함이 없었다. 쉰 살에 천명을 알게 되고, 예순 살이 되니 남이 하는 말을 들으면 듣는 것에 따라 이해할 수가 있었고, 일흔 살엔 내 하고 싶은 대로 해도 법도에 어긋남이 없더라."

공자가 자기의 정신적 성장을 회고하며 한 말이다.

공자는 열 다섯 살 때 서(序)라고 하는 학교에 들어갔다. 어릴 때부터 제기(祭器)를 늘어 놓고 제사 지내는 놀이를 곧잘 했던 공자였다. 예의와 음악을 좋아하고, '선왕의 도'에 마음이 끌렸을 것은 상상하기 어렵지 않다.

공자는 자라서 노나라의 창고를 지키는 관리가 됐다. 그는 들고 나는 것을 분명하게 했다. 나중에 소나 말을 기르는 벼슬아치가 되기도 했는데, 공자는 짐승을 잘 번식시켰다. 그 공적으로 사공(司空)이라는 벼슬을 하기도 했다. 사공 벼슬은 민사(民事)일을 맡아 보는 대신 격의 높은 자리라고 한다. 그러나 자기의 생각이 윗사람에게 잘 통하지를 않아 사공 벼슬도 얼마 안 되어 그만 두었다.

공자는 노나라를 떠나 제나라로 갔으나, 거기서도 받아 주지 않았다. 송나라와 위나라에서는 쫓겨났다. 다시 고국으로 돌아왔다. 공자의 고명한 이름은 널리 알려져서 제자들이 모여 들었다. 고국 노나라는 제나라와 진나라 초나라 등 큰 나라들에게 눌려 지내야 했다.

공자의 나이 삼십이 되었을 때 공자는 비로소 한 사람의 선비로서 자립할 수가 있게 되었다. 삼십 대의 공자는 제나라 경공(景公)에게서 정치에 관한 자문을 받은 일이 있었으나, 벼슬은 하지 않았다. 그리고 다시 노나라로 돌아왔다.

사십이 되었다. 임금을 보필하여 '선왕의 도'를 행해 보려는 이상과 신념은 점점 굳어 갔다. 그러나 노나라의 대부들은 분수를 알지 못하고 정당하지 못했다. 그래서 공자는 아예 벼슬길에 나가지를 않고 예악(禮樂)과 시서(時書)를 연구했다. 제자들은 더 많이 불어났다.

공자의 나이 오십이 되었다. 그러나 누구도 공자를 찾는 임금은 없었다. 그러나 그는 천명을 알 수 있었다. 오십 대는 공자의 가장 화려했던 시기다. 노나라에서 대사구(大司寇) 벼슬까지 올라갔다. 대사구는 지금의 법무장관과 같은 자리다.

정공(定公)을 따라 제나라 경공(景公)을 만나 보고, 노나라가 작은 나라이긴 하지만 업신 여기지 못하게 해 놓았다. 공자는 정치에 정성을 다 쏟았다. 그래서 노나라는 제법 강해져 갔다. 그러나 노나라가 강해지는 것을 싫어하는 제나라는 여인들만의 악단을 만들어 노나라에 보냈다. 노나라의 실력자 환자는 그만 여인들의 노래와 춤에 반해서 정치를 돌보지 않았다. 공자의 실망은 컸다. 공자는 벼슬을 내놓고 위나라로 가 버렸다.

생각하면 공자의 재상 노릇도 허무한 것이었다. 위나라로 간 공자는 거기서 열 달을 살고 또 떠나야만 했다. 광(匡)이란 지방에서 그곳 주민들에게 봉변을 당하고, 다시 위나라로 갔다가 한 달도 채 못 되어 위나라를 뛰쳐나왔다.

유랑 생활이 시작되었다. 조(曹), 송(宋), 정(鄭), 진(陳)으로 자리가 녹을 새가 없이 돌아다녔다. 송나라에서는 죽을 뻔한 고비도 넘겼다. 이러는 동안에 육십이 되었다.

그 동안의 방랑 생활은 공자를 인간으로서의 수양을 쌓게 했다. 누가 뭐라고 해도 미혹되지 않고, 남이 말하면 그 뜻을 이해할 수가 있게 된 것이다. 그러나 공자의 유랑 생활은 여전히 계속되었다. 진(陳)에서 포(蒲), 위(衛), 진(陳), 채(蔡), 섭(葉), 다시 채(蔡)로 돌고 돌았다. 굶주리기도 했다. 그러나 어디서고 공자를 써 주는 곳이 없었다.

점점 늙어 갔다. 공자도 고향 생각이 간절해져 고국으로 돌아왔다. 육십이 눈 앞에 다가와 있었다. 노나라 애공(哀公)은 늙은 현자를 전관 예우로 맞아 주었다. 이미 공자에게는 전날의 패기도, 욕망도 찾아볼 수 없게 되었다.

그는 생각 내키는 대로, 하고 싶은 대로 말하고 행동했다. 그래도 조금도 법도에 어긋나지를 않았다. 제자를 가르치며 〈시경(詩經)〉, 〈서경(書經)〉을 정리하고, 〈춘추(春秋)〉를 썼다. 마지막으로 자기의 학문과 사상을 정리해 보려는 것이었으리라.

어느 날, 큰 고목이 쓰러지듯이 공자는 숨을 거두었다. 애공 16년, 공자의 나이 일흔 넷, 4월 달이었다.

오늘 황제의 위대함을 알다

한나라 고조(高祖)를 도와 큰 공을 세웠던 사람 중에는 그 집안이

나 내력은 보잘 것 없던 사람들이 많았다. 소하(蕭何)는 시시한 벼슬 아치였고, 한신은 떠돌아다니는 무뢰한이었다. 주발(周勃)은 자리를 엮었고, 번쾌는 개백정이었다. 이런 사람들이 피비린내 나는 싸움터에서 몇 해씩 지내고 났으니, 거칠고 상스럽기가 이루 말할 수가 없었다.

천하를 통일한 뒤에도 술만 들어가면 싸움이요, 궁 안에서고 어디서고 걸핏하면 칼을 빼들고 무엇이든 내리치는 등 낭자(狼藉)하기 이를 데가 없었다. 고조 자신도 지난 날 선비의 갓에다 오줌을 누었던 그런 망나니였으니 궁중 안에 예의 같은 것은 찾아 볼 수가 없었다.

이런 꼴을 보다 못한 박사(博士) 숙손통(叔孫通)은 조용히 고조에게 아뢰었다.

"선비라 하옵는 것은 나라를 일으킬 때는 쓸모가 없지만, 나라를 다스리는 데는 필요합니다. 글하는 선비들을 불러 들여 조정의 예식을 정하심이 가한 줄 압니다."

숙손통의 말을 듣고 보니, 고조 자신도 궁중에 너무 예의가 없는 것 같아서 숙손통의 말을 좇기로 했다.

숙손통은 곧 삼십 명의 학자를 불러다가 임금의 좌우에 있는 사람들이며, 자기 집을 비롯해서 여러 고관 집에 있는 하인들까지 예절을 가르치게 했다. 한나라가 천하를 통일한 지 7년 되던 해, 장락궁(長樂宮)이 준공되었다. 문무 백관이 늘어 서서 새로 궁궐을 짓게 된 것을 임금 앞에서 경하하는 예식을 행했다.

예식이 끝날 때까지 의전을 맡아 보는 예관이 지키고 서서 누구든지 예법에 어긋나는 이가 있으면 밖으로 쫓아냈다. 여러 신하들은 조심스러워서 말 한 마디 행동 하나에도 정신을 써야 했다. 등에서 땀이 흐를 지경이었다. 의식은 그야말로 엄숙하고 정연했다.

광경을 본 고조는,

"과인은 오늘 비로소 황제가 위대하다는 것을 알았다."
고 말했다.

지난 날 그처럼 거칠고 사나웠던 용사들이 황제 앞에서 고양이 앞의 쥐같이 얌전해진 것을 보고 만족했던 것이다.

그러나 '두 번 다시 황제의 가문에는 태어나지 않겠다'고 말한 불행했던 임금도 있다. 수(隋)가 일어나기 전 남북조 시대 송나라 순제(順帝)는 임금이 된 지 3년이 채 못 되어 임금 자리를 신하였던 도성(道成)에게 빼앗겼다.(도성은 뒤에 제나라 태조(太祖)다.)

순제는 임금 자리를 빼앗겼을 때,

"후생에는 다시 임금의 집안에 태어나지 않게 해 주소서."
하며 자신의 불행을 한탄했다고 한다.

또 한 사람, 낭나라 이연(李淵)이 수나리 공제(恭帝)를 몰아내고 임금이 되었다. 수나라의 유신(遺臣) 왕세광(王世光)은 수나라 양제(煬帝)의 손자 동을 임금으로 세웠다가, 나중에 동을 폐하고 자기가 임금 노릇을 하려고 했다. 동은 두 손을 모아 합장하고 부처에게 빌기를,

"원컨대 앞으로 영겁토록 또 다시 제왕의 가문에 점지하지 말아 주소서."
하고 제 손으로 독약을 마셨으나 약 기운이 모자랐던지 목숨이 끊어지지 않아, 이번에는 목을 졸라 겨우 목숨을 거두었다. 난세에는 제왕이 된다는 것도, 제왕 노릇을 한다는 것도 어려운 일이었던가 모양이다.

— 〈당서(唐書)〉, 〈사기〉에서

50년 전에 스물세 살

옛날 중국에서 관리를 뽑기 위해 과거를 보기 시작한 것은 대강 6세기 말 수나라 문제(文帝) 때부터라고 한다. 이 과거 제도는 청나라 광서제(光緖帝)가 1904년에 마지막 과거를 보기까지 실로 1400년간 중국 사람들에게 이 과거란 등용문(登龍門)이었다.

옛날 중국 사람들 사이에서는 관리와 일반 국민과의 차별이 참으로 심했다. 관리는 일반 국민들의 생명과 재산을 마음대로 죽이고 빼앗고 할 수 있는 권리를 가지고 있었다. 3년만 관리 노릇을 하면 평생 먹을 것을 장만할 수 있었다고 할 만큼 관리의 부정이 심했던 것이다. 청렴 결백한 관리라고 하는 사람들도 관리 노릇만 하고 나면 재산을 모았다고 하니, 그렇지 않은 사람은 얼마나 재산을 모았을지 짐작이 가고도 남음이 있다.

관리가 이렇게 좋고 보니, 관리를 희망하지 않는 사람이 없어 과거 때면 그 경쟁률이 굉장했었다. 과거를 보기 위해 자나 깨나 책을 놓지 않았다. 처자가 있고, 머리가 백발이 되어도 과거를 위하여 공부들을 했다. 늙어서라도 시험에 붙기만 하면 수가 날 수 있으니 그럴 수밖에 없었다.

이 과거를 에워싼 희비극은 이루 헤아릴 수 없을 만큼 많다. 과거에 붙었다는 소리를 듣고 하도 기뻐서 미친 사람도 있고, 평생 동안 과거에 붙지 못해 죽을 때 아들이나 꼭 과거에 붙어 달라는 유언을 남긴 사람도 있다. 그런가 하면 과거에 붙지 못한 한을 품고 반란을 일으킨 자도 있었다.

과거에도 여러 종류가 있었다. 그 중에서 제일 어려운 과거는 임금 앞에서 보는 전시(殿試)라는 것이었다. 이 전시에 합격이 되면 진사

(進士)라는 칭호가 주어지는데, 진사가 된다는 것은 참으로 어려웠다.

당나라 때, 벌써 오십에 진사가 되면 젊은 축으로 쳤다. 송나라 때에는 이런 얘기가 있다. 남송(南宋) 초기 과거가 끝나고 새로 진사가 되는 사람을 임금이 한 사람 한 사람 만나 보는데, 그 중에 호호 백발이 있었다. 몇 살이냐고 물으니, 73세라고 했다. 아들은 몇이나 두었느냐고 재차 물으니, 과거 공부를 하느라고 아직 장가도 가지 않았다는 것이다.

임금이 그 말을 듣고 가엾게 여겨 궁녀 중에서 가장 예쁜 시씨(施氏)를 내 주었다. 이 소문이 세상에 알려지자, 다음과 같은 노래가 생겨 났다.

새 색시가 신랑 나이를 물었더니,
5십 년 전에 스물 셋이었다 하네.

첨의(詹義)라는 사람도 늙어서 겨우 진사 시험에 합격이 되었다. 그는 스스로를 비웃어 다음과 같은 시를 지었다.

읽은 책이 얼마나 될까
쇠바리에 실으면 다섯 짐은 되리.
늙은 몸에 기우 청삼(관리의 복장) 한 벌을 얻었네.
어여쁜 미인이 나이를 묻거든,
5십 년 전에 스물 셋이었다고 나도 대답하리.

5일 판윤인데, 무엇 때문에 애써 일하랴

한(漢)나라 선제(宣帝) 때 양운이란 사람은 대신 자리에 있다가 사형을 당했다. 양운이 사형을 당하자 양운과 친한 사이였던 장창(張廠)도 파면을 해야 한다고 다른 사람들이 임금께 상소를 올렸다.

장창은 서울 판윤(지금 시장)으로 있었다. 그러나 임금은 장창의 재주를 아껴서 곧 파면을 시키지 않고 상소를 묵살해 버렸다. 그때 장창은 여느 때나 다름 없이 그의 밑에 있던 순(舜)이란 사람에게 어떤 일거리를 맡겨 주고 잘 처리하라고 했다.

순은 상관인 장창이 곧 파면이 될 것이라 알고, 일에는 손도 대려 하지 않고 휴가를 맡아 버렸다.

"장창은 잘해야 닷새밖에 없는 목숨, 그 사람을 위해 애쓰고 일을 해선 무얼 하겠느냐."

순은 친구에게 이렇게 말했다.

그 후 파면이 되지 않은 장창은 그 얘기를 듣고 대단히 분했다. 그래서 순을 감옥에 잡아 넣었다가 사형에 처했다. 순의 가족들은 억울하다고 장창을 고소했다. 장창은 순의 가족들의 원한이 두려워서 사표를 내고 행방을 감췄다. 장창이 없는 동안 한나라 서울은 도적이 성해서 인심이 흉흉하게 되자, 임금은 다시 장창을 사방으로 찾아내어 다시 판윤을 시켰다.

- 〈한서(漢書)〉에서

옳은 것도, 옳지 않은 것도 없다

후한(後漢) 광무제는 천하를 다 평정했으나, 외효만이 항복을 하지 않고 있었다. 외효의 신하인 마원(馬援)은 광무제를 한 번 본 뒤부터 광무제의 인품에 마음이 끌렸다. 그래서 자기의 주인인 외효에게 광무제를 한없이 추켜세웠다.

"광무제의 용기와 재주는 지금 세상에 당할 사람이 없을 것입니다. 게다가 사람이 너그럽고 담담하며 도량이 큽니다. 전한(前漢)의 고조 (高祖)와 비슷한 데가 있습니다."

외효는 마원이 광무제를 그처럼 칭찬하는 것이 듣기 좋을 리가 없었다.

"그래, 광무제와 고조와 비교하면 어떠하냐?"

"고조는 옳고 그른 데를 따질 수 없을 만큼 훌륭한 인물입니다. 광무제도 일거일동이 법도에서 벗어남이 없는 임금입니다."

외효는 불쾌하기 이를 데 없었으나, 그렇다고 광무제를 당할 수는 없어서 아들 순(恂)을 후한에 보내어 앞으로 잘 지내자고 했다. 그러나 끝끝내 항복은 하지 않았다가 마침내 후한의 군사에게 패하고 말았다.

옳은 것도, 옳지 않은 것도 없다는 뜻은 그 언행에 지나친 데가 없다는 뜻이다.

- 〈후한서〉에서

옷을 이기지 못해

진나라 헌문자(獻文子)가 어느 날 숙예(叔譽)와 함께 진나라 고관 전용의 묘지를 참배했다. 여러 무덤들을 둘러보며 헌문자가 먼저 말을 꺼냈다.

"이 사람들을 다시 살릴 수 있다고 하면 그 중에서 누구를 살리겠소?"

"우선 양처문(揚處文)이겠지요."

"나는 그리 생각지 않으오. 양처문은 전날 권세를 휘두르다가 제 명을 다하지 못하고 고사고(孤射姑)에게 죽지 않았소. 사사로운 욕심에 눈이 어두워 임금도 몰라 봤던 양처문 같은 사람을 어찌 어진 사람이라고 할 수 있겠소. 나 같으면 차라리 수무자(隋武子)를 살리고 싶소. 그 까닭은 임금을 위해서 내 몸을 잊고, 자기를 위하면서 또한 친구를 잊지 않았던 사람이었으니까."

이 말을 전해 들은 진나라 사람들은 헌문자의 사람을 보는 눈이 보통이 아니라고 모두 감탄했다. 이 헌문자라는 사람은 몸이 비쩍 말라 볼품이 없었고, 말까지 더듬어서 무슨 말을 하는지조차 알아듣기 힘들었지만, 사람을 보는 데는 남보다 뛰어난 데가 있어 이 사람이 천거한 사람은 모두 뒤에 큰일들을 했다고 한다. 그가 등용한 사람은 창고지기에서부터 대부(大夫)까지 7십여 명이나 된다고 한다.

이 사람은 생전에 자기의 이로움을 찾지 않고, 죽을 때 자기 자식들의 뒷일을 남에게 당부하지 않았던 현명한 사람이었다. 이 사람은 하도 말라서 옷을 이기지 못했다는 것이다.

- 〈예기〉에서

왕후 장상(王侯將相)이 어찌 씨가 있으랴?

진(秦)나라 2세 황제가 등극하던 첫해 진승(陳勝)이란 자가 반란을 일으켰다. 진승은 원래 하남 양성이라는 곳에서 머슴살이를 하던 자였다.

하루는 밭에서 일을 하다 말고 괭이 자루를 집어 팽개치며 주인에게 큰 소리로 외쳤다.

"장차 내가 출세하더라도 서로 잊지 말고 지냅시다."

주인은 이 사람이 미쳤나 했다.

진승은 거듭 '작은 새가 어찌 큰 새의 뜻을 알겠는가' 하며 혼자 탄식을 했다.

세월이 지나 2세 황제 원년 하남 각 고을에서 징용되어 북으로 가는 9백 명의 일꾼 가운데 진승도 끼여 있었다. 때마침 장마철이었다. 큰 비가 와서 길이 막혀 더 갈 수가 없었다.

당시 진나라 법에 징용되어 가는 자가 기일까지 대어 가질 못하면 이유 여하를 막론하고 사형을 당하게 되어 있었다. 진승 일행은 아무리 해도 기일 안까지 갈 수가 없을 것 같았다.

진승은 같이 가던 오광이란 자와 둘이서 수송지휘관을 죽여 버렸다. 그리고 같이 가던 사람들을 설득하기 시작했다.

"우리는 이러나 저러나 살 길은 없소. 우리가 살 수 있는 길이 있다면 그것은 오직 하나 진나라를 쳐 부수는 것 뿐이오. 우리도 같은 사람이 아니오. 왜 우리라고 벌레같이 죽어야 한단 말이오. 왕후나 장상은 나면서부터 타고 났답니까? 우리도 될려면 될 수 있는 거요."

9백 명의 농군들은 와ー 하고 진승을 따르게 되었다. 이 농민군은 가는 곳마다 수가 늘어나서 하남 회양 땅에 이르러서 진승은 그 곳의 왕이라 일컫고 나라 이름을 장초(張楚)라 했다.

　이리하여 진승은 어찌됐든 왕이 된 것이다. 그러나 일찍이 '만약에 출세를 하더라도 서로 잊지 말고 지내자' 던 그 자신이 한 말을 그는 깜빡 잊었던가 모양이다. 옛날 알던 친구들이 찾아오면 진승은 만나지를 않았다. '왕후 장상이 씨가 따로 있다더냐' 던 말도 이제 그의 말이 아니었다.

　친구와 동지를 알아 보지 못하게 된 진승은 결국 부하의 손에 죽고 말았다. 그러나 그가 불러 썼던 장수들과 그가 임명했던 대신들은 각지에서 군사를 일으켜 마침내 진(秦)을 멸망시켰다.

　진승의 큰 뜻은 그의 후계자에 의해서 이루어진 셈이다.

- 〈사기〉에서

왼쪽에 실은 짐을 바른쪽으로 옮겨도 배가 기우는 것은 매 일반이다

　송나라 때 왕안석(王安石)은 여러 가지 새로운 법을 마련해 보았으나, 신종(神宗)이 죽자 모두 허사가 되고 말았다. 세상 사람들이 모두 옛날 법으로 되돌아갔기 때문이다.

　그런데 신종의 뒤를 이은 철종(哲宗)이 장성하자 - 철종은 열세 살에 임금이 되었다. - 아버지의 뜻을 이어 새 법을 다시 편 사람은 장순이다. 장순은 전에 왕안석과 같이 일한 적이 있었다. 그러다가 왕안석이 죽고 새 법이 소용없게 되자, 면직을 당했었다.

　새 법이 시행되면서 장순이 다시 불리게 된 것은 당연했다. 장순의 의욕은 대단했다. 장순이 서울로 부임해 가는 도중 선배이며 명사인 진관(陳瓘)이 찾아왔다. 장순은 반갑게 맞으며, 진관을 같은 배에 올라 타라고 했다.

배 안에서 두 사람은 정치에 관한 의견을 나누었다. 진관은 온건한 군자였다. 진관은 천천히 입을 열었다.

"우리가 타고 있는 이 배를 두고 말해 봅시다. 배에 짐을 싣는데, 한쪽에다 무거운 짐을 싣게 되면 그 배가 나갈 수가 없을 것이오. 그렇다고 이쪽의 것을 저쪽으로 옮겨 봐도 한쪽으로 기우는 것은 똑같을 것이오."

진관이 말하려는 뜻은 새 법이건 구법이건 한쪽에 치우치면 안 된다는 뜻이다. 그러니까 두 법을 잘 조절해서 중도를 취하라는 말이다.

장순도 한참 동안 아무 말 없이 잠자코 듣기만 하다가,

"그건 그렇습니다만, 간악한 사마광(司馬光)은 문제를 삼아서 천하에 그 죄를 밝혀야 할 것입니다."

라고 말했다.

"그건 틀린 말이오. 그렇게 하면 결국 왼쪽에 실었던 짐을 바른쪽으로 옮기려는 것이나 진배 없지 않소. 그래 가지고는 천하의 민심을 가라앉힐 수가 없을 거요."

장순은 진관의 충고를 듣지 않고 새 법을 다시 실시하기 위해 구법을 없애는 데 힘을 기울였다. 그러나 철종은 불과 7년 동안 임금 노릇을 하다가 죽고, 정치는 다시 구법으로 되돌아가고 말았다.

                                        - 〈십팔사략〉에서

원숭이에게 감투

진나라 서울 함양으로 치달아 들어간 항우는 이전에 유방에게 항복한 진왕 영(瓔)을 죽이고 궁궐에 불을 질렀다. 불은 석 달을 두고 탔다고 한다.

항우는 시황제(始皇帝)의 무덤도 파헤쳤으며, 진나라의 재물들을 모두 거두어 갔다. 부녀자들도 모두 붙잡아 갈 만큼 항우의 군사는 갖은 잔학한 짓을 다하고는 함양을 떠났다.

그때 한생(韓生)이란 사람이 항우에게 말했다.

"진나라 땅은 지리가 좋고 땅도 걸어서 이 곳에 도읍을 정하면 천하의 패왕이 될 수 있을 것입니다."

그러나 항우는 잿더미가 된 진나라 궁궐들이 보기에도 싫었을 뿐 아니라, 고향으로 가고 싶은 마음이 간절해서 한생의 말을 듣지 않았다.

"사람이 부귀하게 되어 고향으로 돌아가지 않으면 밤에 비단 옷인지 누가 보고 알아 줄 것이냐."

한생은 기어이 고향으로 가려는 항우를 보고 '초나라 사람들은 원숭이가 감투를 쓴 꼴이다' 고 했다가, 항우의 노염을 사서 잡혀 죽었다.

인생은 흰 말이 문 틈을 지나가는 것과 같다

후주(後周) 공종(恭宗)에게서 자리를 넘겨 받은 조광윤(趙匡胤)은 송나라를 세우고 태조(太祖)가 되었다. 태조가 임금 자리에 오른 지 얼마 되지 않아서였다.

재상 조보(趙普)가 아뢰었다.

"전전도지휘사(殿前都指揮使) - 어영 대장과 같은 자리 - 석수신(石守信)은 부하를 통솔하는 능력이 모자라는 것 같사오니 다른 자리로 옮기심이 어떠 하올는지……."

조보는 똑같은 말을 몇 차례나 태조에게 아뢰었다. 그러나 태조는,

"걱정 마라. 그는 옛날부터 나와 같이 있었던 자이니, 결코 나를 배반하는 일은 없을 것이다."

라고 그의 의견을 듣지 않았다.

"그러하오나 부하를 통솔하는 능력이 없고 보면, 부하 중에 나쁜 마음을 가지고 있는 자가 있더라도 그것을 알아 내지 못할 것이외다."

태조도 그 말은 그럴듯하게 여겨졌다. 태조는 옛날의 동료들과 같이 술자리를 마련했다. 그 자리에는 석수신도 함께 있었다. 술자리가 한창 벌어졌을 때, 다른 사람들은 물러가라 하고 동료들하고만 남아서 이런 말을 주고 받았다.

"내가 오늘 이렇게 된 것은 모두 그대들의 덕이요. 나는 그대들에게 마음으로부터 감사하오. 허나 천자라는 자리가 여간 괴로운 자리가 아니구려. 최근에는 잠도 제대로 자지를 못하오."

"왜 그러시옵니까?"

"아니 그렇게 어려운 일도 아니야. 천자라는 자리는 누구도 하고 싶을 것이 아닌가."

"별 말씀을 다 하십니다. 폐하, 이제 천명은 정해졌습니다. 누가 감히 그런 외람된 생각을 하는 자가 있겠습니까?"

"그대들에게는 물론 딴 마음이 없겠지. 허나, 그대들의 부하 중에 부귀를 탐내는 자는 막을 수 없지 않은가. 그런 자들이 만약 그대들에게 곤룡포를 입혀 주면 어찌하겠는가. 그때는 하는 수 없지 않은가. 나도 그대들이 그렇게 해서 천자가 된 것을 그대들은 알고 있을 테지."

석수신 등 여러 사람들은 태조가 말하는 뜻을 알아 차릴 수 있었다. 그들은 일제히 엎드려 눈물을 흘리며 머리를 조아렸다.

"신들은 어리석어서 거기까지 생각이 미치지 못하였나이다. 신들을 가엾게 여기사, 신들이 앞으로 살아 갈 길을 일러 주시옵소서."

"사람이 세상을 살아 가는 것은 흰 말이 문 틈을 지나 가는 것과 같은 것이오. 그것은 눈 깜짝할 사이라오. 사람이 부귀를 바라는 것도 요컨대, 돈을 모아 인생을 즐기고 싶고, 자손들도 가난하게 살지 않게 하려는 생각이다. 지금 이 자리에서 내가 옛날의 친구로 그대들에게 말한다면, 일찍이 시골로 돌아가서 논밭이나 사고, 자손을 위해 재산이나 물려 주는 것이 어떻겠나. 달 밝고 꽃 피는 계절이면 옆에 여자나 끼고 부어라 마셔라 진탕 놀면서 편안히 살다가 제 명에 죽으면 임금이니 신하니 서로 시기하고 의심하며 살지 않아도 될 것이 아닌가."

모두 엎드려 재배하고 아뢰기를,

"고마우신 말씀, 죽을 목숨을 살리시고 뼈에 살을 붙여 주신 것과 같사옵니다."

이 사람들은 이튿날이 되자, 모두 사직원들을 냈다.

태조는 이 사람들을 후하게 대접해서 보낸 것은 더 말할 것도 없다.
- 〈송서(宋書)〉에서

임금은 한가하면 안 된다

중국 역사에서 언제나 말썽거리가 되는 것 중의 하나가 내관들이다. 내시는 궁궐 안에서 일을 보는 사람들이기 때문에 임금과 가까이 붙어 있어서 그 발언이 차츰 세지고, 따라서 세력을 잡게 되는 일이 많다. 그래서 일부러 내시가 되고자 하는 자까지 생겨나게 되었고, 당나라 현종 때에는 6품 이상의 내시만도 수천 명이 넘었다고 한다.

내시들은 자손을 가질 수 있는 즐거움이 없기 때문에 부귀나 권력에 대한 애착이 여느 사람보다도 강하다. 남자이면서 남자가 아닌 그들은 그 성품이 괴이해서 잔꾀와 권모술수를 잘 쓰기도 한다. 이들이 조정 일에 참견을 하고 인사권에서부터 군사에 관한 일까지 참견을 하게 되면 그 때는 어느 왕조고 끝장이 나고 만다.

당나라 제15대 무종(武宗)은 내시 구사량(仇士良)이 모셔 앉힌 임금이다. 그래서 구사량의 권세는 누구도 따를 자가 없었다. 내시는 이와 같이 임금을 물러 앉히고 모셔 앉히는 데까지 참여하게 되었다.

무제는 구사량의 권세가 무섭기도 하고 구사량이 싫기도 했다. 이것을 눈치 챈 구사량은 늙어 몸이 불편하다는 핑계로 집에 들어 앉아 버렸다. 구사량이 집에서 앓고 있다 하니까 내시들이 병 문안을 왔다.

그때 구사량은 내시들에게 임금 모시는 방법을 다음과 같이 가르쳐 주었다고 한다.

"임금에게는 한가한 시간이 있게 해서는 안 된다. 언제나 주색, 춤, 놀이 같은 것으로 임금을 즐겁게 해 주어야 하며, 사치스럽게 해서 그 밖에 다른 일은 생각할 겨를이 없도록 해야 한다. 책을 읽게 한다든가, 선비들과 가까이 하도록 해서는 안 된다. 책을 읽으면 사람이 영리해져서 역사를 알게 되고, 나라의 흥망을 생각하게 된다. 선비들과 가까워지면 인간의 도리와 정치를 배우게 되어 옳고 그른 것을 깨닫게 되며, 그렇게 되면 우리들 내시를 배척하게 될 것이다. 임금을 어리석게 할 것, 그래야 우리네가 붙어 있을 수 있는 것이다."

이러고 보면, 임금이 웬만큼 영특하지 않고서는 내시들에게 휘어잡히지 않을 수 없었을 것이다.

그러나 임금을 어리석게 만들려는 무리들이 있으면 또 한편으로는 반드시 임금을 영특하게 만들려는 어질고 슬기로운 신하가 있게 마련이다.

송나라 때 이런 얘기가 있다.

제3대 진종(眞宗) 때, 재상 이항(李抗)은 매일같이 어디서 도둑이 일어났느니 어디가 비가 안 와서 가물어 큰일 났느니 하는 얘기를 매일 임금에게 보고했다. 이것을 본 참정(參政) 왕단(王旦)이,

"그렇게 세세한 일까지 하나 하나 임금에게 알릴 것이 없지 않은가."

라고 이항에게 말했다. 그러나 이항은 이렇게 말했다.

"젊은 임금은 세상의 어려운 일과 백성의 고통스러운 것을 알지 않으면 안 된다. 그렇지 않으면 혈기만 자라서 장년이 되었을 때 주색이나 놀이 같은 쓸 데 없는 일을 하게 된다. 이 세상은 생각대로 되는 것이 아니다. 고통이 많은 것이다. 노력하지 않으면 안 되는 것이다. 이러한 것을 골수에 배이도록 알고 있지 않으면 안 되기 때문에 조그마한 일이건, 큰 일이건 무엇이고 어려운 일을 하나도 빼지 않고 임금에게 알려 바치는 것이다."

- 〈신당서(新唐書)〉, 〈송서〉에서

장군 밑에 장군 있고, 재상 밑에 재상 있다

전국시대 제나라의 맹상군(孟嘗君) 전문(田文)은 그 아버지 정곽군(靖郭君) 전영의 첩의 몸에서 난 아들이다. 전영에게는 아들이 4십여 명이나 되는데, 전문은 5월 5일 날이 생일이다. 그 당시 중국에서는 사내아이가 5월 5일날 태어나면 자라서 그 아버지를 죽이고, 여자아이면 그 어머니를 죽인다는 미신이 있었다. 그래서 전문은 낳자마자 죽을 운명이었는데, 그 어머니가 숨겨서 몰래 길렀다.

전문은 장성한 뒤에서야 그 아버지를 만났다. 전영은 전문이 살아 있는 것을 보고,

"어째서 어려서 버리지 않았느냐?"

고 그 어미를 꾸짖었다. 그러자 옆에서 전문이 말했다.

"사람은 명을 하늘에서 받는 것입니까, 가문에서 받는 것입니까? 하늘에서 받는 것이라면 아버님께서는 걱정하실 필요가 없지 않습니까? 가문에서 받는다고 하면 누구도 쳐다 볼 수 없게 가문을 높이시면 좋지 않습니까?"

전영은 할 말이 없었지만, 아들의 말하는 것을 들어 보니 제법 똑똑하게 여겨졌다. 얼마 있다 전문은 그 아버지에게 말했다.

"아버님께서는 재상으로 3대의 임금을 모셨습니다. 그러나 제나라의 영토는 조금도 넓어지지를 아니했습니다. 아버님 자신은 만금의 재산을 모으셨습니다마는 문하에 한 사람도 어진 사람이 없습니다. 속담에도 '장군의 밑에 반드시 장군이 있고, 재상의 밑에 반드시 재상이 있다'고 했습니다. 훌륭한 장군이나 재상 밑에는 그 훌륭한 점을 존경해서 반드시 쓸 만한 인물들이 모여 들게 마련입니다. 그런데 우리 집은 어떻습니까? 아버님의 첩들은 사치만 하는데, 세상사람들

은 제대로 옷도 입을 것이 없습니다. 집안의 하인들까지도 쌀밥과 고기를 지천으로 먹는데, 훌륭한 사람들은 죽도 제 때에 먹지를 못하고 있습니다. 아버님께서는 이 이상 더 재산을 불려서 대체 무엇에 쓰시겠습니까? 국사 다난한 이 때입니다. 깊이 생각해 보십시오."

전영은 이때부터 아들 전문에게 집안 살림을 맡아 보게 하고, 훌륭한 선비들을 손님으로 청해 들였다. 전문의 이름은 세상에 널리 알려졌고, 전영이 죽자 전문이 집안을 이었다. 그로부터 식객이 수천 명이나 되었다.

- 〈사기〉에서

장안(長安)이 가까운가, 태양이 가까운가?

동진(東晋)의 숙종(肅宗)은 영특한 임금이었다. 숙종이 어려서 태자로 있을 때였다. 어느 날 장안(長安)에서 사람이 왔다. 아버지인 원제(元帝)가 태자에게,

"장안과 태양 중 어디가 가까우냐?"

라고 물었다. 그랬더니 태자가 하는 말이,

"장안이 가깝습니다. 장안에서 온 사람은 와 있어도 태양에서 사람이 온 것은 보지도 듣지도 못했으니까요."

하는 것이었다. 원제는 태자의 이 재치있는 대답이 마음에 썩 들었다. 그리고 나서 얼마 후 원제는 여러 사람들과 한가한 얘기를 하고 있던 자리에서 또 똑같은 말을 태자에게 물었다.

그러자 태자는 이번에는,

태양이 가까울 것입니다."

라고 대답했다.

"지난 번에는 장안이 가깝다고 하지 않았는가?"

원제는 태자에게 재차 물었다.

"지금 머리를 쳐들고 보니까, 태양은 보이는데 장안은 보이지 않습니다. 그러니까 태양이 가까운 것 같습니다."

원제는 태자의 대답이 정말 신통하게 여겨졌다.

태자는 자랄수록 총명하고 인자한 데다가 글도 잘 하고 무예에도 능했다. 특히 어진 선비들을 위할 줄 알고 신하의 바른 말을 받아들였다.

일찍이 원제를 배반했던 왕돈(王敦)이란 사람이 그때 석두성(石頭城)에 있었는데, 태자가 영특하다는 소문을 듣고 태자를 태자의 자리에서 물러나게 하려고 여러 가지 유언(流言)을 퍼뜨렸지만, 성공하지 못했다.

태자가 임금(숙종)이 되었다.

왕돈은 새 임금을 쫓아내기 위해 또 모반을 했지만, 숙종의 군사에게 패하고 왕돈은 마침내 병들어 죽었다. 그 때 숙종의 주위 사람들은 왕돈의 형제와 그 일족을 모조리 없애 버려야 한다고들 했다. 그러나 숙종은,

"죄를 그렇게 확대시킬 필요는 없다. 그 일족에게 무슨 죄가 있는가?"

라고 너그러운 도량을 보였다.

– 〈십팔사략〉에서

재물로써 사귄 자는 재물이 다하면 헤어진다

전국시대 초나라에 안릉군(安陵君)이라고 얼굴이 잘 생긴 사람이 있었다. 그는 얼굴이 잘난 것 하나로 임금에게서 남달리 귀염을 받았다.

어떤 사람이 안릉군에게 물었다.

"당신은 이렇다 할 공로가 있는 것도 아니고 임금과 척분이 있는 것도 아닌데 높은 자리에서 많은 녹을 먹고 있으며 사람들에게서 존경을 받고 있으니 무슨 까닭입니까?"

"임금이 나의 얼굴이 잘 생긴 것을 사랑하시기 때문입니다. 그렇지 않고서야 내가 이처럼 중요한 자리에 앉아 있을 수 있겠습니까?"

"거기까지 알고 계시는요. '재물로써 사귄 자는 재물이 떨어지면 헤어지고, 색으로써 사귄 자는 꽃이 지면 사랑도 식는다' 는 말이 있습니다. 당신의 처지도 그와 같이 불안하니 당신을 위하여 애석하게 생각합니다."

안릉군은 앞으로 바싹 다가 앉으며,

"나는 어떻게 하면 오래 오래 이 자리를 보전할 수 있을까요?"
하고 물었다.

"나에게 한 가지 생각이 가는 일이 있습니다마는……."

"무엇입니까?"

"임금에게 이렇게 말하십시오. '천년 만년 뒤라도 임금이 돌아가시는 때에는 저도 따라 죽게 해 주십시오' 라고요. 그러면 임금은 더욱 당신을 미덥게 여겨서 당신을 한층 높은 자리에 앉게 할 것입니다."

안릉군은 그 사람이 하라는 대로 임금께 가서 말했다.

"대왕께오서 만일의 일이 계시올 때는 신 먼저 저승으로 달려가서 대왕을 위하여 대왕의 능침에 개미와 다른 벌레들이 들어오지 못하도록 지키고 있게 허락해 주십시오."

과연 임금은 그 말을 듣고 매우 기뻐했다. 그리고 죽을 때까지 안릉군에 대한 사랑이 극진했다.

'재물로써 사귄 자……'는 지금 세상에서도 똑같다. 뒤에 시인 두보는 '빈교행'이라는 시에서 관중과 포숙의 변치 않은 우정을 칭찬하며 변덕스러운 요즘 세상 사람들의 인정을 다음과 같이 노래했다.

손을 뒤집어 구름을 이루고,
손을 엎으면 비가 되니,
어수선하고 가벼운 사람들을
어찌 구태어 헤아리리요.
그대는 관중과 포숙이
가난할 때의 사귐을 보지 아니하는가.
이 도(道)를 요즘 사람은
버리기를 흙과 같이 하는구나.

                                        -〈전국책(戰國策)〉에서

정오(鄭五)가 재상이 되다니, 세상은 알 만하다

당나라는 결국 황소(黃巢)의 난리로 망하고 말았다. 영특한 임금이라고 했던 소종(昭宗)도 때를 잘못 만나 어쩌는 도리 없이 허덕이다가 마침내 주전충(朱全忠) - 뒤에 양(梁)나라 태조 - 이 보낸 자객의 손에 죽고 말았다.

주전충은 황소의 난리를 가라앉히고 난 뒤 소종을 졸라 낙양(洛陽)으로 서울을 옮기게 했다. 낙양은 주전충의 근거지였다. 황소의 난리로 인해서 폐허가 되다시피 했던 장안의 거리가 난리가 끝나고 차츰 자리잡혀 가고 있을 때 서울을 옮기게 된 것이다.

주전충은 새로 세운 궁궐이며, 관청이며, 그리고 백성들의 집들까지 마구 헐어 버렸다. 소종은 주전충의 하는 일을 말릴 수가 없었다. 소종은 눈물을 흘리며 장안을 떠나야만 했다. 소종은 낙양으로 가는 도중 가까이 모시는 신하를 보고,

"정든 장안을 버리고 이렇게 떠나 가는 내 몸은 장차 어디에다 발을 붙이게 될 것인고."

하며 탄식을 했다고 한다.

중국 얘기에 이런 말이 있다.

홀간산(紇干山) 꼭대기가 하도 추워서 참새들이 다 얼어 죽었다. 참새들은 날개가 있어서 얼마든지 다른 곳으로 날아갈 수가 있는데도, 홀간산 꼭대기에서 그대로 얼어 죽고 말았다는 것이다.

소종은 장안을 떠나면서 홀간산의 참새를 생각하고 자기 신세가 더 처량하게 여겨졌는지도 모른다. 소종은 앞서도 말했지만 영특했다. 그래서 당나라를 다시 일으키기 위해 여러 번 세상에 널리 인재를 구해 보았지만, 나라의 운수가 다했음인지 소종이 바라는 세상의 인재는 한 사람도 찾아 오지를 않았다.

그때 정오(鄭五)라는 벼슬아치가 세상을 비웃는 시 한 편을 지었다. 그 시는 그런대로 격조를 갖춘 시였다. 세상 사람들은 그 시가 훌륭하다고들 떠들어댔다.

소종은 정오의 얘기를 듣고 이 사람이 큰 경륜을 가지고 있을지도 모른다 하여, 정오를 불러 재상을 시켰다. 그러나 정오는 어이없다는

듯이,

"아무리 세상에 인재가 없기로소니, 내게 재상 차례가 돌아오다니……. 허나 정 내 차례가 되었다면 세상은 알 만하다."

이 정오라는 사람은 자기 스스로 말한 것처럼 그렇게 못난 사람은 아니었다. 황소의 난리 때 정오는 회남(淮南) 지사로 있었는데, 황소에게 편지를 썼다.

"내가 있는 회남만은 건드리지 말아 달라."

는 내용이었다. 황소는 정오의 편지를 보고 웃으며 그러마고 했다. 그래서 회남만은 난리를 몰랐다.

정오가 재상노릇을 한 것은 석달밖에 되지 않지만, 정오는 그 동안에 많은 일을 착실하게 처리해 나아갔다.

－〈신당서〉에서

죄를 모르고 죽는다

제나라 경공(景公)의 사랑하는 말이 말 기르는 사람의 부주의로 인해 죽었다. 경공은 대단히 화가 나서 말 기르는 사람을 목 베어 죽이려 했다. 이 때 재상 안자(晏子)가 경공을 말렸다.

"이 사람은 죽더라도 자기의 죄를 모르고 죽을 것입니다. 그러니까 제가 그 죄를 하나 하나 알려 준 다음에 처형하도록 하십시오."

경공은 그러라고 했다.

안자는 말 기르는 사람을 향해,

"잘 들거라. 너는 첫째, 비록 실수로 그렇게 되었다 해도 임금의 사랑하는 말을 죽였으니, 그 죄는 죽어서 마땅하다. 다음 둘째, 너는 말 때문에 사람을 죽였다는 어질지 못한 누명을 임금께 듣게 했으니, 그 죄 또한 죽어서 마땅하다. 셋째, 임금이 말 때문에 사람을 죽였다는 소문이 세상에 퍼지게 될 터이니, 네 죄는 만번 죽어도 마땅하다. 알겠느냐?"

안자는 칼을 빼어 들고 말 기르는 자를 죽이려 했다. 이번엔 옆에 있던 경공이 안자를 말렸다고 한다.

- 〈설원〉에서

중매가 혼인은 시켜도, 금슬이 좋게 할 수까지는 없다

혼인이라고 하는 것은 중매가 있게 마련이다. 그러나 중매가 혼인은 성사시킬 수 있어도 부부간의 의를 좋게까지 할 수는 없다. 부부간에 금실이 좋고 나쁜 것은 본인들의 노력 여하에 달려 있다. 중매는 거기까지 책임을 질 수는 없는 것이다.

〈세원(世苑)〉이란 책에 이런 얘기가 있다.

전국시대에 맹상군(孟嘗君)은 유능한 선비를 구하기 위해 집안에 식객들을 많이 두고 있었다. 어느 날 식객 중에 한 사람을 제왕(齊王)에게 천거했었다. 그런데 3년이 지나도록 그 사람은 아무 일자리를 얻지 못했다.

그 식객은 기다리다 못해 맹상군을 다시 찾아 왔다.

"제왕에게 천거를 해 주셨지만, 제왕은 3년이 지나도 저에게 일자리를 주지 않습니다. 이것은 제가 불민해서 그런지, 천거를 잘못하신 것인지 모르겠습니다."

식객의 말씨엔 불만이 서려 있었다.

그러자 맹상군은 잘라 말했다.

"여자를 시집보내는 것은 중매가 할 수 있어도, 시집 가서 부부가 서로 의좋게까지 할 수는 없다는 말이 있지 않소. 내가 천거는 했지만 당신이 제왕에게 잘 뵈고 못 뵈기는 당신에게 달린 것이지, 나나 제왕을 원망할 것은 아니오."

그러나 식객도 만만치가 않다.

"천하에 날랜 사냥개도 포수가 가까운 데 있는 토끼를 가리키면 영낙 없이 잡을 수 있지만, 멀리 있는 토끼를 쫓아가라 하면 쫓을 수가 없습니다. 그것은 사냥개가 날래지 못해서가 아니라, 개를 부리는 포수가 개를 부릴 줄 모르는 것입니다. 저도 그와 같은 처지입니다."

"그건 아니라오. 옛날 싸움에서 남편을 잃은 아내가 지아비의 죽음을 슬퍼하며 성(城)을 향해 울었더니, 그 성벽이 무너졌다는 얘기가 있소. 군자란 속이 꽉 차 있으면 반드시 그것이 밖으로 나타나게 되는 것이오."

"그러면 제 말씀을 들어 보십시오. 어떤 새는 둥우리를 썩 탄탄하게 짓는 새가 있습니다. 그러나 나뭇가지 사이에 지은 그 둥우리는 큰 비가 오면 허물어져서, 그 안에 어린 새끼들까지 땅에 떨어져 죽는 수가 있습니다. 그것은 그 새가 둥우리를 짓는 솜씨가 없는 것이 아니라, 둥우리를 나뭇가지 사이에 지었기 때문입니다. 다시 말하면, 몸을 의탁할 곳을 잘못 잡은 것입니다. 사람도 그와 매한가지입니다. 자기를 누구에게 의탁하느냐에 따라 행복할 수도 있고, 불행할 수도 있는 것입니다."

이렇게 맹상군과 식객 사이의 주고 받은 말을 들어 보면 맹상군의 판정패(判定敗)다. 맹상군은 다시 이 식객을 제왕에게 천거해서 나중에 이 식객은 재상이 되었다고 한다.

착한 일은 이름을 내려고 하지 않아도 이름이 나기 마련이다

〈열자(列子)〉에 보면, 양주(楊朱)는 이렇게 말했다.

"착한 일을 하는 것은 이름을 내기 위해서가 아니지만, 이름이 따라 오게 마련이다. 이름이 난다는 것은 이익이 있을 것을 기약하는 것은 아니지만, 이름이 나면 이익이 돌아오고, 이익은 반드시 다투려 하지 않아도 다툴 일이 생기게 마련이다. 그러므로 군자는 착한 일을 하는 데도 삼가서 해야 한다."

이름이 나기 위해, 유명해지려고 착한 일을 하지는 않는다. 그러나 착한 일을 하면 자연 유명해지고, 유명해지면 이익이 돌아오고, 이익이 돌아오면 시샘하는 사람이 있어 서로 다투게 된다는 뜻이다.

책 맨 가죽끈이 닳아서 세 번이나 끊어지다

공자가 67세 되던 해, 고국인 노나라의 애공(哀公)으로부터 부름을 받고 고국으로 왔다. 애공과 대부 계강자(季康子)는 공자를 불러 놓고, 여러 가지 정치에 관한 것을 물었다. 공자는 자기의 의견을 애공에게 일러 주었다. 그러나 애공은 공자가 하라는대로 하지를 않았다.

공자는 애공도 섬길 만한 임금이 되지 못한다고 여겨 몇 번이나 만류하는 것도 듣지 않고 고향으로 돌아왔다. 고향에 돌아가 제자들이나 가르칠 생각이었던 것이다.

공자는 우선 〈서경〉을 다시 편찬했다. 젊었을 때 이 책을 읽고 이상에 불탔던 시절이 엊그제 같기만 했다. 다음에 공자는 시(詩)를 들추었다. 옛 시는 모두 3천 편이었는데, 공자는 그것을 3백 5편으로 간추렸다. 〈시경〉과 〈서경〉이 공자의 손으로 다시 정리되고 고쳐진 셈이다.

공자가 가장 즐겨 읽던 책은 〈주역(周易)〉이었다. 공자는 이 주역 책을 몇 번이고 읽었다. 책 맨 끈이 닳아 끊어지면 다시 매어 가지고 읽었다. 이러기를 세 번. 옛날의 책이란 지금 종이에 인쇄한 그런 책이 아니다. 종이 대신 나무 껍질에다 옻칠을 하고 그 위에 글씨를 썼었다. 그리고 그것을 가죽끈으로 묶은 것이다. 책 맨 끈이 나 달아서 끊어졌다는 그 끈은 물론 가죽끈이었다.

천년 만년 임금 노릇 한다더냐?

동진(東晉)은 재상 사안석(謝安石)과 그 아우 사석(謝石), 사현(謝玄) 등의 공으로 저(底)라고 하는 변경 민족이 세운 진나라 부견(符堅)의 군사를 쳐 부순 이래, 양자강 동편 일대는 무사태평하였다.

당시의 임금은 열종 효무제(烈宗 孝武帝)였다. 효무제는 정치를 회계왕(會稽王) 도자(道子)에게 맡기고 좋아하는 술로 소일하였다.

이럴 즈음 혜성(慧星)이 나타났다.

장성(長星)이라고도 하는 이 혜성은 요사스런 별이라 해서, 세상에서는 이 별이 나타나면 난리가 일어난다고들 두려워했다. 그러나 효무제는 아무렇지도 않은 듯 술잔을 높이 쳐들어 장성을 보고 외쳤다.

"장성이여, 너도 한잔 들라. 세상에 천년 만년 임금 노릇을 한 사람은 없다. 그러니 술이라도 마시면서 유쾌하게 일평생을 보내는 거야."

이것은 미리 겁을 먹고 헛수고를 하는 데에 빗대어 하는 말이다.

만분(滿奮)이란 사람은 바람을 몹시 싫어해서 진나라 무제(武帝)가 있는 방 북창에다 유리 병풍을 쳤다. 무제가 웃으며 물으니 만분이 대답하기를,

"신, 오나라의 소가 달을 보고 헐떡거리는 것과 같으오이다."

고 하더라고.

– 〈신설시어(新說新語)〉에서

추측하여 알기 어렵다

- 그 처음과 끝을 아는 자 없다. -

당나라 제9대 덕종(德宗) 때 하북(河北), 하남(河南), 장안(長安)에 연이어 반란이 일어나면서 나라 안이 어지러워지는 것 같았다. 이때 태자 송(誦)에게는 왕비(王丕), 왕숙부(王叔父) 두 사람이 자주 드나들었다.

왕비는 글씨를 잘 쓰고, 왕숙부는 바둑을 잘 두었다. 그래서 이 두 사람은 태자와 같이 글씨 공부와 바둑 상대를 했다.

태자는 다음에 임금이 될 사람이다. 그래서 얘기가 정치 얘기로 옮아가기만 하면 누구는 재상감이라느니, 누구는 재주가 뛰어났느니, 누구는 대장감으로 훌륭하다느니 하면서 왕비와 왕숙부 두 사람은 많은 사람의 이름을 끌어내어 주거니 받거니 얘기들을 했다. 이것은 태자에게 그런 사람들의 이름을 외우게 하여, 훗날 이 사람들을 불러 쓰게 하자는 속셈이었던 것이다. 그리고 물론 그 사람들은 모두 자기네와 친한 사람들이었다.

왕비와 왕숙부는 이와 같이 자기 편 사람들의 이름을 태자가 기억하고 좋은 인상을 가지도록 하는 한편, 한림학자 위집의(韋執誼) 등과 가까이 하면서 세력을 잡게 되는 날만을 기다리고 있었다.

이들 중에는 유종원(柳宗元) 같은 후세에까지 이름을 전한 사람도 있었지만, 거의 혈기 방장한 새파란 젊은이들이었다. 이들은 서로 만일의 경우에는 목숨을 바쳐도 좋다는 굳은 맹세를 했다. 우징으로 맺어진 그들은 행동을 똑같이 했다. 그러나 그들이 무엇을 하고 있는지는 아무도 알 수가 없었다. 그 만큼 비밀을 지키고 있었던 것이다.

마침내 덕종이 죽고 태자 송은 순종이 되었다.

전일의 그 젊은이들이 조정에서 권세를 잡게 된 것은 더 말할 것도 없다.

원문에는 '그 단예(端倪)를 아는 자 없다'고 씌여 있다. '단예'는 일의 처음과 끝이란 뜻으로, 추측하여 알 수가 없다는 것을 '불가단예(不可端倪)'라고 한다. 이 말은 〈장자(莊子)〉에서도 나온다.

– 〈십팔사략〉에서

크게 간사하면 충성과 흡사하다

송나라 제5대 영종(英宗)은 여러 가지 새 정책을 세워 보려고 무진 애를 썼고, 또 열성도 있었지만, 임금의 자리에 오른 지 불과 4년만에 세상을 떠나고 말았다. 그래서 영종의 뒤를 이은 이가 신종(神宗), 신종은 열 아홉 나던 해 임금이 되었다.

나이는 어리나 영특한 신종은 아버지 영종이 다하지 못한 개혁을 자기가 이어 나갈 생각을 가졌다. 이 신동을 도와서 새 정치와 새 법을 만든 이가 왕안석(王安石)이다.

왕안석은 신종의 신임에 보답하기 위해 조정 안에 보수세력이며, 지주, 그리고 큰 장사치들의 반대를 무릅쓰고 하나 하나 새 법을 만들어 나갔다. 왕안석이 재상이 되는 것을 극력 반대하고 나선 사람은 어사중승(御史中丞) 여회(呂誨)였다.

여회는 왕안석을 탄핵하는 글을 신종에게 올렸다. 그 중에,

"크게 간사한 자는 충성된 자와 흡사합니다. 큰 거짓은 믿음과 흡사합니다."

라는 말이 있다.

이 말은 왕안석이 충성스런 신하로 보이지만, 실제로는 간사하고 음흉한 사람이라는 뜻이다. 그러나 신종은 왕안석을 철석같이 믿고 있어서 그런 소리에 기울어질 인물이 아니었다.

신종은 여회에게 그 탄핵문을 취소하라고 일렀다. 그러나 여회는 신종의 말을 듣지 않았다. 신종은 여회가 말을 듣지 않을 뿐 아니라, 계속해서 왕안석을 비난했기 때문에 여회를 파면시키고 지방으로 내쫓았다.

당시 송나라는 재정이 몹시 달리고 있었다. 이 달리는 재정을 어떻

게 꾸려나가느냐 하는 일은 송나라가 흥망성쇠가 달려 있을 만큼 중요한 일이었다. 백성들도 살기가 어려워서 세금을 더 받을래야 받을 수가 없었다. 왕안석의 새 법은 국민의 부담을 덜어 주면서도 나라에 들어오는 돈은 많게 하려는 것이다.

새 법의 시행은 반드시 순조롭게 되어 갈 수는 없었다. 보수파의 반대와 거기다가 유능한 관리들이 모자랐다. 너무나 빨리 서두르는 새 법의 시행은 많은 반발을 일으켰다.

그런 중에 신종이 죽고, 겨우 아홉 살밖에 안 된 철종(哲宗)이 그 자리에 들어 앉았다. 영종의 황후이며, 철종에게는 할머니가 되는 선인태후(宣仁太后)가 나이 어린 임금을 보좌하게 되었다.

그런데 선인태후는 새 법을 못 마땅하게 여겨서 새 법은 하나 하나 폐지되어 갔다. 강녕부(江寧府)에서 병석에 누워 있던 왕안석은 매우 가슴이 아팠다. 왕안석은 자기 손으로 만든 새 법이 하나 하나 폐지되어 가는 소리를 들으면서 쓸쓸히 죽었다.

- 〈송사(宋史)〉에서

표범과 늑대를 그냥 두고, 여우나 너구리를 잡아서 무얼하나?

전한(前漢)은 외척 때문에 망하고, 후한(後漢)은 내시들 때문에 망했다고 하듯이, 후한 7대 순제(順帝) 때 내시들의 권세는 이루 말할 수 없을 만큼 대단했다. 순제 자신이 내시들의 옹호로 자리에 서게 되었기 때문에 내시들을 꺾을 수가 없었다.

그래서 순제는 내시들의 세력을 꺾기 위해 외척의 힘을 빌리기 위해 황후의 아버지 양상(梁商)을 대장으로 삼았다. 양상이 죽은 뒤에는 양상의 아들 기(冀)가 되고, 그 아우 불의(不疑)를 서울의 장관을 시켰다.

이 두 사람은 외척이라는 유세가 당당했다. 이제는 외척과 내시들 사이에 권력 다툼이 일어났다. 그럴수록 임금의 권위는 점점 떨어져 갔다.

어느 때 조정에서는 전국의 지방 감찰을 내 보내기로 했다. 그 감찰 중에 장강(張綱)이라는 사람이 끼게 되었는데, 장강은 감찰을 가지 않겠다고 했다.

"중앙에는 표범과 늑대 같은 양씨 형제가 제 맘 대로 나쁜 짓을 하고 있는데, 지방의 여우나 너구리 같은 것들을 들춰내서는 무엇하겠느냐?"

라는 것이 그 이유였다.

그리고 장강은 양기와 양불의(梁不疑) 형제가 임금을 젖혀 버리려고 한다고 임금에게 아뢰었다. 순제도 장강의 말이 바른 말인 줄은 알고 있었지만, 양가 형제가 무서워 어찌 하는 수가 없었다.

이 소식을 들은 양가 형제는 노해서 장강의 관직을 떨어뜨려 광릉(廣陵) 태수로 보냈다. 이 때 양주(楊州)와 서주(徐州) 땅에서는 역적의 떼가 일어나 십여 년이 지나도록 가라앉지를 않았다.

양가 형제는 장강을 다시 그 곳으로 보내기로 했다. 역적들을 가라앉히라는 명목을 붙여 장강을 혼내 주려 했던 것이다. 그런데 장강은 그 지방에 가서 혼자 적의 대장 장영을 만나보고 설득을 했다. 장영은 만여 명의 부하를 거느리고 와서 장강에게 항복했다. 양가 형제가 생각했던 것과는 반대로 장강은 큰 공을 세운 것이다.

장강은 그 곳에서 백성들을 잘 다스리다가 일 년만에 죽었다. 그 곳

사람들은 장강을 정중히 장사지냈다.

-〈후한서〉에서

하늘이 주는 것을 받지 않으면, 도리어 화를 입는다

진나라가 망해 갈 무렵, 한왕 유방과 항우가 천하를 놓고 서로 다투고 있을 때, 유방의 대장 한신에게 제나라 사람 괴통이 찾아와서 하는 말이,

"당신과 같이 훌륭한 사람이 유방 밑에서 언제까지 있을 것이 아니라, 이때 제나라를 업고 연나라와 조나라를 쳐서 항복받게 되면, 유방과 항우도 어찌할 수 없게 될 것이며, 천하는 장군의 뜻대로 될 것입니다. '하늘이 주는 것을 받지 않으면 도리어 화를 입게 되며, 때가 되어서 행치 않으면 도리어 재앙이 온다'고 합니다. 한 번 생각해 보십시오."

하고 한신을 부추겼다. 그러나 한신은,

"한왕 유방은 나를 끔찍이 대우하고 있다. 그런데 어떻게 의리를 배반하고 이로운 것만 쫓아 갈 수가 있는가."

라고 말했다.

"그러나 한왕 유방은 장군이 생각하는 것과 같이 장군을 믿고 있지는 않습니다. 주인보다 더 용맹하면 그 신변이 위태롭고 공이 너무 크면 도리어 상을 받지 못한다는 말이 있습니다. 장군을 위하여 매우 염려되는 바입니다. 남이 권하는 말을 듣느냐 안 듣느냐는 일이 성공하느냐 못하느냐 하는 전조입니다. 계교가 좋고 나쁜 것은 일의 성패를

좌우하는 것입니다. 권하는 말을 듣지 않고, 계교를 몰라 가지고 오래 편안했던 사람은 없습니다. 일이란 성공하기는 어렵고, 실패하기는 쉬운 것입니다. 때는 얻기 어렵고 잃기는 쉽습니다. 모든 일이 때를 잘 타야 합니다. 때는 두 번 오지를 않습니다. 결단을 내리십시오."

그러나 한신은 듣지 않았다. 유방을 차마 배반할 수가 없었기 때문이었다.

그 후 유방은 천하를 통일하고 세상이 태평해졌을 때, 전날의 공신을 하나 하나 처리해 버렸다. 한신도 그 중의 한 사람이었다.

죽음을 앞두고서야 한신은,

"그때 괴통의 말을 들었던들, 오늘 이렇게는 되지 않았을 것을……."

하면서 후회했다고 한다.

- 〈사기〉에서

한 자(尺)의 천도 꿰매면 옷이 된다

전한(前漢) 문제(文帝)는 그의 아우 여왕이 반역을 했다 해서 귀양을 보냈다. 여왕은 고조(高祖)의 막내 아들이었지만, 문제가 천자가 되었을 때에는 문제와 여왕 단 두 형제밖에 없었다.

여왕은 형을 믿고 교만할 대로 교만해 갔다. 나라의 법을 어기기가 예사요, 스스로 명령을 내려 백성들을 거기 좋게 했다. 문제는 하나밖에 없는 아우의 하는 일이라서 웬만한 것은 눈 감아 두려고 했다. 그러나 여왕의 하는 짓이 너무 지나쳐 하는 수 없이 문죄(問罪)를 하게 됐다.

문제는 눈물을 머금고 여왕을 멀리 귀양보냈다. 언제고 뉘우치는 날에는 귀양을 풀어 줄 셈이었다. 여왕은 귀양길에서 생각했다.

그동안 너무 형의 마음을 괴롭혔고, 나라의 법을 어긴 일도 많았던 것이 후회가 되었다. 그러나 귀양살이는 차마 할 수가 없었다. 그의 자존심이 허락지를 않은 것이다.

여왕은 귀양길에 식음을 끊고 스스로 죽음을 택했다. 여왕이 귀양길에서 죽었다는 소문이 온 천하에 퍼지자, 이런 노래가 누구의 입에서부터 나왔는지 들려 왔다.

한 자의 자토리도 꿰매면
입을 옷이 되는 것을.
한 됫박 나락도 절구에 찧으면
밥 쌀이 되는 것을.

천하를 온통 가지고도
형제 둘이 같이 살 수 없다네.

국민들은 한 자의 천을 가지고도 그것으로 옷을 지어 형제가 나눠 입고 한 됫박 쌀로 밥을 지어 형제가 나눠 먹고 사는데, 천하의 온통 부귀를 가졌으면서 형제가 같이 살 수 없어 하나밖에 없는 아우를 귀양길에서 죽게 했단 말인가 하는 뜻이다.

문제는 이것을 듣고 더욱 마음이 아팠다. 그래서 여왕의 아들로 후(侯)를 봉하여 죽은 아우의 넋을 위로하며 스스로 아픈 마음을 달랬다고 한다.

– 〈사기〉에서

한 줌의 흙이 마르기도 전에

당나라 태종(太宗)의 뒤를 이은 고종(高宗)은 태종이 죽은 지 5년 되던 해에 태종 때 상궁이던 무씨(武氏)를 후궁으로 맞았다. 무씨는 얼굴이 예쁘고 재주가 있는 여자였다.

후궁으로 들어간 지 얼마 되지 않아 무씨는 황후가 되었는데, 고종은 늘 병으로 앓고 있어 정치를 황후가 도맡아 했다. 그 후 고종이 죽고 중종(中宗), 예종(睿宗)이 이어 천자가 되었지만 권력은 여전히 무씨의 손에 있었다.

무씨는 나라 이름을 주(周)라 고치고 스스로 제위에 올라 측천무후(則天武后)라고 불렀다. 중국 역사상 둘도 없는 여자 제왕이다. 측천무후가 제왕 노릇을 했던 15년간 무후의 전횡(專橫)은 이루 말할 수가 없었다.

영국공(英國公), 이경업(李敬業)은 무후를 없애려고 양주(楊州)에서 군사를 일으켰다. 무후에 대한 비난이 물 끓듯 할 때라 사방에서 군사가 모여들어 십여만의 대군이 되었다. 이경업은 동지이며, 시인인 낙빈왕(駱賓王)에게 격문을 짓게 했다. 낙빈왕은 비장하고도 격렬한 문장으로 세상 인심을 선동했다.

그 문장 중에,

"한 줌의 흙이 아직 마르기도 전에 육척의 외로운 몸 어디에 있는가."

라는 구절이 있다. 이 글귀의 뜻은 고종 황제가 돌아간 지 얼마 안 되어 그 무덤의 흙이 마르지도 않았는데 육척의 외로운 몸 - 그때 태자 현(賢)의 나이 열 다섯이었다 - 은 어디에 갔는가, 필시 무후가 죽인 것이 아니냐 하는 뜻이다.

이 격문을 보고 무후도 낙빈왕의 글 솜씨에는 감탄했었다고 한다. 그러나 무후는 곧 30만 대군을 풀어 이경업의 군사를 무찔렀다.

'육척의 고(孤)'란 〈논어〉에 있는 말로서, 어린 임금을 가리킨다. 두 살 반을 한 자(尺)라 하기 때문에 여섯 자는 열 다섯 살이 된다.

2. 세상을 지혜롭게 보아라

가지가 크면 부러지고, 꼬리가 길면 흔들 수 없다.

춘추시대 초(楚)나라는 채(蔡), 진(陳), 불강(不羹)에다 성을 쌓고, 채의 성을 기질(棄疾)이란 사람에게 맡기려 했다.

왕은 이 일을 두고 신무우(申無宇)에게 물었다.

"기질을 채에 두는 것이 어떨고?"

왕의 물음에 신무우가 대답했다.

"자식을 보는 것은 어버이만 같을 수 없고, 신하를 보는 것은 임금만 같을 수 없다 하옵니다. 그러하오나 굳이 제 소견을 말씀드린다면, 정(鄭)나라 장공(莊公)은 역(櫟)에 성을 쌓고 자원(子元)에게 맡기었다가 소공(昭公)대에 소공은 그 자리를 보전치 못했었습니다. 제(齊)나라 환공(桓公)은 곡(穀)에 성을 쌓고 그 곳에 관중을 두었기 때문에 지금까지도 제 나라의 은혜를 입고 있습니다. 지체가 높은 사람을 다섯 명 이상 변방에 두지 않고, 지체가 천한 사람을 다섯 명 이상 조정에 두지 않으며, 친척을 외방에 보내지 않고 떠돌이 신하를 안에 넣지 않는 것이 나라를 다스리는 방법이라고 알고 있습니다. 이제 기질을 밖에 두고 정단(鄭丹)을 안에 두시는 것은 깊이 생각하실 일이옵니다."

"그러면 나라에 큰 성이 있는 것은 무슨 까닭인가?"

"정나라 소공(昭公)은 역에서 죽고, 송(宋)나라 자유(子遊)는 호(毫)에서 죽고, 위(衛)나라 헌공(獻公)은 포척(蒲戚)에서 쫓겨났습니다. 이 성은 모두 큰 성이었습니다. 큰 성이란 나라에 해가 있을 뿐입니다. 나무의 가지가 너무 크면 밑둥이 부러지기 쉽고 꼬리가 너무 길면 꼬리를 흔들 수가 없습니다."

여기서 '가지가 크면 부러진다' 는 것은 위가 약하고 아래가 강하면 위에서 제어하기가 어렵다는 뜻이다.

- 〈좌전(左傳)〉에서

개 한 마리가 헛것을 보고 짖으면 백 마리 개가 정말로 알고 같이 짖는다

한 사람이 허튼 소리를 하면 많은 사람이 그것을 바로 듣고 마치 사실인 것과 같이 퍼뜨리는 수가 있다.

〈잠부론(潛夫論)〉이라는 책은 왕부(王符)라는 후한(後漢) 때 사람이 쓴 것인데, 왕부는 그 당시의 정치와 정치하는 사람들을 이렇게 통박하면서 일생을 들에 묻혀 살았다.

공명을 죽백(竹帛)에 남긴다.
- 이름이 책에 적혀 역사에 남게 된다 -

광무제(光武帝, 이름은 유수 劉秀)가 후한을 세우기 전 유현(劉玄) 밑에 장군으로 있을 때, 하북 땅의 적을 토벌하여 많은 전과를 올리며 업(業)이라는 곳까지 쳐들어갔다. 그 때 옛날 친구였던 등우(鄧禹)가 진중으로 찾아왔다. 멀리 남양(南陽)에서부터 찾아온 것이다.

유수는 등우가 일자리라도 부탁하러 온 것이려니 여겼다.

"먼 데서 이렇게 찾아 주니 고마우이. 무슨 일인가? 취직인가. 그렇다면 내 좋은 자릴 천거하지."

유수는 아주 가벼운 마음으로 옛 친구에게 말했다.

그러나 등우는 고개를 옆으로 저으며 말했다.

"내가 그런 사소한 일로 여기까지 자넬 보러 오겠나? 나는 자네를 그렇게 작은 인물로 생각하지 않네. 자넨 반드시 큰일을 할 사람이야. 그래서, 내 자네를 도와 공명을 역사에 남기고 싶은 거라네. 자네에 비하면 유현은 아무것도 아닐세. 유현은 임금감이 못 돼. 자넨 영웅들을 사귀고 백성의 마음을 사서 한나라를 일으켜야 하네."

유수는 그 말을 듣고 크게 기뻐하며 좋은 친구를 그의 막하에 있게 했다.

등우는 명성이나 녹 같은 것에는 상관치 않고 열심히 유수를 도와 일했다. 그래서 유수가 임금이 되었을 때 등우는 최고 각료의 한 사람으로서 그가 말했듯이 역사에 공명을 남겼다.

- 〈후한서〉에서

군자는 섬기기 쉬우나 기쁘게 하기는 어렵다

큰 사람 밑에서는 일하기 쉬우나, 작은 사람 밑에서는 일하기 어렵다고 공자는 말했다.

〈논어(論語)〉에 보면,

"군자는 섬기기는 쉬우나, 기쁘게 하기는 어렵다. 군자를 기쁘게 하려면 옳은 일로써 해야만 되기 때문이다. 군자는 사람을 쓸 때도 그 사람의 능력에 따라서 쓴다."

군자 앞에서는 정성껏 열심히 일하는 도리밖에 없다는 뜻이다. 그렇다면 소인은 어떠한가.

"소인은 섬기기는 어려우나, 기쁘게 하기는 쉽다. 소인을 기쁘게 하려면 옳은 일이 아닐지라도 기쁘게 할 수 있다. 소인이 사람을 쓸 때에는 모든 것을 다 갖추기를 요구한다."

모든 것을 다 갖춘다는 말은 한두 가지 장점이 있어서는 안 된다는 뜻이다. 완전한 인간, 무엇이고 척척 해 내는 그런 사람을 쓰고 싶어 하고, 또 아랫사람이 그렇게 해 주기를 바란다.

지금도 너그러운 윗사람에게는 오히려 여간해서 잘 보이기가 힘들다. 그러나 반대로 잔소리가 많은 윗사람한테는 뒤로 물건이라도 사다 주면 금방 태도가 달라진다고 한다.

— 〈논어(論語)〉에서

군자는 표변(豹變)한다

〈역경(易經)〉에,
"대인은 호변하고 군자는 표변하고 소인은 낯빛이 달라진다."
는 말이 있다.

호변이란 호랑이가 털을 갈듯이 언제나 선명하다는 뜻이다. 호랑이는 계절에 따라 털을 간다. 여름엔 여름철에 알맞게, 겨울엔 겨울에 알맞게 철 따라 털을 가는데, 털을 갈 때마다 털무늬가 두드러지게 아름답게 나타난다. 표변은 표범과 같이 변한다는 뜻으로, 표범도 호랑이처럼 계절마다 털을 갈지만 호랑이처럼 선명하지는 못하다.

이에 비해 소인은 그 변화가 선명하지 못할 뿐더러, 때에 따라 자유롭게 바꾸지를 못하고 그저 낯빛이 바뀔 뿐이다. 따라서 '군자는 표변한다' 는 말은 군자는 때에 따라 변화를 잘 하고, 또 그 변화가 깨끗하고 선명하다는 뜻이다. 또한 군자가 절개가 없고 자기 주장이 없을 때 이를 비꼬아 하는 말로도 쓰인다.

군자는 화합하고, 소인은 부동(符同)한다

"군자는 언제 어떤 사람을 대할 때에도 결코 불쾌한 태도나 언짢은 낯을 겉으로 드러내지 않는다. 끝까지 상대를 존중하면서 그 사람의 의견을 듣고 또 내 의견을 말한다. 또한 군자는 그때 감정에 좌우되거나 과격한 말을 삼간다. 그렇다고 해서 남의 말을 덮어 놓고 따라가거나 남이 옳다고 한다 해서 부동이 되는 일은 없다. 이에 반해서 소인은 곧 남의 말에 같이 따라오지만, 끝까지 겸허한 마음으로 상대의 의견을 들어 보려 하지 않는다."

이것은 〈논어〉에 나오는 공자(孔子)의 말씀으로, 화합한다는 것과 부동한다는 말의 뜻을 분명히 해 놓았다. 의견이 맞설 때 큰소리로 마치 싸움 하듯이 떠드는 사람이 있다. 그와 반대로 남의 말을 충분히 듣기도 전에 옳다고 하는 사람도 있다. 반대되는 의견도 하나의 의견으로서 들을 만한 가치가 있는 것이다. 그런데 반대의 의견을 말하면 곧 적대시한다. 또 덮어 놓고 옳다고만 하면 화합한 것으로 잘못 알고 있는 것을 우리 주변에서도 얼마든지 볼 수 있다.

공자는 화합한다는 것과 부동하는 것이 다르다는 것을 군자와 소인의 경우를 들어 설명했다. 즉, 군자는 화합하고 소인은 부동한다는 것이다. 상대의 반대 의견도 존중한다는 것은 오늘날 민주주의 정신과도 통하는 것이다.

귀중한 구슬은 깊은 못 속에 있다

어떤 사람이 송나라 임금을 찾아뵙고 수레 열 채를 얻었다. 그 사람은 의기양양해져 장자(莊子)에게 그 얘기를 했다. 장자는 코웃음을 치면서 이런 말을 했다.

"어떤 강가에 다 쓰러져 가는 초가집에서 아주 가난하게 사는 사람이 있었다네. 그런데 어느 날 그 아들이 강물 속에서 큰 구슬 하나를 얻었지. 이것을 본 그 아비는 아들에게 그 구슬을 당장에 깨뜨려 버리라고 했다네. 아들이 멈칫멈칫하고 서 있으니까, 그 아비가 하는 말이, '이렇게 큰 구슬은 반드시 깊은 못 속에 있는 것이다. 이 구슬은 필시 용이 가지고 노는 구슬일 게다. 네가 이 구슬을 얻을 수 있었던 건 아마 용이 잠깐 낮잠을 자고 있는 틈이었을지도 모른다. 그렇지 않고서야 어떻게 너 같은 놈이 쉽게 그런 구슬을 얻을 수 있었겠느냐 말이다. 그걸 지니고 있으면 네 신상에 좋지 않아.' 아비는 구슬을 얻은 아들을 도리어 꾸짖었다네. 지금 송나라 궁궐 속은 깊은 못 속보다 더 깊고, 그리고 송나라 왕은 용에 비교할 바가 아니라네. 자네가 수레 열 채를 얻은 것은 아마 그때 왕이 낮잠이라도 자고 있는 사이가 아니었겠나? 만약 왕이 낮잠에서 깨는 날에는 자네 목숨이 위태로울 걸세."

손쉽게 얻은 보물은 도리어 화근이 된다는 교훈이다.

- 〈장자(莊子)〉에서

금을 훔치는 자, 사람을 보지 못한다

어떤 사람이 도끼를 잃어 버렸다. 옆집에 사는 아이가 훔쳐갔을 거라고 생각되어 그 아이의 하는 양을 살펴보았다. 그렇게 봐서 그런지 그 아이의 하는 짓이 모두 수상쩍게만 보였다. 말하는 것도 그렇고, 걸음걸이도 그렇고, 얼굴 빛까지도 이상한 것 같았다. 그는 그 아이가 훔쳐 간 것이 틀림 없다고 단정했다.

그런데 며칠만에 그 도끼가 어디선가 나왔다. 도끼 임자는 어딘가에 두었던 것을 잊어 버리고 있었던 것이다. 그 뒤 다시 이웃집 아이의 얼굴을 보니 도끼 같은 것을 훔쳐 갈 아이처럼 보이지는 않았다.

모든 일이 이와 같은 것이다. 의심을 하고 보면 의심쩍게만 보인다는 말이다.

옛날 제나라의 어떤 자가 금장수의 금덩어리를 훔쳐 가지고 달아나다 붙잡혔다.

"이 녀석아, 사람들이 보고 있는 데서 도둑질을 하는 녀석이 어디 있단 말이냐?"

도둑은 이렇게 대답했다.

"금을 훔칠 때는 옆에 사람 같은 것은 보이지 않습니다. 금만이 탐이 났었지요."

이와 비슷한 말에 '사슴을 쫓는 자, 산을 보지 못한다' 는 말도 있다. 욕심 때문에 전후 사정을 분간하지 못하게 된다는 뜻이다.

- 〈열자(列子)〉에서

남의 차를 탄 사람은 그 사람의 걱정을 같이 한다

진(秦)나라 말기 유방과 항우가 천하를 다투던 때, 유방의 밑에서 큰 공을 세운 한신(韓信)에게 제나라 사람 괴통이 찾아가 자립하라고 권한 적이 있었다. 그때 한신은 이렇게 말하며 괴통의 권유를 거절했다.

"한왕(漢王)은 나를 이만 저만 대우해 주는 것이 아닙니다. 당신의 차를 나에게 태워 주기도 하고 당신의 옷을 벗어 나 보고 입으라 하기도 하고, 당신의 식사를 나에게 주실 때도 있습니다. '남의 차를 타는 자는 그 사람의 우환을 같이 하고, 남의 옷을 입는 자는 그 사람의 근심을 같이 입고, 남의 음식을 먹는 자는 그 사람의 일로 죽는다' 고 하지 않습니까. 그런데 어찌 은혜를 배반할 수 있겠습니까?"

괴통은 여러 가지로 한신의 마음을 돌려 보려고 했지만 한신은 끝내 듣지 않았다.

유방이 천하를 평정하고 한나라의 고조가 된 뒤 한신은 고조의 황후 여후(呂后)의 계략에 빠져 처형되었다.

차와 옷과 음식은 은혜가 되는 것이며, 그러한 은혜를 입은 사람은 그 은혜를 갚아야 한다는 얘기다.

- 〈사기〉에서

누가 말하든, 좋은 말은 좋은 말이다

군자는 사람을 쓸 때에, 그 사람이 말을 잘 한다고 해서 쓰는 일이 없다. 반드시 그 사람의 행실을 보고 행실이 훌륭하다고 여겼을 때 비로소 채용한다. 이와 반대로 아주 나쁜 사람일지라도 그 사람이 좋은 말을 했다면 그 좋은 말만은 들어 준다. 그것은 그 '사람'과 '말'을 따로 떼어서 보는 것이다. 다시 말하면 말로만 떠들고 실행하지 않는 자는 상대하지 않지만, '누가 말하든지 좋은 말은 좋은 말'이라는 뜻이다.

이것은 공자가 한 말씀인데, 공자 자신에게 이런 일이 있었다.

공자의 제자에 재자(宰子)라는 사람이 말을 참으로 잘했다. 어느 날 보니 재자가 대낮에 침실에서 빈둥거리고 있었다. 공자에게 꾸중을 들었을 것은 뻔한 일이다.

공자는 그 뒤 이런 말을 했다.

"나는 지금까지 사람의 말만 듣고 그것이 그대로 그 사람의 행실이거니 믿어 왔다. 그런데 지금은 달라졌다. 사람의 말을 듣고 나서는 반드시 그 사람의 실제 행동을 보고 나서 판단을 하기로 했다. 이렇게 깨닫게 된 것은 제자의 덕이다."

– 〈논어〉에서

단점이 있으면, 장점이 눈에 띄게 마련이다

당나라 고조(高祖)의 열넷째 아들 원집(元執)은 곽왕(藿王)이 되어 서주(徐州) 태수로 있었는데, 유현평(劉玄平)이란 선비와 친했다.

어떤 사람이 유현평에게 곽왕의 장점이 무엇이냐고 물었더니, 유현평은 '별로 장점이란 게 없다'고 아무렇지도 않게 대답하는 것이었다. 묻던 사람이 뜻밖이라는 듯이 다시 물었다.

"장점이 없다니 그럴 리가 있습니까? 사람마다 어디고 장점이 없는 사람은 없을 것입니다. 더욱이 선생께서는 곽왕과 친하신 사이로 알고 있는데, 장점이 없는 사람과 친하실 수가 있습니까?"

"사람에게 단점이 있으면 장점이 두드러질 것입니다. 그러니까 단점이 많은 사람일수록 장점도 눈에 잘 띄게 되는 것입니다. 그러나 훌륭한 사람은 특히 단점이라고 꼬집어 낼 만한 것이 없기 때문에 따라서 장점도 눈에 띄지 않는 것입니다. 그러니까 모두가 장점이라고 할 수 있지요. 곽왕은 바로 그런 사람입니다. 내가 별로 장점이랄 게 없다고 한 것은 그런 뜻입니다."

― 〈세설(世說)〉에서

두 영웅이 같이 설 수는 없다

항우를 쓰러뜨리고 전한(前漢)을 일으킨 유방(劉邦)이 아직 고조(高祖)가 되기 전 패공(沛公)이라고 불리울 때다.

진류현(陳留縣)에 사는 여식기(酈食其)라는 사람이 이 사람 저 사람 연줄을 얻어서 진중으로 유방을 찾아왔다. 유방은 원래 선비를 좋아하지 않았다. 유방은 평상에 몸을 비스듬히 하고 앉아서 두 여자에게 발을 씻기고 있다가 손님을 들어오라고 했다.

"장군은 진(秦)나라를 도와 제후를 치실 생각이십니까? 그렇지 않으면 제후를 거느리고 진나라를 치실 생각이십니까?"

"한심한 선비로군. 제후를 거느리고 진나라를 칠 것은 물으나마나 아닌가."

"그러시다면 그렇게 두 발을 쭉 뻗고 선비를 만나는 것은 실례올시다."

유방의 자기를 맞는 태도가 예의가 아님을 나무란 것이다. 유방은 그때서야 발 씻던 여자들을 물리치고 의복을 갖추어 입은 다음, 여식기를 손님 자리에 앉게 하고 무례했음을 사과했다.

여식기는 전국시대 여섯 나라가 동맹을 맺고 나라를 견제하던 일이며, 또는 여섯 나라가 똑같이 진나라를 섬기던 얘기를 자세히 설명해 주었다. 유방은 여식기와 식사를 같이 하면서 앞으로의 계략을 물었다. 유방은 여식기의 의견에 따라 진유(陳留)의 항복을 받았다. 여식기는 그 공으로 광야군(廣野君)이라 불리우게 됐다.

그 후 유방과 항우 사이에 충돌이 생겼다. 처음엔 유방 편이 불리했다. 그래서 일부 땅을 내버리고 한 곳으로 군사를 모아 거기서 항우의 군사를 막아 볼 생각을 가졌다. 그때 여식기가 의견을 냈다.

"하늘의 하늘을 아는 자는 왕이 될 수 있고, 하늘의 하늘을 모르면 왕이 될 수 없으며, 왕은 백성을 하늘로 하고, 백성은 먹는 것으로 하늘을 삼는다고 합니다. 지금 초나라가 거의 곡창을 버리고 간 것은 초나라의 운수가 다했다는 증거입니다. 여기서 한나라가 그대로 주저앉으면 그것은 한나라가 하늘의 뜻을 어기는 일이 됩니다. 이때 나아가서 거의 곡창을 차지하고 천하의 제후들에게 한나라가 실리를 얻은 것을 보이게 되면 천하의 인심은 한나라로 따라올 것입니다. 또 '두 영웅이 같이 설 수 없고, 두 현자(賢子)가 세상에 날 수 없다'고

도 합니다. 한나라와 초나라는 같이 있을 수가 없습니다. 어느 한쪽
은 없어지지 않으면 안 됩니다. 두 나라가 서로 맞서 승패를 결판내
지 않으면 천하는 술렁거리고 인심은 안정될 수가 없습니다. 속히 나
아가서 초나라를 쳐부숴야 합니다."

　유방은 이번에도 여식기의 말에 따르기로 했다.

- 〈사기〉에서

말은 달콤하나 뱃속에는 비수가 들어 있다

　당나라 현종(玄宗)은 처음엔 정치를 밝게 하더니, 나중엔 주색에
빠져 정치가 어려워져 갔다. 이럴 즈음, 이임보(李林甫)는 후궁을 통
해서 현종을 가까이 모시다가 재상이 되었다.

　이임보는 임금의 측근에 있는 사람들을 매수해서 자기를 임금 앞에
서 칭찬하도록 하고, 무슨 일이건 임금의 뜻이라면 그저 지당하다고
비위를 맞추었다. 혹 밑에서 바른 말을 하는 사람이 있어도 그것이
임금에게까지 갈 수 없게 막아 버렸다. 이렇게 달콤한 술수로 이임보
는 현종의 눈에 들게 되었다.

　어느 날, 이임보는 어사(御史)들 앞에서 이렇게 타일렀다.

　"상감은 고금의 명군이시다. 그러니까 우리네 신하된 자는 상감께
여러 말씀을 드릴 필요가 없다. 여러분은 궁전 앞에 있는 의장병의
말들을 보라. 여러분들도 저 말들과 같이 그저 묵묵히 서 있으면 되
는 것이다. 만약 쓸데없는 소리를 한 마디라도 지껄이는 자가 있으면
용서하지 않을 테다."

이임보는 어사들의 입을 봉해 놓은 것이다.

그러나 세상에는 정의를 좇는 사람과 어진 선비들이 없을 리가 없다. 이임보는 바른 말을 하는 사람이거나 훌륭한 선비라고 하는 사람이 있으면 무엇이고 트집을 잡아서 죽이거나 멀리 쫓아 내거나 했다. 그래서 그때 사람들은 '이임보는 입으로는 달콤한 말을 하지만, 뱃속에는 비수가 들어 있는 자'라고 모두 무서워했다.

그가 한밤중에 혼자서 무엇인가 골몰히 생각하고 있던 다음 날에는 반드시 누군가가 목숨을 빼앗기곤 했다. 왕자까지도 이임보를 두려워했다.

이렇게 세상을 마음대로 휘두르던 이임보는 죽은 뒤에 벌을 받았다. 죽은 지 넉달 후 생전에 모반을 꾸민 일이 있다 해서 관직을 삭탈당하고 자손들은 귀양을 갔으며, 죽은 시체까지도 차마 못볼 욕을 겪었다.

안록산(安祿山)은 이임보가 없어진 후에 반란을 일으켰다.

- 〈사서〉에서

못 속의 고기를 볼 수 있으면 화를 입는다

전국시대의 얘기다.

제나라의 사미(斯彌)라는 사람이 대신 전성자(田成子)를 따라서 함께 소풍을 갔다가 높은 언덕 위에 올랐다. 언덕 위에서 사방을 내려다보니 경치가 좋았다. 그런데 동, 서, 북은 앞이 탁 트여 멀리까지 내다보이는데, 남쪽은 사미의 집 울 안에 심어진 나무 숲이 가려서 앞이 내다보이지가 않았다. 전성자는 아무 말도 하지 않았지만, 눈치가 그 나무들이 없었으면 하는 것 같았다.

사미는 집에 돌아오자마자 사람을 시켜 울 안에 나무들을 베게 했다. 그런데 두서너 그루를 베었을 때 사미는 갑자기 그만두라고 했다. 의아해진 하인이 '왜 베라고 했다가 또 베지 말라고 하느냐?'고 물었다.

이에 사미는 이렇게 대답했다.

"옛말에 '못 속의 고기를 들여다 볼 수 있는 자는 좋지 않은 일을 당한다'고 했다. 내가 전성자의 속을 들여다본 듯이 알아차리고 우리집 나무를 베었다고 하면, 전성자는 내가 자기 속을 다 알고 있는 줄알 것이다. 전성자는 지금 큰 일을 꾸미고 있는 중인데, 그렇게 되면나를 먼저 해칠지도 모른다. 차라리 눈치를 채지 못한 양 나무들을베지 않고 두는 것이 좋다. 그 사람이 입 밖에 내지도 않은 것을 미리그 속을 알아 차리고 했다가 화를 입을 까닭은 없다."

전란 때라 누구도 서로 믿을 수 없고 서로 속이고 해치려던 때이고보면, 친한 사이라도 여간 조심을 하지 않으면 안 되었던 모양이다.

사람이 너무 남의 일을 하나에서 열까지 알려고 하는 것은 지금 세상에서도 좋은 일은 못 된다.

- 〈한비자〉에서

아랫사람들이 모두 장상(將相)감이니, 주인은 더 볼 것이 없다

송나라 태종(太宗)은 맏아들 왕좌(王佐)를 태자로 삼았다가 무슨 일이 있어 태자를 폐했다. 다른 아들로 태자를 정해야겠는데 누구로 할지 망설이다가 심복 신하인 구준과 의논했다. 그러나 구준은 '그런 일은 폐하께서 정하실 일'이라고 아예 참견하려 하지 않았다. 태종은 그도 그럴듯하여 이렇게 물었다.

"그러면 양왕(襄王) 원간(元侃)이 어떨까?"

양왕 원간은 태종의 셋째아들이다. 구준은 대답했다.

"자식을 아는 것은 어버이만 같을 수 없다고 합니다. 폐하의 뜻이 원간으로 정하셨으면 곧 태자를 세우는 예를 행하심이 좋을 줄 아뢰오."

태종이 셋째아들 원간으로 태자를 삼으려 한 것은 원간이 영특했던 때문도 있지만, 다음과 같은 사연이 있었던 것이다.

송나라에 양여(揚礪)라는 사람이 어느 날 꿈에 큰 전각에 올라가서 주인을 찾았다. 그랬더니 거기 있던 한 사람이 나와 하는 말이,

"저 안에 주인이 계시니 거기 가서 만나시오."

라고 했다.

그래서 깊숙이 안으로 들어가니까 큰 방이 있고 높은 전상에 신선 같은 사람이 앉아 있었다. 양여는 그 사람에게 큰 절을 하고 물러나왔다. 양여는 그 뒤에 벼슬 자리를 얻어 양왕이 있는 곳에서 일을 보게 되었다. 양여는 주인인 양왕을 처음 보고 깜짝 놀랐다. 양왕의 생긴 모습이 전에 꿈에서 본 신선과 똑같았기 때문이었다.

양여의 꿈 얘기는 이 사람 입에서 저 사람 입으로 옮겨져 마침내 태종의 귀에까지 들렸다. 태종은 신기하다고 여겨 하루는 관상쟁이를 시켜서 양왕의 관상을 보고 오라고 했다. 관상쟁이는 양왕이 있는 집까지 갔다가 양왕을 보지도 않고 돌아왔다. 그리고 태종에게 보고하기를,

"양왕의 집에 가 보니 문지기에서부터 하인들에 이르기까지 모두 대장과 대신이 될 관상이었습니다. 그러니 양왕은 뵙지 않아도 알 수 있는 일이 아니옵니까."

양왕은 곧 태자가 되고, 태종이 돌아간 후 제위에 올라 나중에 진종(眞宗)황제가 되었다.

- 〈십팔사략〉

사람의 말을 듣고 나에게 잘 하면 언젠가는 반드시 사람의 말을 듣고 나를 죄 줄 것이다

춘추시대의 얘기다. 노단(魯丹)이란 사람이 있었다. 노단은 중산군(中山君)을 찾아가서 자기를 써 주기를 세 번 청했다. 그러나 써 주지 않았다. 이번에는 방법을 달리 해서 중산군 측근에 있는 사람에게 돈을 주고 중산군을 만나게 해 달라고 부탁했다. 얼마 있다 중산군을 만나라고 해서 갔더니, 노단이 말도 하기 전에 중산군이 먼저 벼슬자리를 하나 주겠다고 했다.

노단은 아무 말도 않고 물러나와서 집에도 가지 않고 중산 땅을 떠나 버렸다. 따라가던 종이 이상해서 물었다.

"이제 벼슬 길을 얻으셨는데, 왜 떠나려고 하십니까?"

"생각해 봐라. 중산군은 내가 세 차례나 찾아가서 말했을 때는 들은 척도 아니하더니, 측근에 있는 사람이 말하니까 금방 그 말을 듣지 않았느냐. 그렇게 남의 말을 듣고 나를 써 주는 사람이면 언젠가는 남의 말을 듣고 나를 죄 줄지도 모르는 것이다. 그러한 주책 없는 사람 밑에서 어떻게 벼슬을 살 수 있단 말이냐?"

노단이 아직 중산 땅을 지나기 전에 왕자가 중산군에게,

"노단은 조(趙)나라 간첩입니다. 놓쳐 보내서는 안 됩니다."
고 했다.

아니나 다를까, 중산군은 왕자의 말을 곧이 듣고 노단을 뒤쫓아 잡
아다가 옥에 가두었다.

- 〈한비자〉에서

상아로 수저를 만들었으니, 장차 옥으로 술잔을 만들 것이다.

은(殷)나라 마지막 왕은 주(紂)다. 주는 하(夏)나라 걸왕(桀王)과
함께 옛날 나쁜 왕의 표본과 같이 되어 있다. 그러나 주는 어리석은
그런 왕은 아니었다. 배짱이 있고 기운도 세었다. 기운은 맨손으로
사나운 짐승을 때려 잡을 수 있었고, 지혜도 신하가 간하는 말을 반
박할 만큼은 있었다. 말도 잘해서 자기의 잘못을 잘한 일처럼 꾸밀
줄도 알았다.

주는 원래도 호사를 좋아했지만, 미인 달기를 얻은 후부터 더욱 사
치스럽고 호화로운 생활을 즐기게 되었으며 음탕해져 낮과 밤으로
술과 계집들 속에서 살았다. 주가 처음에 상아(象牙)를 가지고 젓가
락을 만들게 했을 때 기자(箕子)가 한탄한 말이 있다.

"왕은 상아로 젓가락을 만들게 했다. 이제 밥그릇도 사기 같은 것
은 볼품이 없다 해서 옥으로 만들라고 할 것이다. 옥 주발에 상아 수
저 이렇게 되면 식사도 이제까지의 음식으로는 격에 맞지 않을 것이

다. 입는 옷도 비단이어야 하겠고, 사는 집도 호화스러워야 할 것이
다. 이렇게 호화스러워지면 나라의 돈을 다 써도 당할 수는 없다.”

기자의 말은 과연 사실이 되고 말았다. 주의 폭정은 날로 심해져서
백성의 원성은 방방곡곡에 퍼져 갔다. 주는 종내 폭군이 되고 말았
다.

〈사기〉에는 ‘주가 상아로 저를 만들었다. 필시 옥잔을 만들 것이다.
그리고 나서는 먼 데서 진기한 물건들을 사다 쓸 것이다. 그의 사치
는 이를 비롯해서 궁궐과 타고 다니는 제구에까지 미칠 것이니 구할
길이 없다.’고 적혀 있다.

- 〈십팔사략〉에서

서리(霜)를 밟게 되면, 곧 얼음이 온다

추운 겨울 꽁꽁 얼어 붙은 얼음은 대번에 어는 것이 아니다. 서리가
내리고 차츰 날씨가 추워지기 시작하면서부터 서서히 추위는 더해
가는 것이다. 다시 말하면 서리가 왔다는 것은 곧 얼음이 어는 겨울
이 다가오고 있다는 조짐인 것이다.

따라서 모든 일에 있어 어떠한 일이 일어날 동기가 미리 드러나는
기미가 있으면 큰일이 곧 닥칠 것이라는 것을 알고 미리 방비를 하지
않으면 안 되는 것이다.

〈역경(易經)〉에 보면,

“음기(陰氣)는 처음에는 극히 미약하다. 그러나 그 기운은 반드시
크게 자란다. 서리가 내리게 되면 음기는 차츰 성해져 머지 않아 얼

음이 얼어붙게 된다."

"반드시 양기(陽氣)는 착한 것이고, 음기는 악한 것이라고 단정할 수는 없으나, 사람의 신체에 비유한다면 정신은 양이오, 육체는 음이다. 그러므로 정신이 시키는 대로 좇지 않고, 육체가 제멋대로 욕망을 따라간다면 그것은 위의 명령을 좇지 않는 것과 같으니 좋지 않다. 따라서 서리를 밟으면 얼음이 온다는 말은 양기를 돕고 음기를 막아야 한다는 뜻이다."

허혼(許渾)의 시에 '비가 오려면 바람이 다락에 찬다'는 글귀가 있다. 이것도 무슨 일이 일어날 때면 생기는 조짐이다.

성공한 뒤엔 물러가는 것이 옳다

"차면 기울기 마련이니 이만하면 족하다 할 때에 그만 두어야 한다. 예리하면 부러지기 쉬우니 오래 견디기 어렵다. 금은 보배가 집에 꽉 차 있으면 그것을 어찌 간수할 수 있을까. 부귀를 누리면 마음이 교만해지고 마음이 교만해지면 스스로 화를 입게 된다. 성공하여 이름이 난 뒤에는 물러앉는 것이 옳다."

이것은 노자(老子)의 말이다.

〈사기〉에는 다음과 같은 얘기가 있다.

"전국시대 범수는 위나라에서 진(秦)나라로 도망가 거기서 재상이 되었다. 진나라 소왕(昭王)은 범수를 대단히 신임했다. 그런데 범수가 천거한 정안평(鄭安平)이란 사람이 조나라를 쳐들어 갔다가 실패를 하고 말았다. 범수는 마음이 괴로웠다. 그것은 진나라 법이 어떤 사람이 죄를 짓든가 나쁜 일을 하면 그 사람을 천거한 사람도 같은 벌을 받도록 되어 있는데, 소왕은 특히 이번 일에서만은 범수를 불문에 붙이기로 한 것이다. 이 일로 범수의 마음은 괴롭지 않을 수 없었던 것이다.

어느 날 소왕은 범수가 있는 자리에서 혼자 탄식하며 말했다.

"나라 안에 인재는 없고, 외적은 강해지고 장차 진나라의 운명이 걱정이로다."

소왕은 범수를 격려하기 위해서 한 말이었는데, 범수로서는 마음에 걸리는 말이었다.

그 즈음 채택(蔡澤)이란 사람이 진나라에 왔다. 범수는 채택과 만나 이런 얘기 저런 얘기를 나누었다. 얘기 끝에 채택이 말했다.

"일년 네 철을 보면 봄에 만물이 나서 자라게 되면 여름 철로 바뀌고, 여름에 다 자라면 가을철이 되어 열매를 맺고, 가을에 열매가 다 익고 나면 겨울로 옮기어 그것을 간수하게 합니다. 사람도 성공을 한 다음에는 다음 사람에게 자리를 물려 주고 물러 앉는 것이 사시 절기가 바뀌는 이치와 같은 것입니다. 당신도 이제 재상자리를 내 놓고 물러가는 것이 신상에 좋지 않겠습니까?"

범수는 그렇지 않아도 그만 둘까 하던 판에 채택을 만나 그런 소리를 듣고 나니 곧 마음을 결정하고 채택을 자기 후임으로 천거했다.

범수는 끝까지 아무 탈 없이 깨끗하게 지냈고, 한편 채택은 주(周)를 멸망시키고 천하를 통일하는 데 공을 세웠다. 그러나 누가 자기를 비난한다는 소리가 들리자 아무 미련도 없이 재상 자리를 내놓고 들에 묻혀 안온한 여생을 보냈다.

성 내는 사람의 속은 알아도, 웃는 사람의 속은 알 수 없다

당나라 제7대 숙종(肅宗) 때, 조은(朝恩)이란 사람은 하찮은 미직에서 관군용사(觀軍容使)가 되었다가, 다음에 천하관군용선위처치사(天下官軍容宣慰處置使)라는 큰 자리에 앉게 되었고, 그 후 다시 국자감(國子監)의 윗자리에 올랐다. 국자감이란 원래 선비들이 있는 곳이다.

하루는 조은이 국자감에 나와 대신들을 모아 놓고 주역(周易)강의를 하는데, '솥(鼎) 발이 부러져 임금께 드릴 음식이 엎질러졌다'는 대목에서 대신들과 재상을 빗대놓고 빈정거렸다.

"솥에는 발이 세 개 있어 서로 괴이고 서 있게 마련인데, 대신이 임금을 괴이는 것이 이와 똑같다. 그런데 솥발이 부러져서 솥 안에 있는 음식이 엎질러졌다면 그 솥발은 책임을 다하지 못한 것이다. 대신들이 그래 가지고서는 나라가 엎어지고 말 것이다."

여기까지 듣고 있던 대신들은 성이 나 낯빛이 달라졌다. 그런데 유독 원재(元載)라는 사람은 조금도 낯빛이 달라지지 않았을 뿐 아니라, 빙그레 웃고 있는 것이 아닌가.

조은은 '성을 내는 것이 보통인데, 성을 낼 때 성을 내지 않고 빙그레 웃는 사람의 속은 알 길이 없다'라고 마음 속으로 느끼며 원재야말로 두려운 인물이라고 생각했다.

그 후 대종(代宗) 때 원재는 대종과 짜고 조은을 궁중으로 불러들여 죽이고 말았다. 조은이 두려워했던 대로 원재는 그 속을 알 수 없는 무서운 인물이었다.

— 〈신당서〉에서

세 사람이 같이 가면 반드시 그 중에 내 스승이 있다

세 사람이 같이 길을 가게 되면 그 중의 누구 한 사람은 반드시 나에게 스승이 될 만한 사람이 있는 법이다. 나 말고 다른 두 사람 중에서 좋은 점을 발견하게 되면 그것을 배우고, 나쁜 점이 있으면 그것을 자기에게도 비춰 봐서 고친다. 공자는 이와 같이 때에 따라 곳에 따라, 스승을 찾아낼 수가 있었다.

공자의 수양하는 방법은 '슬기로운 사람을 보면 자기도 그와 같이 되기를 바라고, 슬기롭지 못한 사람을 보면 자기를 반성한다'는 것이다.

위나라의 대부 공손조(公孫朝)가 공자의 제자인 자공(子貢)에게 물었다.

"공자는 누구에게서 배우셨습니까?"

질문에 자공은 이렇게 대답했다.

"선생님은 어디서고 배우지 않으신 곳이 없습니다. 따라서 어떤 한 사람의 스승이 있을 수 없습니다."

공자는 슬기로운 사람에게서도 어리석은 사람에게서도 배울 것이 있었던 것이다. 사람 뿐 아니라, 천지만물 무엇이고 다 배움의 대상이 되지 않은 것이 없었다.

- 〈논어〉에서

소리가 없어도 듣고, 형체가 없어도 본다

제나라 환공(桓公)이 거나라를 치려고 관중(管仲)과 의논했다. 이 계획은 두 사람만이 알고 있는 비밀이었다. 그런데 어느 틈에 이 소문이 전국에 퍼졌다.

환공은 이상해서 관중에게 물었다.

"나라 안에 필시 성인(聖人)이 있어 그 사람의 입에서 나왔을 것입니다."

잠시 후에 동곽수(東郭垂)라는 사람이 찾아왔다.

관중은 극진히 대우하여 맞았다. 그리고 물어 봤다.

"제나라가 거를 칠 것이라는 말을 당신이 했지요?"

"그렇소."

"나도 그런 말을 입 밖에 낸 일이 없고, 임금도 아무에게도 말한 일이 없는 일을 어떻게 아셨습니까?"

"군자는 꾀하기를 잘하고, 소인은 눈치로 짐작한다고 하지 않습니까? 나도 눈치로 짐작했습니다."

"호, 그렇다 하더라도 용하게 아셨습니다."

"군자의 낯빛을 보면 세 가지가 있는데, 유연하고 즐거운 빛이 있고. 수심이 낀 빛이 있고, 발연한 빛이 있습니다. 이 중에 발연한 빛이 낯에 그득하면 전쟁을 하게 됩니다. 먼저 환공이 다락 위로 오를 때 멀리 낯빛을 바라보니 전쟁을 할 빛이었습니다. 게다가 당신이 팔을 들어 가리키는 방향이 남쪽이었습니다. 남쪽에 있는 작은 제후들 중에서 아직 복종하지 않는 곳이 거밖에 또 있습니까? 그래서 환공은 거를 칠 것이라고 단정한 것이올시다."

이 말을 들은 환공은 동곽수에게 많은 녹을 주어 곁에 있게 했다. 동곽수는 소리가 없어도 듣고, 형체가 없어도 볼 수 있는 사람이었다.

'눈을 가려도 볼 수 있고, 귀를 막아도 들을 수 있다'는 말이 당나라 태종 때 장온고(張蘊古)의 〈대보잠(大寶箴)〉에 있다.

- 〈설원(說苑)에서

쇠 중에선 쟁쟁하다

후한(後漢) 광무제(光武帝)는 아직 천하 통일이 이룩되기 전에 신하들이 떠받들어 임금의 자리에 앉기는 했어도 날이 새나 밤이 되나 전쟁밖에는 다른 일이 없었다. 천하에는 아직 광무제에 복종하지 않은 사람이 많았기 때문이다.

광무제는 먼저 적미(赤眉)를 토벌해야만 했다. 적미에는 번숭(樊崇)이 전한(前漢) 경제(景帝)의 자손인 유분자(劉盆子)를 임금으로 모셔 놓았던 것이다. 광무제는 등우(鄧禹)로 하여금 적미를 토벌하도록 했으나 좀처럼 이기지를 못해서 광무제가 손수 나가서 싸움을 도왔다.

그러나 적미의 잔병(殘兵) 십여 만이 의양(宜陽)에서 낙양(洛陽)으로 몰려오는 것을 본 광무제는 군사를 머무르게 하고, 적의 군사를 기다리게 했다.

적장 번숭은 광무제를 보고 유분자와 함께 나와서 항복했다.

이튿날 광무제는 낙수(洛水)가에 군사를 모아 놓고, 우선 유분자에게 물었다.

"너는 너의 죄가 죽을 죄라고 생각하는가? 대답하라."

"말씀대로입니다. 제발 용서해 주십시오."

"고약한 놈, 조상의 낯에 먹칠을 한 놈."

번숭은 말이 없고, 번숭과 같이 항복한 서선(徐宣)이 머리를 땅에 조아리며 말했다.

"저희들은 여러 사람이 의논한 끝에 항복하기로 한 것입니다. 이제는 인자한 어머님의 품에 돌아온 것 같습니다."

광무제는 서선의 말을 듣고 조롱조로 이렇게 말했다.

"너는 이른 바 쇠 중에선 쟁쟁하고, 보통 사람 중에서는 그래도 똑똑한 편이로구나."

광무제가 생각하기는 정말 사람이 된 놈이면 세상 형편을 알아서 진작 항복했어야 할 일이었고, 미련한 놈이라면 아직도 항복을 하지 않을 것이다. 번숭이 이제 항복한 것은 결코 이른 것은 아니지만 그래도 아주 미련한 놈은 아니라고 생각되었던 것이다.

지금도 쟁쟁한 사람들이란 말들을 흔히 쓰고 있는데, 이 쟁쟁하다는 것은 쇠소리가 비교적 좋다는 뜻에서 온 것이다. 그러니까 흔히 쓰이는 훌륭하다는 뜻보다 원래의 뜻은 비교적 괜찮다는 정도다.

- 〈후한서(後漢書)〉에서

스스로 업신여긴 다음에 다른 사람의 업신여김을 받는다

사람들은 반드시 자기가 자기 자신을 업신여기기 때문에 다른 사람에게서 업신여김을 받는다는 것이다.

가정도 자기 스스로 파괴한 뒤에 다른 사람이 파괴하게 되는 것이며, 나라도 스스로 자기가 친 후에 다른 나라가 치게 된다. 다시 말하면 남에게 업신여김을 받는 것도 가정이 파괴되는 것도 나라가 망하는 것도 모두 그 원인은 자기 스스로가 그렇게 만들고 있다는 말이다. 그러므로 맹자는 '조심하라. 너에게서 나온 것은 너에게로 돌아가느니라.(出於乎 爾者反爾)'고 말했던 것이다.

아내에게 화가 나서 밖에 나와 외도한다

〈좌전〉에 이런 말이 있다.

춘추시대 초(楚)나라는 오나라를 치다가 도리어 패전을 했다. 오나라의 임금은 그의 아우 궐유를 초나라에 보내어 위문케 했다. 오나라로서는 큰 도량을 보이려 했던 것이지만, 초나라로서는 더욱 비위에 거슬렸던가 모양이었다.

초나라의 임금은 궐유를 붙잡아 죽이려 했다. 궐유는 초나라 임금 앞에 끌려왔다.

"너는 이곳에 올 때 아마 점을 쳐 보니까 좋을 것이라고 해서 왔겠지?"

"물론 좋았습니다. 당신이 기분 좋게 나를 무사히 돌려 보내 주신다면 오나라는 안심하고 방비를 하지 않을 것입니다. 그러나 반대로 당신이 나를 죽이신다면 오나라는 더욱 방비를 튼튼히 하게 될 것입니다. 그러니까 제가 죽는다 할지라도 오나라를 위해서는 좋은 결과가 될 것입니다."

초나라 임금은 궐유를 죽이려던 마음을 고쳐 먹고 궐유를 그대로 연금해 두었다. 그러나 초나라 임금은 생각하면 할수록 궐유의 일이 마음에 걸렸다. 그 놈을 당장에 없애 버릴 것을 그 놈의 꾀에 넘어가서 지금까지 살려두었다고 분해했다.

이때 영윤(令尹)의 아들 자가(子暇)가 간했다.

"이번 일은 궐유에게는 아무 죄도 없는 일입니다. 나쁘다면 오히려 초나라가 나쁩니다. 속담에 '아내에게 화가 나서 밖에 나와 외도한다'는 말이 있습니다. 초나라는 전에 오나라에게서 공격을 받았던 그 원한을 풀기 위해 이번에 오나라를 쳐 나갔던 것이긴 합니다마는, 지난 일은 잊어 버리는 것이 좋을 것입니다."

초나라 임금은 궐유를 용서하고 오나라로 돌려 보냈다.

집 안에서 화난 것을 가지고 밖에 나와서 분풀이를 한다는 것은 옳지 않다.

공자의 제자 안회(顔回)는 공자도 늘 칭찬했던 사람인데, 어느 날 공자는 안회를 가리켜 '노여움을 결코 남에게 옮기지 않는 사람(不遷怒)'이라고 말했다.

- 〈논어〉에서

아는 사람은 말하지 않는다
- 안다고 말하는 사람은 모르는 사람이다. -

노자(老子)는 말하기를,

"아는 사람은 말하지 않는다. 말하는 사람은 모르는 사람이다."
라고 했다.

도(道)라고 하는 것을 말로써 나타낼 수는 없는 것이다. 도를 알 수는 있더라도 그것을 말로 하기는 어렵다. 그래서 정말 도를 깨친 사람은 말을 하지 않는다는 것이다. 그것은 말로써 할 수 없기 때문이다.

'아는 사람은 말하지 않는다' 라는 말과 비슷한 말에 '능히 할 수 있는 자는 반드시 말하지 않고, 능히 말하는 자는 반드시 행하지 않는다' 라는 말이 있다.

〈사기〉에 보면,

"세상에 군사(軍事)를 말하는 자는 누구나 손자(孫子)와 오자(吳子)의 병법을 들지 않는 이가 없다. 그러므로 사기에서는 병법을 논하지 않고, 다만 이 두 사람의 행위와 시책에 대해서만 적었다."

라고 했다.

손자(孫子)는 확실히 계략이 뛰어났다. 그러나 그 자신은 다리가 잘리는 형벌을 받는 것을 미리 막지 못했다.

오자(吳子)는 무후(武後)에게 '산화의 형세도 임금의 덕에 미치지 못한다' 고 말했었다. 그러나 그가 초나라에서 정치를 담당했을 때 각박하고 잔인하기가 그보다 더할 수 없었다. 그는 제 명에 죽지도 못했다. 병법을 그처럼 잘 알았던 손자와 오자도 자기 일신상에 닥치는 일에 대해서는 그처럼 몰랐던 것이다.

양의 가죽 천 개가 여우의 겨드랑 하나만 못 하다

전국시대 진(晉)나라의 공손앙은 효공(孝公)을 도와 많은 공을 세웠다. 진나라를 여러 나라 중에서 가장 강한 나라가 되게 한 것은 공손앙의 공이었다. 그래서 효공은 공손앙에게 상(商) 지방의 열다섯 읍을 주고 상앙(商殃)이라고 불렀다.

상앙은 나라를 부하게 하고 군사를 강하게 하여 나라가 강해지기는 했으나, 법률이 너무 엄해서 법에 걸렸던 사람이 적지 않았기 때문에 상앙에 대한 원한을 품고 있는 사람도 많았다.

그때 조양(趙良)이라고 하는 사람이 있었는데, 상앙은 조양과 사귀려고 했다. 그런데 조양은 그것을 거절하면서 말했다.

"공자도 말하지 않았습니까? 슬기로운 사람을 천거하면 그 사람이 그 자리를 잘 지킬 수 있어도, 슬기롭지 못한 사람을 모아 들이면 그 자리를 잃게 된다고. 나도 슬기롭지 못한 사람이니 더불어 사귀지 않는 것이 좋을 것입니다."

"당신은 내가 진나라의 재상이 된 것이 마음에 안 드시는 것 같은데..."

"옛날 순(舜) 임금은 겸손할수록 그 사람은 높아진다고 했습니다. 그대로 하시면 됩니다. 나에게 물으실 것까지 없지 않습니까?"

"나는 진나라를 이만큼 만들어 놓았소. 내 할 일이 전날 유명한 재상이었던 백일해(百日奚)와 비교해서 어떠하오."

"천 마리의 양의 가죽은 한 마리의 여우의 겨드랑 밑만 못하고, 천 사람이 덮어 놓고 좋다고 하는 것은 한 사람의 바른 말에 미치지 못합니다. 전날 주(周)나라의 무왕(武王)은 바른 말을 받아 들여 번영했고, 은(殷)나라의 주왕(紂王)은 바른 말을 막아 버렸기 때문에 망했던 것입니다. 당신이 만약 이 도리를 더욱 더 알고 싶어 하신다면 내가 혹시 바른 말을 하더라도 나를 죽이지 마시길 바랍니다."

상앙은 그러겠다고 했다.

조양은 백일해가 얼마나 훌륭했던가를 설명한 다음, 상앙의 하는 일이 너무 가혹해서 많은 사람이 원망하고 있다는 것을 일러 주었다. 그러니 지금이라도 물러 나서 성명을 보전하는 것이 좋겠다고 말했다. 그러나 상앙은 조양의 말대로 하지 않았다.

상앙이 의지했던 효공이 죽었다. 그리고 상앙을 미워하던 혜왕(惠王)이 임금이 되었다. 혜왕이 상앙을 미워하는 사람들의 참소에 따라 상앙을 극형에 처한 것은 그로부터 얼마 되지 않아서였다.

– 〈사기〉에서

어진 새는 나무를 골라 앉는다

공자가 천하를 주유할 때 위나라에 들렀다. 공문자(孔文子)는 대숙질(大叔疾)을 칠 생각이 있어 공자에게 그 일을 의논했다.

그러나 공자는,

"제사 지내는 얘기라면 배워서 알지만, 전쟁 얘기는 모릅니다."

하고 물러나왔다.

공자는 위나라를 떠나기 위해 말에 차비를 차리게 했다.

공문자는 '어진 새는 나무를 골라 앉는다고 한다. 신하는 임금을 골라 섬겨야 한다' 며 허둥지둥 공자를 만류했다.

"나는 결코 사사로운 뜻으로 물어 본 것이 아닙니다. 위나라의 국사를 물어 본 것 뿐입니다."

공자도 마음을 돌려 위나라에 그대로 머무를까 했었는데, 마침 고국인 노(魯)나라에서 사람을 보내어 공자를 모셔 갔다. 공자도 고국을 떠난 지 하도 오래 되었고, 고국에서 모처럼 청하는 것이라 그 길로 고국으로 돌아갔던 것이다.

– 〈좌전〉에서

옥(玉)은 갈지 않으면 그릇이 안 된다

〈서경(書經)〉에,

"하늘 이치에 맞도록 힘쓰며 착한 일을 구해 슬기로운 사람과 사귀면 이름과 명예를 얻을 수 있으나, 많은 사람을 감동시키기에는 부족하다."

고 했다.

예의를 갖추어 어진 사람을 깍듯이 대우하고, 먼 곳에서 고생하는 신하들을 편안하게 있는 내 몸과 비교하여 위로해 줄 수 있으면 많은 사람을 감동시킬 수는 있으나, 백성들을 자연의 이치에 맞게 만들어 기르기에는 부족하다.

군자가 백성들을 자연의 이치에 맞도록 만들어 기르려면 '자연 그대로의 더럽힘이 없는 본성을 밝히지 않으면 안 된다.'

"옥은 갈지 않으면 그릇을 만들 수 없고, 사람은 가르치지 않으면 도(道)를 알지 못한다."

그러므로 옛날 임금들은 나라를 세우고 임금이 되면 교육과 학문을 맨 먼저 들었던 것이다. 맛있는 음식도 그것을 먹어 보지 않고서는 그 맛을 알 수가 없다. 그와 똑같이 가장 옳은 길도 배우지 않고서는 그것이 옳고 훌륭한 일이라는 것을 알지 못한다. 그러므로 배움으로써 비로소 자기의 부족한 것을 알게 되고, 가르침으로써 어려운 것을 알게 된다. 부족한 것을 알게 되면 자기를 반성하게 되고, 어려운 것을 알게 되면 더욱 열심히 공부를 하게 될 것이다.

- 〈서경〉에서

옥을 던져서 참새를 잡는다

노나라 임금은 안합(顔闔)이 도를 깨친 사람이라는 소문을 듣고 사람을 보내어 안합을 모셔 오게 했다. 안합은 다 쓰러져 가는 집에서 가난하게 살고 있었다.

임금의 사신이 안합의 집에 와서 보니 앞마당에서 소에게 여물을 주고 있는 사람이 있었다.

"이 댁이 안합 선생님 댁입니까?"

"그렇습니다."

그 사람이 바로 안합이었다.

사자는 임금이 보내는 폐백을 내 놓았다. 안합이 말한다.

"혹 이름을 잘못 들으신 게 아닙니까? 돌아가서서 다시 한 번 알아 보시는 게 좋을 것입니다. 저 같은 사람을 데리고 가셨다가는 벌을 받으실지도 모릅니다."

안합의 사는 집이 너무 초라해서 그렇지 않아도 이상하다고 여겼던 사신은 안합이 그런 말을 하니까 정말 자기가 잘못 찾아온 것만 같은 생각이 들었다. 그래서 일단 돌아가 확실히 안합이라는 것을 확인하고 다시 와 보니 그 때는 벌써 어디로 갔는지 안합의 모습이 보이지 않았다.

안합은 세상에 이름이 나는 것을 몹시 싫어했던 것이다.

"참다운 길은 우선 자기의 몸을 닦고 그 다음에 나라를 다스리고, 그리고 남은 힘이 있을 때 천하를 다스린다."

대저 성인은 목적과 방법을 잘 가릴 줄 안다. 중한 것을 버리고 가벼운 것을 취하는 그런 짓은 하지 않는다. 만약 어떤 사람이 수후(隋後)가 가지고 있는 유명한 옥돌로 높은 데 앉아 있는 참새를 때려 잡았다고 하면 세상사람들은 모두 웃을 것이다. 그것은 값진 옥들을 던져 겨우 참새 한 마리를 잡았기 때문이다. 즉, 목적이 너무 가볍고 방법이 너무 중한 까닭이다.

인간의 생명은 수후가 가지고 있는 옥에 비할 바가 아니다. 그렇게 소중한 것을 가지고 하찮은 세속의 공리를 구하려는 것은 어리석은 일이다.

장자는 이렇게 말했다.

"제왕의 공은 성인의 여광(餘光)이다. 생명을 소중히 하고 생을 보전하는 것은 아니다. 세속 군자들은 거의 몸을 위태롭게 하고, 생명을 버리기까지 하면서 대단치 않은 것을 구하느라고 애쓴다. 슬픈 일이다."

용이 비 구름을 얻으면 못 가운데 있지 않는다

위(魏), 촉(蜀), 오(吳) 이렇게 세 나라가 삼국시대를 이루기 조금 앞서 유비는 형주와 강남의 여러 고을을 공략했다. 당시 유비는 오나라의 손권과 결탁하여 위나라에 대항, 유명한 적벽(赤壁) 싸움에서 위나라의 대군을 격파하여 기세를 올렸다.

유비가 위나라 군사를 격파한 것을 보고 두려워하는 이는 위나라보다 오나라의 손권이었다. 원래 유비는 오나라와 결탁하고 위나라에 대항했지만 서로 이익을 따져 맺어졌던 사이라 공동의 적을 물리치고 나면 형편이 달라지는 법이다.

손권의 막하에는 주유(周瑜)라는 모사가 있었는데, 그는 손권에게 이렇게 아뢰었다.

"유비는 용감하고 지혜가 있는 데다가 관우 같은 용맹한 장수가 있습니다. 지금 이 세 사람을 오나라 변경에 두고 있습니다마는, 유비는 언제까지나 남의 밑에서 일할 사람은 아닙니다. 용이 일단 구름과 비를 얻으면 못에서 뛰어나와 하늘로 올라갈 것입니다. 유비도 하루 아침 때를 만나 떨치고 일어서면 그때는 막을 길이 없습니다. 속히 가까운 곳으로 불러들여 감시를 하는 것이 좋겠습니다."

그러나 손권은 주유의 말을 듣지 않았다.

그로부터 얼마 후 주유는 죽고 노숙(魯肅)이 손권을 보좌했는데, 노숙은 차라리 유비를 도와 조조를 치자고 했다. 유비는 이 틈에 촉을 수중에 넣었다. 이로부터 위, 촉, 오의 세 나라는 마치 솥발 모양처럼 버티며 삼국시대를 이루었다.

- 〈오지(吳志)〉에서

윗사람의 수염을 닦아 주다

송나라 제3대 진종(眞宗) 때 재상으로 있던 구준(寇準)은 왕흠약(王欽若)이라는 자의 참소로 인해 합주라는 지방으로 쫓겨 갔다가 얼마 후 다시 재상이 되었다.

구준의 문하에 정위(丁謂)라는 사람이 있었는데, 그 재주가 뛰어나 구준이 퍽 아꼈다. 그래서 다시 재상이 되면서 정위를 참지정사(參知政事)라는 부수상격의 자리에 앉혔다. 구준은 전에 자기보다 먼저 재상으로 있던 이강(李抗)에게 정위를 천거한 적이 있었는데, 이강은 정위를 쓰지 않았었다.

구준이 이강에게 왜 정위를 불러 쓰지 않느냐고 묻자 이강은 이렇게 대답했다.

"정위는 재주는 있으나, 사람의 윗 자리에 앉힐 만한 인물이 못 된다. 이는 차차 알게 될 것이외다."

그러나 구준은 자기가 재상이 되면서 정위를 바로 자기 아랫자리에 앉힌 것이다.

정위는 뜻밖에 큰 벼슬 자리를 얻게 되어 구준을 은인처럼 여겼다. 그러던 어느 날, 연회 자리에서 구준은 국을 마시다가 수염에 국물을 묻히게 되었다. 정위는 재빨리 일어나 구준의 수염을 닦아 주었다.

"이거 참 미안하오. 그러나 대감도 당당한 이 나라의 대신이 아니오. 그렇게까지 나에게 할 필요가 없소."

구준은 너그러운 말로 한 것이었지만, 정위는 많은 사람들 앞에서 큰 무안을 당한 셈이었다.

"많은 사람이 있는 데서 그렇게 창피를 줄 수가 있단 말인가."

정위는 속으로 앙심을 품었다.

때마침 임금이 병이 들어 황후가 나라 일을 보게 되자 정위는 황후에게 구준을 참소해서 구준을 내쫓고 자기가 재상이 되었다. 재상이 된 정위는 자기에게 만만치 않은 사람은 모조리 쫓아냈다.

임금의 병은 더해서 이제는 소생할 가망조차 없게 되었을 때, 임금은 나라 일을 의논하려 했던지 간신히 입을 열어 '구준이 보이지 않으니 웬일이냐?' 고 좌우에게 물었다. 그러나 정위의 위세에 눌려 아무도 구준이 있는 곳을 임금께 알려 주는 사람이 없었다. 임금은 더 이상 물을 기력도 없었던지 아무 것도 모르는 채 숨을 거두고 말았다.

전날 이강의 말이 틀림없이 들어맞은 것이다.

– 〈송사〉에서

일은 빈틈 없이 말은 새어 나가지 않게

"일은 빈틈이 없어야 성공하고, 말은 새어 나가서 실패한다. 그러므로 임금이 아직 발표하지 않은 것을 신하가 먼저 알고 입 밖에 내면 임금은 반드시 그 신하를 경계해서 그 신하는 위태롭게 될 것이다. 또 임금이 어떤 일을 이렇게 하라고 명령은 했어도 속으로는 다르게 해 주었으면 하고 생각하고 있을 때, 신하가 임금의 속을 알아차리고 임금이 생각한 대로 해도 임금은 그 신하를 만만치 않게 보아 결국 위태롭게 될 것이다."

"임금을 위해 어떤 일을 꾀하여 그 일이 성공했을 때 임금은 그 신하를 슬기롭다 할 것이나, 다른 때 임금 혼자 무슨 일을 꾀했다가 그 일이 누설되면 임금은 틀림없이 전날의 그 슬기롭던 신하가 누설한 것으로 알게 될 것이다. 따라서 그 사람도 위태롭다. 또 임금을 섬기게 된 지 얼마되지 않아 지혜껏 임금을 설득해서 그 일이 성공했더라도 임금은 그 신하의 덕을 잊어 버리게 되고, 만일 그 일이 성공하지 못하면 의심을 받게 될 것이다. 높은 사람의 잘못을 다른 사람에게 말하거나 여러 사람 앞에서 높은 사람을 홍보하는 일이 있으면 그 사람은 위태로울 것이다. 높은 사람이 어떤 계획을 짜 가지고 자기의 공을 세워 보려는데, 그 일에 참여를 하면 공을 빼앗으려는 줄 알고 그 사람을 원망할 것이니 그 사람도 위태롭다.

또 높은 사람이라도 그 사람으로서 할 수 없는 일을 해 보라고 하거나 그만 둘 수 없는 일을 억지로 그만 두게 하면 그 사람도 위태롭다."

이것은 일을 꾸밀 때는 치밀하게 하고 말은 함부로 하지 말라는 뜻이다. 신하된 자가 일신을 안전하게 보전하기가 이렇게 어려웠던 모양이다.

- 〈한비자〉에서

임금의 마음은 하나인데, 이것에 맞추려는 자는 수없이 많다

당나라 태종은 사람을 보는 눈이 밝았다. 누구든 한 번만 보면 그 사람이 재주가 있는지 어리석은지 충성스러운지 요사스러운지를 가려낼 수가 있었다.

태종은 늘 다음과 같이 말했다.

"임금은 오직 한 사람, 따라서 마음은 하나뿐이다. 그런데 그 한 마음에 들기 위해서 수많은 사람들이 모여 든다. 어떤 자는 용기와 힘을 가지고 임금이 전쟁을 벌이게 하고, 어떤 자는 말재주로써 임금이 옳고 그른 것을 잘못 가려 내게 하고, 어떤 자는 아첨으로 임금을 속이려 하고, 어떤 자는 취미 같은 것으로 임금을 거기 빠지게 한다. 이렇게 각각 장기를 가지고 임금에게 대든다. 그러므로 임금이 조금만 정신을 차리지 못하면 이 사람들에게 넘어 가게 되어 무서운 결과를 가져 오게 된다. 그래서 임금은 이런 것들을 잘 판단할 줄 알아야 한다."

이 말은 비단 임금이 아니라도 윗자리에 있는 사람에게 좋은 경고가 될 것이다.

- 〈십팔사략〉에서

자식을 아는 것은 아비만 할 수 없다

춘추시대 제나라 환공(桓公)은 오패(五覇) 중에서도 가장 뛰어난 인물이었다. 이 환공을 도와 그의 이름을 빛나게 한 인물이 관중(管仲)이다.

공신 관중이 늙어서 집에 들어앉아 있을 때 환공이 찾아왔다.

"만약 불행한 일이 그대에게 있을 때 누구에게 정치를 맡겼으면 좋겠는가?"

"저는 이미 늙어서 잘은 모르겠습니다만, 신하를 아는 것은 임금만 할 수 없고, 자식을 아는 것은 아비만 같을 수 없다고 했습니다. 상감께옵서 마음에 있으신 사람으로 정하심이 어떠하올지."

"그러지 말고 그대의 의견을 들려 주게. 그대의 친구인 포숙아는 어떤가?"

"친구라 함은 사사로운 정이옵고 정치는 공사올시다. 사사로운 정을 버리고 말씀 올린다면 포숙아는 재상 재목이 아닙니다. 위인이 거만하고 거세어 백성에게 거칠게 대하기가 쉽고, 거만하여 민심을 얻기가 어려울 것입니다."

"그렇다면 수조는 어떠한가?"

"수조도 안 됩니다. 그 사람은 상감이 여자를 좋아하시는 것을 알고 여자를 데리고 궁정에까지 들어갔던 무엄한 자입니다."

"그러면 위(衛)의 공자 개방(開方)은?"

"아니됩니다. 제나라와 위 사이는 열흘이면 올 수 있습니다. 그런데 그는 15년간 한 번도 자기 집엘 온 일이 없습니다. 그것은 임금에게 잘 보이기 위해 자기의 소임을 게을리 하지 않으려 한 일이지만, 늙은 부모를 한 번도 찾아뵙지 않았다는 것은 불효입니다. 부모에게 불효인 사람이 어찌 임금에게 충성할 수가 있겠습니까?"

"역아(易牙)는 어떤가?"

"그 사람도 적당치 않습니다. 그 사람은 제 자식을 죽이기까지 한 사람입니다."

"그러면 대체 누가 좋다는 건가?"

"습붕이 좋을 것 같습니다."

환공도 그 자리에서는 관중의 말이 옳다고 여겼으나, 막상 관중이 죽고 나니 습붕이 아닌 수조를 재상으로 삼았다. 그러고 나서 3년이 지난 어느 날, 환공이 사냥을 나간 틈을 타서 수조는 반란을 일으키고 환공을 죽였다. 천하를 주름잡던 환공도 관중의 말을 듣지 않았던 탓으로 그러한 비운을 만나야 했던 것이다.

자식을 아는 것은 아비만 할 수 없다는 관중이 한 말과는 정반대의 말이 〈대학(大學)〉에 이렇게 나와 있다.

"사람들은 제 자식의 잘못도 모르고, 그 싹이 큰 것도 모른다."

이와 관련된 말로는 〈순자(荀子)〉에,

"자식을 모르겠거든 자식의 친구를 보라."

는 말이 있다.

153

재산을 어이 늘 지킬 수 있겠는가?

후위(後魏)의 세종 무제(武帝)가 죽고 여섯 살밖에 안 된 익(翊)이 임금이 되었다. 그러나 임금이 너무 어린 까닭에 그 어머니인 호(胡) 씨가 정사를 돌봤다. 그런데 호씨는 음란한 여자인 터라 궁궐 안의 풍기가 말이 아니었다. 궁궐 안이 그러고 보니 어린 임금의 교육 같은 것은 누구도 생각하는 이가 없었다.

이런 환경에서 자란 어린 임금은 커서도 정치 같은 것은 돌아볼 생각도 않고 사냥만 다녔다. 후위도 차츰 망해갈 징조가 보이기 시작한 것이다.

이런 꼴을 보다 못한 장이 장군의 아들 중우(仲瑀)는 권세를 믿고 횡포하기 짝이 없는 무인들을 억누르고 관기를 바로 잡을 것을 임금에게 여쭈었다. 그런데 이 일이 무인들의 귀에 들어갔다.

분격한 근위병 천여 명은 장이 장군의 큰아들 시균(始均)이 있는 상서성(尙書省)으로 가서 돌멩이와 기왓장을 던져 성문을 부수고 다시 장이 장군의 집에까지 몰려가서 불을 질렀다. 이 불로 장이 장군과 시균이 타 죽고 중우는 겨우 도망했으나 중상을 입었다.

대낮에 낙양 복판에서 일어난 큰 사건으로, 마땅히 엄중한 처분이 있어야 할 법한 일이었다. 그러나 조정에서는 주모자 여덟 명을 잡아 참형에 처했을 뿐, 사건을 어물어물 넘겨 버렸다. 실력도 권위도 땅에 떨어진 조정은 사건을 엄중히 다루려 해도 다룰 만한 힘이 없었던 것이다.

이 때 변방에서 벼슬아치 노릇을 하던 고환(高歡)이란 사람은 나라 꼴을 보고 느낀 바가 있어 집으로 돌아가 가산을 모조리 팔아 버렸다. 그리고 친척과 아는 사람들을 불러 큰 잔치를 열었다. 손님들이 하도 이상해서 그 까닭을 물었더니, 고환은 이렇게 대답했다.

"이 나라도 앞이 뻔합니다. 이 어지럽고 질서도 없는 나라에서 재산을 가지고 있은들 얼마나 지속할 수 있겠습니까? 언제 어디서 폭도들에게 빼앗기게 될지도 모르지 않습니까?"

고환은 평소에 침착하고 의협심도 있는 사람이었다. 그래서 고환이 그렇게 말하는 것을 듣고 사람들은 모두 암담한 생각이 들었다. 이리하여 북위는 차차 쇠잔해지고 마침내 동위(東魏), 서위(西魏) 둘로 갈리게 되었는데, 여기서 고환이란 사람이 한몫을 하게 된다.

- 〈십팔사략〉에서

전쟁에 이기고 지는 것은 누구든 기약할 수 없다

한나라 군사의 포위를 겨우 빠져나와 부하 8백여 명을 이끌고 회하(淮河)를 건넌 항우는 음릉이란 곳에서 길을 잃고 헤매다가 뒤를 쫓는 한나라 군사를 만나게 되었다. 그리고 거기서 다시 동성(東城)까지 도망쳐 왔을 때에는 살아남은 사람이 겨우 스물 여덟밖에 안 되었다. 이제는 더 도망을 하려 해도 도망할 길이 막힌 항우는 마지막 기운을 내어 한나라 군사와 맞붙어 싸웠다.

한나라 군사 수백 명이 항우의 칼 아래 쓰러졌다. 그러나 항우도 몸에 수십 곳 상처를 입었다. 그는 상처 입은 몸을 끌고 장강 기슭의 오강(烏江)까지 왔다. 오강을 건너면 그리운 초나라의 고향땅이다.

항우의 마음은 이상하게 설레어 강가에 멍하니 서 있었다. 오강의 뱃사공이 앞으로 다가와 건너다 보니 나룻배가 한 척 있었다.

"강동땅이 넓지는 않아도 그래도 왕노릇을 할 만합니다. 어서 여기를 건너 가십시오. 여기는 이 나룻배 하나밖에 없으니까 한나라 군사가 뒤에서 온다 해도 이 강을 건너지는 못할 것입니다. 어서 오르십시오."

그러나 항우는 쓸쓸히 웃으며 고개를 가로저었다.

"지난 날 나는 강동의 자제 8천 명과 이 강을 건넜었다. 그러나 지금은 싸움에 져 그 사람들은 하나도 돌아오지 못했다. 내가 죽인 것이다. 설사 강동 사람들이 나를 가엾이 여겨 받아 준다 할지라도 내 무슨 낯으로 강동의 부형들을 대할 수 있을 것인고. 내 혼자 살아서 돌아갈 수는 없다."

항우는 자기의 애마(愛馬)인 추를 뱃사공에게 맡기고, 다시 한나라 군사들이 있는 곳으로 갔다. 귀신도 항우의 이 비장한 싸움을 보았으면 눈물을 흘렸을 것이다.

항우는 기진맥진 더 싸울 마지막 기운이 없어졌을 때 스스로 제 목에 칼을 꽂고 최후를 마쳤다.

싸움에 이기고 지는 것은
누구도 기약할 수 없는 일,
한때의 부끄러움은
참고 참는 것이 남아가 아니더냐.
강동의 자제들
뛰어난 이 많으니,
권토중래(捲土重來)를 알 수 없으랴?

항우가 죽고 난 뒤 약 천 년이 지나서 이 땅을 찾았던 시인 두보(杜

甫)의 '오강정에 부침' 이라는 시다.

정직한 사람은 정직하지 않은 사람을 정직하지 않다 하고, 정직하지 않은 사람은 정직한 사람을 정직하지 않다고 한다

당나라 말기 문종(文宗)은 한평생 내시들의 횡포와 관료들의 파벌 싸움에 시달리다 세상을 떠났다. 내시와 관료들의 권력은 임금보다도 더 했고, 임금은 명색만의 임금에 지나지 않았다.

어느 날 문종은 당직학사인 주지에게 물었다.

"나를 주나라 탄왕이나 한나라 헌제와 비교하면 어떠하냐?"

"그것은 뜻밖의 물으심이올시다. 탄왕이나 헌제는 모두 나라를 망친 임금들이 아니오리까? 어찌 폐하의 성덕에 비교할 수가 있겠습니까?"

문종은 쓸쓸히 머리를 저었다.

"두 사람은 다 수십만의 군사를 가진 강력한 신하들에게 억눌렸었다. 그러나 나는 내 앞에서 시중하는 내시들에게 눌리고 있다. 그러고 보면 나는 탄왕이나 헌제만도 못하다고 할 수 밖에……."

또 늘 이런 말도 했다.

"하북(河北)의 도둑을 없애기는 쉬워도, 조정의 붕당(朋黨)들을 꺾기는 어렵다."

하북의 도둑들이란 변방을 지키는 절도사(節度使)들을 가리키는 말이며, 조정의 붕당이란 관료들의 파벌을 두고 하는 말이다. 그 만큼 관료들의 파벌 싸움이 심했고, 내시들의 세력이 강해서 서로 이것들이 얼키고 설켜 나라가 점점 기울어지게 되었던 것이다.

문종 다음의 임금은 무제(武帝)였다. 무제는 이덕유(李德裕)를 재상으로 임명했다. 이덕유도 파벌의 한 사람이었다. 그래서 파벌을 따져서 사람들을 썼다.

어느 날 이덕유는 무제에게 아뢰었다.

"정직한 신하는 물론 정직하지 않은 신하를 가리켜 정직하지 않다고 말합니다. 그런데 정직하지 않은 신하도 정직한 신하를 보고 정직하지 않다고 말합니다. 그러하오니 어느 쪽이 정말 정직하고 정직하지 않은지 말만 듣고서는 알 수가 없습니다."

그러니 임금이 공정한 눈으로 봐서 이것을 가려내야 한다는 뜻이었다. 무제는 그 말이 그럴 듯하다고 했다.

- 〈십팔사략〉에서

집안이 가난하면 어진 아내를 생각하고, 나라가 어지러울 때면 훌륭한 재상을 생각한다

위나라 문후(文侯)라는 사람은 어진 선비들을 모아 들여 좋은 정치를 했던 명군(名君)이었다. 문후는 그렇게 훌륭한 선비들을 많이 거느리고 있었지만, 막상 재상감을 고르려 하니 인물이 없었다. 그리하여 문후는 이극(李克)이라는 사람과 의논했다.

"선생은 전에 집안이 가난할 때면 어진 아내를 찾고, 나라가 어지러울 때면 훌륭한 재상을 찾는다고 했습니다. 지금 나에게도 훌륭한 재상을 얻어야 하겠는데, 위성(魏成)과 적황(翟璜) 두 사람 가운데 어느 사람이 좋겠습니까?"

이극은 자기로서는 대답할 자격이 없다고 한참 사양하다가 다음과 같이 아뢰었다.

"인물을 볼 때는 그 사람의 경우에 따라 다섯 가지의 보는 법이 있습니다. 평온 무사할 때 그 사람이 어떤 친구와 사귀었던가, 돈이 있을 때 그 사람은 어려운 사람을 도와 주었던가, 높은 벼슬 자리에 있을 때 그 사람은 어떤 사람을 천거했던가, 곤궁할 때에 처신을 제대로 하고 꾀임에 빠지지 않았던가, 가난하고 어려울 때에도 물욕에 사로잡히지 않고 부정을 물리칠 수 있었던가, 하는 이 다섯 가지입니다. 지금 말씀하신 위성과 적황은 두 사람 다 훌륭한 사람입니다. 그러나 둘 중에서 재상감을 고른다면 위성이 적임인가 합니다."

그것은 위성이 문후 곁에 있는 어진 선비를 많이 천거했기 때문이었다. 이극의 이 한 마디로 문후는 위성을 재상으로 삼았다.

–〈사기〉에서

책에 있는 것을 다 믿으면 책을 읽지 아니함만 못하다.

〈서경〉은 선비들에게 귀중한 책이다. 그러나 너무 꾸밈이 많고 과장된 데가 있어서 그것을 그대로 다 믿어서는 안 된다는 것이다. 맹자는 특히 〈서경〉 '무성편(武成篇)'은 그 중에 일부분을 배우는 것 뿐이라고 말했다. '무성편'은 주나라 무왕(武王)이 주왕(紂王)을 정벌하는 대목인데, 그때 싸움의 모습을 이렇게 그려 놓았다.

"싸움은 격렬하여 수많은 사상자가 흘린 피가 내를 이루고, 주검은 산같이 쌓였다."

맹자가 다 믿지 말라고 하는 점은 바로 여기다.

성인(聖人)인 무왕이 폭군 주왕(紂王)을 토벌하는데, 그렇게 적의 수효가 많았을 리가 없다는 것이다. 맹자의 말이 옳은지 그른지는 차치하고, 책이란 그 책을 지은이의 의견이다. 그 의견은 지은이 개인의 것이다. 그런데 책을 읽는 사람이 그것을 그대로 받아들여 자기의 의견으로 안다면 세상에 수많은 책들의 각각 다른 의견을 어떻게 전부 받아들일 수 있겠느냐는 것이다.

공자도 '배우고 생각하지 않으면 소용이 없다'고 했다. 배우고 생각한다는 것은 다른 사람의 의견이나 사상을 자기 것으로 만들어서 자기 독자(獨自)의 사상과 의견을 가져야 한다는 뜻이다.

배운다는 것은 하나의 수단이다. 수단 속에 묻혀 버리면 목적을 이룰 수가 없다. 즉, 아무리 책을 읽고 배웠더라도 사기의 것은 될 수 없다는 말이다.

침은 닦지 않아도 저절로 마른다
– 남이 침을 뱉거든 웃으며 받으라. –

당나라 측천무후는 중종(中宗) 예종(睿宗)을 다 젖혀 놓고 정치를 마음대로 주름잡았다. 측천무후는 자기의 세력을 유지하기 위해서는 탄압도 했지만, 또 한편으로는 유능한 사람들을 잘 써서 나라 일은 제대로 되어 갔다. 그때 누사덕(婁師德)이란 사람도 유능한 신하 중 한 사람이다.

누사덕은 사람됨이 부드럽고 너그러워서 다른 사람이 무례하게 대들어도 탄하지 않았다. 그의 아우가 대주(代州) 자사(刺史)가 되어 가게 되었을 때 누사덕은 아우에게 이렇게 말하며 걱정을 했다.

"우리 형제가 모두 출세를 하게 되어 경사스러운 일이기는 하나, 그 만큼 남들의 시기도 있을 것을 알아야 한다. 그러한 시기를 모면하려면 어떻게 하면 되겠느냐?"

그러자 아우는 이렇게 말했다.

"설사 사람이 나의 얼굴에 침을 뱉는다고 해도 탄하지 않고 내 손으로 닦겠습니다. 만사를 그와 같이 하면 형님의 걱정을 끼치지 않을 수 있지 않겠습니까?"

"내가 걱정하는 게 바로 그것이다. 사람이 네 얼굴에 침을 뱉을 때에는 그 사람이 너에게 화가 났을 때이다. 그런데 네가 네 손으로 그 침을 닦으면 상대방은 점점 더 화가 날 것이 틀림없다. 침 같은 것은 닦지 않아도 그냥 버려 두면 자연 마르게 되는 것이니 그럴 때는 웃으면서 침을 그대로 받는 것이다."

참을성이란 이런 것을 말하는 것이다. 측천무후의 그 공포 정치 아래에서 벼슬을 살려면 그 만큼이나 누그러지지 않고서는 견뎌낼 수 없었을지도 모르지만, 그쯤 되면 너그러운 정도가 아니다.

어쨌든 누사덕은 그와 같은 사람이었다. 그래서였던지 측천무후 밑에서 명재상으로 있다가 일생을 무사하게 끝마쳤다.

– 〈십팔사략〉에서

큰 강의 물도 사흘이면 준다

전국시대 조나라의 양왕(襄王)은 적(翟)을 쳐서 성 두 곳을 떨어뜨리고 많은 군사를 포로로 잡았다. 그런데 웬일인지 양왕은 좋아하는 기색이 없었다.

한 신하가 물었다.

"하루 아침에 두 성을 함락시킨 큰 전과를 올리고 모든 사람들이 다 기뻐하고 있는데 어찌하여 왕은 조금도 좋아하시지를 않습니까?"

"아무리 큰 강물도 사흘이면 물이 주는 것이다. 태풍이나 폭풍은 아침 나절 사이에 끝나고, 하루를 계속하지 않는다. 졸지에 세력이 강해지면 그 만큼 쇠퇴하는 것도 빠르다. 그런데 하루 아침에 두 성을 함락시켰으니, 이 세력이 오래 갈 것 같지가 않다."

공자는 양왕의 이 말을 듣고 속으로 감탄했다.

"조나라는 번영할 것이다."

걱정은 번영할 징조, 기쁨은 망할 징조, 승리한다는 일이 어려운 것이 아니라 그 승리를 보전하기가 어려운 것이다. 어진 임금은 이 점을 잘 알아서 승리를 지속하려고 힘쓴다.

제(齊), 초(楚), 오(吳), 월(越)은 모두 승리를 거두기는 했어도 종내는 망하고 말았다. 그것은 승리를 지속하는 방법을 몰랐던 탓이다.

'큰 강의 물도 사흘을 더 못 간다' 는 말과 같은 뜻의 말로는 〈노자〉에 '회오리 바람은 아침을 넘기지 못하고, 소나기는 하루를 넘기지 못한다' 는 말이 있다.

－〈회남자〉에서

큰 이름 밑에 너무 오래 있기 어렵다

월왕(越王) 구천(句踐)은 오나라를 멸망시키고 다시 제(齊), 진(晉)의 항복을 받아 천하를 손아귀에 넣었다. 구천이 이렇게 천하에 패자가 될 수 있었던 것은 범예의 공이었다.

범예는 상장군(上將軍)이 되고, 나라 안에서 가장 존경을 받는 사람이 되었다. 범예는 이렇게 지체가 높아지고 이름이 나면서부터 어쩐지 불안한 마음이 들기 시작했다.

'사람이 너무 유명해지면 다른 사람의 질투와 원한을 사기 쉬워 신상이 위태로울 수가 있다. 그런데다가 구천은 고생은 같이 할 수 있어도 편안하게 행복은 같이 누릴 수 없는 사람이 아닌가…….'

범예는 이런 생각을 했던 것이다. 그래서 구천에게 작별의 뜻을 글월로 써 보냈다.

"임금에게 걱정이 있으면 신하는 그 걱정을 덜어 드리기 위해 애쓰고, 임금이 수모를 받는 일이 있으면 신하는 그 수모를 풀기 위해 한 목숨을 바친다고 들었습니다. 전날에 임금이 회계(會稽)에서 수모를 받았을 때 신이 죽지 않고 살았던 것은 그 수모를 풀기 위해서였습니다. 그런데 지금은 그 수모를 풀 수 있게 되었습니다. 전날 회계에서 죽지 못한 죄를 벌해 주시기 바랍니다."

그러나 구천은 범예에게 나라를 둘로 갈라서 나눠 갖자고까지 했다. 범예는 이제는 하는 수 없이 월나라를 떠나야겠다고 결심하고, 값진 것만을 대강 추려 짐을 꾸린 다음 밤중에 몰래 월나라 국경을 넘어 제나라로 도망갔다.

제나라에 온 범예는 월나라 대부 종(種)에게 편지를 썼다. 종도 월나라에서 범예와 함께 구천을 위해 고생을 했던 사람이었다. 그 편지

163

의 내용은 이러하다.

"날짐승이 없어지면 활이 소용 없게 되고, 토끼가 죽고 나면 사냥개를 잡아 먹는다고 합니다. 월왕 구천은 목이 길고, 입이 새의 부리 같이 뾰족합니다. 이러한 상은 고생은 함께 할 수 있어도 즐거움은 같이 할 수가 없습니다. 그대도 빨리 월나라를 떠나는 것이 안전할 것입니다."

종도 범예의 편지를 읽고 그럴듯하게 생각되었다. 종은 그 날부터 병이 났다고 집에 누웠다. 어떤 사람이 월왕에게 '종은 반란을 일으키려 꾸미고 있다'며 종을 참소했다. 월왕 구천은 종에게 칼 한 자루를 내리면서 그 칼로 목숨을 끊으라고 했다. 범예가 예측했던 대로 종은 제 목숨을 보전하지 못했던 것이다.

한편, 제나라에 온 범예는 이름을 치이자피라고 고쳤다. 치이자피란 말 가죽으로 만든 자루다. 이 가죽자루는 늘어나기도 하고 줄어들기도 한다. 그래서 자기는 이 말가죽자루처럼 자유의 몸이 되었다는 뜻도 있고, 자기와 좋은 적수였던 오나라의 오자서(伍子胥)가 큰 공을 세우고도 나중에는 오왕에게 죽고, 죽은 뒤에 말가죽 자루에 넣어 양자강에 띄워 버렸던 일을 따라서 제 이름을 말가죽자루라고 부른 것이다.

범예 부자는 돈을 버는 데도 재주가 있어, 제나라에 온 지 얼마 되지 않아 수천만금의 재산을 모았다. 이 소문을 들은 제나라 사람은 범예를 제나라 재상으로 올려 앉히려고 했다. 이 말을 듣고 범예는 탄식했다.

"집에 있어 천금을 모으고 벼슬에 나아가 재상이 되니, 여기서 더 무엇이 있겠는가. 너무 오래 유명하고 보면 좋지 않은 법이다."

범예는 제나라에서 재상이 되라는 것을 마다하고 그 동안 모은 재물을 모두 아는 사람들과 고향 사람들에게 풀어 주었다. 범예는 월나라를 떠날 때와 같이 이번에도 값진 물건만을 대강 챙겨 가지고 제나라를 떠나 도(陶)나라로 갔다. 도나라에서도 범예는 큰 재산을 모아 부자가 되었다.

- 〈사기〉에서

큰 재목은 쓸모가 없다

재목이 지나치게 크고 보면 오히려 쓸모가 없다. 사람도 너무 큰 인물은 누가 불러 쓰지를 못한다.

두보(杜甫)가 촉나라 고국에 들렀다가 제갈공명의 무덤에 참배하고 나오는 길가에서 큰 잣나무를 보고 '고백행(古柏行)'이라는 시를 읊었다. 다음은 이 시의 종장(終章)이다.

큰 집이 기울어서
대들보를 구하자면,
만 마리 소가 끌어도
그 무게 힘에 겨우리.

내 여기 있노라.
말한 적은 없어도
세상 사람 모르는 이 없건마는,
뉘도 아직 베어 간 이 없었구나.

개미와 송충이에
마구 뜯어 먹혔어도,
지난 날 향기로운 잎에
봉황새 머물러 갔었다네.
뜻 못 이룬 선비여,
원망을 말라.
고래로 재목이 크면,
쓸모가 없다고 하네.

큰 짐승이 강물을 마셔도 배가 차면 그만이다

옛날 요(堯) 임금은 나라를 허유(許由)에게 넘겨 주려고 했다.
"해와 달이 나왔는데 햇불을 켠다는 것도 우습고, 비가 오는데 밭
에 물을 준다는 것은 쓸데없는 일이다. 허유와 같이 훌륭한 사람이
있는데 내가 언제까지나 천자 노릇을 하고 있다는 것은 괴로운 노릇
이다. 그러니, 허유에게 천자 자리를 넘겨 주겠다."
그러나 허유는 사양했다.
'세상은 요 임금이 있어서 잘 다스려 가고 있지 않은가. 내가 나올
때가 아니다. 내가 만약 요 임금을 대신하여 천자가 된다면, 그것은
요 임금이 훌륭했다는 것밖에 아니된다. 나는 천자라는 자리가 탐나
지도 않고 또 필요하지도 않다. 뱁새는 숲속에 둥우리를 지어도 나뭇
가지 하나면 되고, 아무리 큰 짐승이 강물을 마신다 해도 제 배가 차
면 그만인 것이다. 나는 이대로 있는 것이 좋다.'

허유는 이렇게 해서 천자의 자리를 사양했던 것이다.

- 〈장자〉에서

태평할 땐 유능한 정치가, 세상이 어지러우면 간악한 영웅

후한(後漢)이 기울어져 가던 영제(靈帝) 때, 어지러운 세상을 타고 일어난 태평도(太平道)라는 새 종교가 마침내 반란을 일으켜 황건적의 난리가 일어났다.

조정에서는 황건적을 평정하기 위해 전국에서 용맹한 장수를 불러들였다. 이 때 군사를 일으킨 자들 중에 훗날 위나라를 세워 천하에 이름을 떨쳤던 조조가 있었다. 조조는 젊었을 때부터 호기가 있었다. 집안일 같은 것은 거들떠 볼 생각도 않고, 호걸들을 찾아 같이 놀며 사귀기를 일삼았다.

그 당시 여남(汝南) 땅에 허소(許邵), 허정(許靖)이라는 두 사촌 형제가 있었는데, 이들은 매달 초하룻날이면 그 지방 사람들의 그 달 신수 같은 것을 보아 주었다. 그 지방 사람들은 초하룻날이면 일손을 쉬고 허소와 허정을 찾아가서 지난 한 달 동안에 지낸 일과 앞으로 할 일을 듣는 버릇이 있었다. 그것은 허소, 허정 두 사람이 그 지방 사람들을 좋은 방향으로 이끌어 주려는 하나의 방편이었던 것이다.

조조가 그 소문을 듣고 허소를 찾아가 자기의 인물평을 해 달라고 청했다. 허소는 조조를 업수이 여겨 말대꾸도 하지 않았다. 조조는 허리에 찼던 칼을 쑥 빼들고는 왜 자기는 인물평을 해 주지 않느냐고 대들었다. 허소는 하는 수 없었다.

"너는 천하가 태평할 때 같으면 유능한 정치가인데, 세상이 어지러울 때면 어지러운 세상에 알맞게 간악한 영웅이 될 것이다."

간악한 영웅이란 말을 들은 조조는 대단히 기뻐했다.

그래서 황건적을 물리치기 위한 군사를 모으기로 결심했다는 것이다.

- 〈십팔사략〉에서

하늘에 오른 용에게 후회 있다
- 부귀와 영화가 한껏 다다르면, 패망의 날이 온다. -

진(秦)나라 시황제(始皇帝)를 섬겨 재상이 된 이사(李斯)의 집안은 일가 친척이 모두 고위고관 자리에 있었다.

하루는 친척들이 모여 잔치를 베풀었다. 조정의 백관들이 모두 와서 축하를 하는데 유독 이사만은 한숨을 내쉬며,

"내 스승이던 순자의 말씀이 '모든 것이 너무 왕성하면 못 쓴다'고 하셨다. 오늘 우리 집안은 영예와 부귀가 극도에 이르렀다. 그러니 이제부터는 쇠잔해질 수밖에 없는 일, 생각하면 내 앞날이 두렵다."

라고 말했다.

그 후 이 말은 그대로 들어맞아 이사의 집안은 조고(趙高)의 참소로 말미암아 삼족이 죽음을 당하고 만 것이다. 2세 황제 때였다.

전한(前漢)의 고조(高祖)를 섬기면서 끝까지 탈없이 일생을 지낸 사람은 장양이다.

천하를 얻은 고조는 뒷날의 어떤 우환이 없도록 전쟁에서 공을 세

운 장수들을 하나씩 둘씩 차례차례 없애 버렸다. 고조의 이러한 속셈을 짐작한 장양은 아예 상을 받지 않고 사양했다.

"저는 세 치의 혀 끝으로 군사(軍師)가 되고 만호후(萬戶侯)까지 되었습니다. 이것은 아무 보잘 것 없던 저로서는 이 이상 없는 영광이며, 출세이옵니다. 그러나 이와 같은 영광을 오래 지탱할 위인도 못 됩니다. 이제는 속세의 번거로움을 떠나서 산속에서 도나 닦으며 살아갈까 합니다."

고조는 장양이 조금도 딴 뜻이 없는 것을 알고 그만을 의심하지 않았다. 그리고 장양은 벼슬을 내놓고 시골로 내려가 한가롭게 일평생을 살았다.

한 일로 백 일을 안다

"어진 사람들은 서로 만나서 곧 친숙해지고, 재주 있는 사람들은 다뤄 보지 않고도 상대의 역량을 안다."

선비들은 반드시 제 몫을 가르지 않아도 청렴함을 짐작하고, 반드시 위험한 고비를 겪지 않더라도 용기를 안다. 그것은 주고 받는 데 예의가 바르면 그것으로 청렴함을 알 수 있으며, 사물에 대한 결단성을 보면 그의 용기도 알 수 있기 때문이다. 그러므로 호랑이는 꼬리만 봐도 너구리보다 큰 짐승이라는 것을 알 수 있으며, 코끼리는 그 이빨을 보고 소보다 크다는 것을 안다.

'한 가지를 보면 백 가지를 알 수 있다'는 말은 이를 두고 한 말이다. 그리고 보면, 이미 겪어 안 사실을 가지고 장차 있을 일도 미루어

추측할 수 있을 것이다.

- 〈설원〉에서

화(禍)와 복(福)은 문이 없다
- 화와 복은 스스로가 불러 들인다. -

춘추시대 노나라에 계무자(季武子)라는 사람이 있었다. 이 사람은 노나라에서 가장 권세 있는 사람이었다. 그런데 불행하게도 원부인에게는 소생이 없고, 첩에게서 난 아들형제가 있었다. 형은 이름을 공미(公彌)라 하고, 아우는 도자(悼子)라고 했다.

계무자는 도자를 퍽 사랑했다. 그래서 맏아들 공미보다도 그 아우 도자를 자기의 후계자로 삼으려 했다. 계무자는 집안 살림을 맡아 보고 있는 신풍(申豊)에게 우선 자기의 뜻을 얘기했다.

"나는 공미와 도자를 똑같이 다 사랑하오. 그래서 둘의 재주를 시험해 본 뒤, 뛰어난 쪽으로 나의 후계자를 삼을 생각이오."

이 말을 들은 신풍은 펄쩍 뛰면서 짐을 꾸려 가지고 그 집에서 나가겠다고 하는 것을 겨우 달래어 앉혀 놓았다. 그러나 계무자는 도자에게 살림을 물려 줄 생각에는 변함이 없었다.

그래서 이번에는 장흘(臧紇)이라는 사람을 찾아가서 그런 의논을 했더니, 장흘은 계무자의 뜻이 그렇다면 도자에게 물려 줄 수밖에 없다 하여 도자에게 상속을 하게 만들었다.

계무자는 공미가 불평할 것을 걱정해서 가사마(家司馬)라는 벼슬자리를 주었다. 공미는 아우에게 상속권을 빼앗긴 것이 분해서 벼슬

자리도 받으려 하지 않았다. 공미가 그의 아버지와 동생에게 원한을 가지고 있는 것을 알고, 민자마(閔子馬)라는 사람이 공미를 만나 보고 타일렀다.

"그래서는 안 됩니다. 속담에 화와 복은 딴 문으로 오는 것이 아니라는 말이 있습니다. 사람이 화를 입는 것도 복을 받는 것도 모두 스스로 자기가 불러들이는 것입니다. 자식된 사람은 어버이에게 불효가 되지 않을까 늘 그것을 염려하는 것이며, 재산이나 지위 같은 것은 염두에 두어서는 안 됩니다. 만약 부모에게 효도를 하신다면 동생보다 재산을 더 많이 얻게 될지도 모릅니다. 그리고 만일 불효한 마음을 가진다면, 화를 스스로 불러들이는 셈이 될 것입니다."

공미도 민자마의 말을 듣고 보니 그럴듯해서 마음을 다시 고쳐 먹고 아버지가 하라는 대로 벼슬자리에 나가 열심히 일을 보았다. 이것을 본 계무자는 대단히 기뻐서 값비싼 술병을 공미에게 주었다. 공미는 민자마의 말대로 큰 재물을 얻은 것이다.

－〈좌전〉에서

후세에 아름다운 이름을 남기지 못할 바엔 나쁜 이름이라도 남기자

동진(東晋) 강제(康帝) 때 환온(桓溫)은 군부의 실력자인 유익(庾翼)의 천거로 장군이 되었다.

유익은 죽은 뒤에는 형주 군사 도독(都督)을 지내는 등 두각을 나타내기 시작했다. 형주는 서하(西夏)와 가까운 곳이어서 군사상으로나 경계상으로 중요한 지점이다. 어떤 사람이 환온과 같은 큰 인물을 형주에 보내면 다른 뜻을 가지게 될지도 모른다고 임금에게 아뢴 사람이 있었다.

"환온은 훌륭한 장군입니다. 그렇기 때문에 형주와 같이 중요한 곳으로 보내면 안 됩니다."

그러나 강제는 그런 말을 듣지 않았다. 환온은 형주의 군사 도독이 되어 갔다. 환온은 과연 천하에 뜻이 있었다.

어느 날 밤 혼자서 탄식하기를,

"사내 대장부로 태어나서 아름다운 이름을 후세에 남겨야 한다. 그렇게 되지 못할 바에는 차라리 나쁜 이름이라도 남겨야 한다."

환온은 임금의 명령도 기다리지 않고 서쪽에 있는 한나라를 쳐서 한나라를 멸망시켰다. 이어 진(秦)나라도 정벌했다.

환온은 조정에 들어와 대사마(大司馬)가 되었다. 그리고 눈엣 가시같이 여기던 은연원(殷淵源)을 물리치고 정치와 군사에서 권력을 혼자 독차지하게 되었다. 환온이 한나라를 치고 또 진나라를 꺾어서 밖으로 큰 공을 세운 것은 사실이다. 그러나 환온이 그와 같이 전쟁에 힘을 쓰는 이유는 공을 세워 임금에게 압력을 가해서 임금의 자리를 넘겨다 보려는 것이었다. 그러나 세상 일이 그렇게 만만하게 뜻대로 되는 것은 아니다.

환온은 연(燕)나라를 치다가 그만 졌다. 그의 위세는 땅에 떨어지고 말았다. 이제까지의 이름도 내리막길을 달리듯 했다. 뜻을 이루지 못한 환온은 노심 끝에 세상을 떠나고 말았다.

－〈진서(晉書)〉에서

3. 지혜로운 마음은 숨겨진 진실을 보이게 한다

가난하고 미천한 사람이 교만하다

주나라 위열왕(威烈王) 때부터 제후가 된 위나라 문후(文候)에게는 격(擊)이라고 하는 태자가 있었다. - 후에 무후(武候)가 되었다.

격은 그 아버지 문후의 가르침을 받아 사람됨이 공손하고 검소했다. 어느 날 격은 마차를 타고 가다가 길에서 아버지의 신하인 전자방(田子方)을 만났다. 격은 마차에서 내려와 공손하게 인사를 했다. 그런데 전자방은 인사를 받지도 않고 힐끗 한 번 쳐다보고는 그대로 지나가 버렸다. 격은 속으로 화가 났다.

"내가 모처럼 차에서 내려 인사를 했는데 당신은 인사를 받지도 않으니, 대체 부귀한 사람이 빈천한 사람에게 교만한 것입니까, 빈천한 사람이 부귀한 사람에게 교만한 것입니까?"

전자방은 격의 말 뜻이 무엇인가를 잘 알고 있었다. 젊은 사람이니 그럴 수도 있겠지만, 그러한 마음을 지금 고쳐 주지 않으면 후일 문후의 뒤를 이을 수가 없다고 전자방은 생각했다.

전자방은 빙그레 웃으며 대답했다.

"그건 가난하고 미천한 사람이 거만한 법입니다. 돈 있고 지체 있는 사람이야 무엇 때문에 거만하겠습니까? 생각해 보십시오. 한 나라의 임금이 거만하다면 백성들의 신뢰를 잃게 되어 마침내 나라를 망치고 말 것입니다. 또 대부가 거만하다고 하면 아랫사람들의 인심을 잃어서 벼슬자리를 지탱할 수 없게 될 것입니다. 그렇지만 뜻이 고상한 가난한 선비는 임금과 마음이 맞지 않으면 휙 하니 그 나라를 떠나고 맙니다. 마치 헌 짚신짝을 내던지듯 말입니다. 그러나 부귀한 사람은 그렇게는 못하지요. 빈천한 사람이 교만하다는 것을 이제는 아시겠습니까?"

175

그러나 격의 꽁한 마음은 좀처럼 풀리지를 않았다.

- 〈사기〉에서

가르치는 일은 곧 배우는 일이다

주나라 고종(高宗)은 부열(傅說)이란 사람을 잘 봐서 재상을 시켰다.

어느 날 고종은 부열과 함께 학문에 대하여 이런 얘기 저런 얘기를 주고 받았다. 그때 부열이 다음과 같은 말을 했다.

"학문을 하는 데는 언제나 마음을 늦추어서는 안 됩니다. 더욱이 세상 돌아가는 데 대해 민감하지 않으면 안 됩니다. 성실히 생각하고, 믿음을 갖고 실행에 옮기면 학문이 자연 몸에 배게 될 것입니다. 가르치는 일은 곧 배우는 일입니다. 그것은 남을 가르치려면 자기도 모른 채 지나쳐 버린 곳을 알게 되고, 어려운 뜻은 풀이를 해 주어야 되기 때문에 자기도 공부를 하지 않을 수 없게 될 것입니다. 이렇게 꾸준히 시종(始終)이 다름 없이 학문을 닦아 나아가면, 자기도 깨닫지 못하는 사이에 수양이 되는 것입니다."

- 〈서경〉에서

감추기를 허술히 하면 도둑을 가르친다

물건을 소중히 간수하지 않는 것은 도둑을 부르는 것과 같다. 짙은 화장과 요염한 맵시는 사람의 음탕한 마음을 부채질하는 것이다.

〈역경(易經)〉에 보면,

"공자가 이르되, 역(易)을 지은 이가 도둑이라는 것을 잘 알고 있었던가 보다. 역에 보면 짐을 졌거나, 수레에 실었거나, 도둑을 오게 한다."

는 구절이 있다.

미천한 사람은 짐을 지고, 고귀한 사람은 수레에 싣고 자기도 타고 간다. 미천한 사람이 고귀한 사람과 같이 하면 도둑이 훔치고 싶은 마음이 난다. 고귀한 사람이 수레를 미천한 사람에게 내 주어 미천한 사람이 수레를 타고 있으면 도둑은 갑자기 엄습하고 싶어질 것이다. 감추기를 허술히 하면 도둑을 가르친다는 것이 이러한 것이다.

강물이 맑으면 내 갓끈을 빨 것을

전국시대 초나라의 우국 시인 굴원(屈原)은 고고하고 청렴했기 때문에 도리어 시기하는 사람들에게 참소를 당하여 초나라에서 쫓겨나지 않으면 안 되었다.

굴원의 실망과 낙담은 컸다. 쫓겨나는 신세는 초라하고 가엾기 그지없었다. 몸은 수척하고 얼굴은 창백해져 갔다. 걸음걸이도 무겁고 기운이 없었다. 양자강 언덕에 이르렀을 때였다. 한 고기잡이가 굴원을 알아 보는 듯했다.

"아니, 당신은 초나라의 삼려대부(三閭大夫)가 아니십니까? 어떻게 해서 이런 데를?"

굴원은 힘없이 대답했다.

"세상 사람들이 다 썩었는데 나만이 성하오. 세상 사람들이 모두 술에 취해 있는데 나 혼자 깨어 있소. 그러니 쫓겨난 거요."

"성인은 세상 돌아가는 데 따라 간다고 들었습니다. 사람들이 모두 썩었으면 당신도 같이 썩어 버리면 될 것이 아닙니까? 다른 이들이 모두 술에 취했으면 당신도 술에 취해서 엄벙덤벙 지내면 될 것이 아닙니까? 혼자서 고고한 까닭이 뭡니까?"

"목욕을 하려면 반드시 모자를 털고, 옷도 턴다고 하오. 그 만큼 더러운 것을 싫어하기 때문이오. 이 내가 어찌 더러운 먼지 속에서 편안히 있을 수가 있단 말이오. 내 몸을 더럽힐 양이면 자라리 강물 속에 뛰어 들어가서 고기밥이 되는 게 낫겠소."

"할 수 없는 양반아."

고기잡이는 이렇게라도 생각했는지 빙긋이 웃고 콧노래를 부르면서 지나갔다.

강물이 맑으면
내 갓끈을 빨 것을.
강물이 흐르면
내 발이나 씻을 것을.

고기잡이의 이 노래 소리가 굴원에게는 들리지 않았던가 보다. 아니, 들었어도 그 뜻이 통하지 않았던 모양이다. 굴원은 마침내 썩어

빠진 세상을 한탄하며 강물에 몸을 던지고 말았다. 이 날이 바로 5월 5일 단오(端午)날이었다고 전해 내려 온다.

- 〈어부사(漁父辭)〉에서

개흙 바닥을 돌아다니고 싶다

어느 날 장자가 복수강가에서 낚시질을 하고 있었다. 이때 초나라의 대부 두 사람이 달려왔다. 왕의 사자였다.

"왕께옵서 선생을 부르십니다. 왕께옵서는 선생이 어진 어른인 것을 아시고 선생에게 나라 정사를 맡기려고 합니다. 제발 나와 주십시오."

장자는 낚싯대를 쥔 채 돌아다 보지도 않으며 사자에게 물었다.

"초나라에는 죽은 지 3천 년이나 되는 거북을 묘당에 모셔 놓고 제사를 지낸다며?"

"그러하옵니다."

"그 거북은 죽어서 제사를 받기를 원할까, 그렇지 않으면 살아서 개흙 바닥을 돌아다니고 싶을까?"

"그야 살아서 개흙 바닥을 돌아다니고 싶을 테지요."

장자는 껄껄 웃으며 말했다.

"나도 개흙 바닥을 돌아다니고 싶으니 그대로 가시게."

- 〈장자(莊子)〉에서

공치사는 내가 하고, 원한은 누구에게 돌릴 것인가

왕증(王曾)은 송나라 제4대 인종(仁宗) 때의 재상이 됐다. 왕증은 관리등용시험에서 언제나 일등을 했다. 그래서 누구나 왕증의 출세를 믿었다.

누군가 왕증 앞에서,

"틀림없이 많은 녹을 타게 될 것이며, 큰 집과 좋은 옷, 좋은 음식의 호사스런 생활을 할 수 있을 것입니다."

라고 누가 말하면, 왕증은 노기를 띠며,

"나의 뜻은 좋은 옷을 걸치고 좋은 음식을 배불리 먹는 데 있지 않다. 그런 말은 나를 잘못 알고 하는 말이다."

라고 말했다.

왕증이 재상이 되었을 때 나라에서는 할 일이 산같이 쌓여 있있다. 그러나 왕증은 밤낮을 가리지 않고 그 많은 일들을 처리해 나갔다. 다른 대신들도 왕증을 믿고 합심이 되어 일들을 했다.

왕증은 훌륭한 사람이 있으면 반드시 왕에게 천거해서 적당한 자리에 앉게 했다. 그러나 왕의 부름을 받고 벼슬자리를 얻은 사람들이 대체 누가 자기를 천거했는지를 알지 못했다. 그것은 왕증이 결코 자기가 천거했노라는 말을 본인들에게도 말하지 않았기 때문이다. 보통 사람 같으면 자기가 천거해서 벼슬 자리를 얻게 했다는 것을 내세워 생색을 냈을 것이지만, 왕증은 그러지를 않았다.

어떤 사람이 왕증에게 그리하는 까닭을 묻자 왕증은,

"그가 벼슬을 얻었을 때 내가 천거했다는 공치사를 했다가 그가 벼슬이 떨어지면 그 때는 또 누구 때문이라고 할 것인가. 은공은 내가 받고 원한은 누가 받게 할 것인가?"

라고 말했다. 벼슬 자리를 주었을 때 재상이 자기 공이었다고 했다면 좌천이 될 때면 필시 임금에게 돌리는 수밖에 없을 터이니, 그런 불충이 어디 있겠느냐는 말이다.

왕증은 그야말로 높은 뜻을 가진 사람이었다.

– 〈십팔사략〉에서

국궁 진력(鞠躬盡力), 이 목숨 다하기까지

삼국시대 촉한(蜀漢)의 소열제(昭烈帝) 유비는 제갈공명을 세 번씩 찾아가 예를 깍듯이 했기 때문에 공명은 유비를 도와 주는 재주와 힘을 다하다가 유비가 죽으매, 유비의 아들 유선(劉禪)을 섬겨 충성을 다 바쳤다.

공명이 싸움에 나갈 때 두 차례 임금에게 드린 출사표(出師表)는 '그것을 읽고 울지 않는 자는 충신이 아니다'라고 할 만큼 적절한 데가 있었다.

두번째의 출사표에 이런 말이 있다.

"한(漢)과 위(魏)는 도저히 함께 있을 수가 없습니다. 한나라의 왕업은 익주(益州) 한 구석에 머물러 있을 수는 없습니다. 그러므로 반드시 위를 쳐 부수고 천하를 통일해야 합니다. 신은 이 큰 소망을 이루기 위하여 국궁 진력, 이 목숨을 다할 각오를 가지고 싸움에 나갑니다. 싸움의 승패는 예측할 수 없습니다. 신은 오직 큰 소망을 바라보고 매진할 따름입니다."

공명은 군사를 기산(祁山)으로 쳐 들어가게 했으나, 싸움이 불리해서 일단 물러났다가 다시 쳐 들어갔다.

위나라의 대장 사마중달은 공명을 두려워해서 맞아 싸우려 하지 않
았다. 부하 중 고익(賈翊)이 중달에게,

"대장께서는 촉을 마치 호랑이같이 무서워하시니, 천하의 웃음을
어찌 하시렵니까?"

하고 간했다. 중달은 마지못해 한 장수를 내세워 촉군과 싸우게 했으
나, 크게 패하고 말았다.

그러나 촉군은 식량이 떨어져 다시 물러나야 했다. 공명이 진중에
서 죽은 것은 그 다음의 싸움에서였다.

군자는 사귈 때나 절교를 할 때나 나쁜 일을 하지 않는다

전국시대 때 얘기다.

연나라에서는 널리 세상에 어진 사람들을 구하고 있었다. 연나라를
부강케 하고 군비를 튼튼히 하여 강대한 나라를 만들고 싶었던 것이
다. 그래서 어진 사람들과 힘센 장군이 있으면 예를 깍듯이 하여 불
러 들였다.

악의(樂毅)도 이런 사람들 중의 하나였다. 악의는 연나라 소왕(昭
王) 때 상장군(上將軍)이 되어 제나라를 쳐서 큰 공을 세웠으나, 그
다음 혜왕(惠王)은 악의를 좋게 보지 않았다.

제나라에서는 혜왕과 악의와의 사이를 이간했다. 그래서 악의는 파
면되고 다른 사람이 장군이 되었다. 악의는 연나라를 빠져나와 조나
라로 갔다. 조나라에서는 악의를 극진히 대접하여 관진후(觀津侯)에

봉하고 연나라와 제나라를 공격할 기세였다.

악의를 잃은 연나라 군사는 제나라에게 번번이 졌다. 더욱이 제나라에는 전단(田單)이라는 명장이 있었다.

혜왕은 악의를 파면했던 일을 후회하였다. 더욱이 악의가 조나라에 가 있으니, 언제 조나라가 쳐들어올지 모르는 일이었다. 혜왕은 악의에게 가만히 사람을 보냈다.

"나를 그르치게 한 것은 측근에 있는 신하들의 잘못이며, 나는 하루도 장군의 공을 잊은 적이 없었소. 내가 장군을 파면한 것은 장군이 오랫동안 외지에서 고생만 하였기에 본국에 와서 편히 휴양하며 중요한 나라일을 같이 의논하자고 했던 일이오. 그것을 장군은 오해하고 조나라로 가 버렸으니, 장군은 선왕(昭)의 후했던 대접을 무엇으로 갚을 수 있을 것이오?"

악의는 곧 답장을 썼다.

"저는 '처음이 좋았다고 끝도 좋으라는 법이 없다' 는 말을 듣고 있습니다. 오왕(吳王) 부차(夫差)를 섬겼던 오자서(伍子胥)가 좋은 보기가 될 것입니다. 공을 세워 선왕의 업적을 더욱 빛내도록 하는 일이 저의 소원이었을 뿐, 사람의 비방을 사서 욕을 당하고 선왕의 이름을 더럽히는 일은 저에게 무엇보다 두려웠던 일입니다. 뜻밖에 죄명을 쓰게 된 것은 저의 부덕한 탓이라 부끄럽기 그지 없습니다. 그러나 연나라가 고단한 틈을 타서 조나라 군사를 이끌고 연나라를 칠 그런 자는 아닙니다. 군자는 사귈 때나 절교를 할 때나 욕하지 않는다고 했습니다. 충신은 나라를 뜰 때도 자기의 결백을 말하지 않는다고도 했습니다. 결코 연나라를 원망하거나 연나라를 해치는 일은 하지 않을 것입니다. 안심하십시오."

혜왕은 악의의 답장을 읽고 한편 기쁘고 한편 안심이 되었다. 그래서 악의의 아들 악간(樂間)을 당장 창국군(昌國君)을 시켰다. 악의 자신도 조나라와 연나라를 왕래하며 두 나라가 싸우지 않고 서로 돕고 지내도록 중간에서 애를 많이 썼다.

연나라와 조나라에서는 다 같이 악의를 객경(客卿)으로 대우했다. 그러고서 30여 년 후 연나라는 악간의 간언을 듣지 않고, 조나라와 싸움을 걸었다가 조나라에게 패하고 말았다. — 물론 악의는 죽은 뒤다.

악간은 그의 아버지가 그랬듯이 조나라로 가서 거기서 벼슬을 살았다. 그러나 악간은 그 아버지 악의와 같이 조나라와 연나라 사이에 들어 두 나라가 잘 지내도록 힘쓰지는 않았다.

후세에 와서 한(漢) 고조(高祖)는 악의의 자손을 찾아내어 제후(諸侯)에 봉했는데, 이런 일이 모두 악의가 마음이 착했던 여덕이라고 할 것이다.

— 〈사기〉에서

군자의 사귐은 담담하여 물과 같다

〈장자〉에 보면 이런 내용이 있다.

공자가 자상호에게 물었다.

"나는 두 차례나 고국인 노나라에서 쫓겨나고, 송나라에서는 큰 나무 밑에 깔려 죽을 뻔하고, 위나라에서는 그 나라 사람들에게 미움을 받고, 상주(商周)에서는 먹을 것이 없어 배를 주리고, 진채(陳蔡)에서는 백성들에게 에워싸이는 등 숱한 고생을 했다. 이와 같은 곤경을 치르는 동안, 전부터 사귀었던 친한 친구들도 차츰 멀어져 가고, 뿔뿔이 헤어져서 이제는 고적한 몸이 되었다. 이건 대체 어찌된 까닭일까."

자상호가 대답하기를,

"당신은 이러한 얘기를 들은 적이 없습니까? 옛날 가(假)나라의 임회(林回)라는 사람이 피난을 가는데, 천금 값이 나가는 구슬은 버리고 어린애를 업고 갔습니다. 이것을 보고 사람이 임회에게 묻기를, '천금이나 나가는 구슬을 내버리고 값도 안 나가는 어린애를 업고 피신하려는 것은 대체 무슨 까닭입니까?ㅡ 옛날 중국에서는 난리를 만나거나 몹시 흉년이 들었을 때 갓난 어린이를 버리거나, 다른 사람에게 파는 일이 흔히 있었다. ㅡ'라고 했습니다. 이에 임회가 말하기를 '구슬은 내가 내 손으로 얻은 것이지만, 어린애는 하늘이 점지하신 내 아이요. 내 손으로 얻을 수 있는 것은 없어지기도 하고 또 얻을 수도 있지만, 하늘의 뜻으로 맺어진 천륜은 떼일 수도 없고 떨어질 수도 없는 것이오. 또 군자의 사귐은 담담하여 물과 같고, 소인(小人)의 사귐은 달콤하여 감주와 같다고 합니다. 군자는 오래 사귀어도 담담하기 때문에 오래 계속되지만, 소인은 친하면 더 없이 가까웁지만 또 멀어지기도 쉬운 것이오. 가까이 친할 만한 도리가 없이 친한 자는 멀어질 만한 이유가 없어도 저절로 멀어지는 것이오.'라고 했다 하오. 당신의 경우도 그와 같은 것이오. 많은 사람이 당신과 멀어지고 친구들이 떠난 것은 당신이 그 사람들과 하늘의 도리에 좇아 맺어진 것이 아니기 때문이오. 아시겠습니까?"

공자는 아무 말 없이 듣고만 있었다고 한다.

귀를 막고 종을 훔친다

전국시대 초기 진(晋)나라의 경(卿) 범씨(范氏)는 같은 경인 지백 (智伯)에게 망했다. 그런데 혼란 통에 범씨가 가지고 있던 종을 누가 훔쳤다. 종을 훔친 사나이는 종을 등에 지고 달아나려 했다. 그런데 종이 너무 커서 질 수가 없었다.

종은 굉장히 큰 소리를 냈다. 이 사나이는 종 소리를 들으면 다른 사람이 쫓아올 것이 겁이 나서 제 손으로 두 귀를 틀어막았다. 자기 귀에 종소리가 들리지 않으면 다른 사람 귀에도 들리지 않을 것이라 고 생각했던 것이다.

다른 사람이 소리를 들을까 겁내는 마음은 알 수가 있다. 그러나 자 기가 그 소리를 듣지 않으려 하는 것은 이상하다. 임금이 자기 잘못 을 듣기 싫어하는 것은 마치 종소리를 듣지 않으려는 심사와 같은 것 이다.

이와 비슷한 말에 〈자치통감(資治通鑑)〉에 보면 '귀를 막고 방울을 훔친다'는 말이 있다.

– 〈여씨춘추(呂氏春秋)〉에서

나는 말랐어도 천하는 살쪘다

당나라 현종황제하면 양귀비에게 혼도 넋도 빼앗겨 정치는 돌보지 않고 놀기만 했던 어리석은 임금으로 기억되기 쉽지만, 현종이 임금 이 된 지 얼마 안 되었을 즈음엔 개원의 치(開元의 治)라고 해서 나라

안은 태평하기 이를 데 없었다.

그때 현종을 보필했던 재상은 요숭(姚崇), 송경(宋璟), 한휴(韓休) 등이다. 한휴는 강직한 사람이어서 현종에게 조그마한 허물만 있어도 곧 바른 말로 임금에게 간했다.

연회 같은 때 조금 지나쳤다고 생각이 들면, 현종은 좌우를 돌아보며,

"한휴가 알면 안 된다."

고 타이르기도 했다.

그러면 현종의 말이 끝나기도 전에 벌써 한휴의 간하는 글이 들어온다. 한휴가 임금에게 간하는 충고인 것이다. 현종은 한휴가 두려워 마음대로 놀 수가 없었다.

현종의 비위를 맞추기 잘 하는 간사한 신하들은 한휴를 내내 같이 꺼렸다. 어느 때는 한 간사한 신하가 현종에게,

"한휴가 재상이 되고부터는 폐하께옵서 편하신 날이 없어, 옥체가 염려되었습니다. 한휴를 물러나게 하시옵소서."

라고 간하기도 했다. 그러나 현종은 고개를 저었다.

"한휴 덕에 나는 말랐다. 그러나 그는 정치를 잘 돌봤기 때문에 천하 만인은 살찌고 세상은 태평을 노래하고 있는 것이다. 그를 쫓아 내다니 될 말인가."

현종도 어진 임금이 될 수 있는 바탕은 있었다. 그러나 혈기가 있고 다감한 그였기에 한휴의 잔소리가 귀찮을 때도 있었다. 좀 편안히 즐겁게 지내고도 싶었으리라.

한휴가 재상의 자리에 있은 지 1년, 한휴를 헐뜯던 사람이 없는 죄를 있는 것처럼 고해 바친 것을 곧이 듣고 현종은 한휴를 재상의 자리에서 쫓아 내고야 말았다.

이때는 이미 요숭도 송경도 조정에 없었다. 정치에 싫증이 나기 시작한 현종은 한휴가 없고 나서부터 어깨가 다 가벼워지는 것 같았다. 개원의 치는 이렇게 하여 소리도 없이 무너져 갔다.

이럴 즈음에 나타난 것이 양귀비다. 양귀비의 어여쁜 모습에 한 번 혹한 현종은 정치도 백성도 아랑곳이 없었다. 현종에게는 술과 색의 즐거움이 있을 뿐이었다. 이 때를 기다렸었다는 듯이 간사한 무리들이 모여 들었다. 이임보(李林甫), 양귀비의 재종뻘인 양국충(楊國忠), 그리고 안녹산(安祿山) 등등 현종은 이들에게 금은 보화며 비단 피륙을 아까운 줄 모르고 내 주었다.

뒤에 안녹산은 반란을 일으켰고, 현종은 서울을 버리고 피난을 하지 않으면 안 되었던 것이다.

나이 50에 49년의 잘못을 알게 된다

이 말은 위나라 대부 거백옥(遽伯玉)이 한 말이다.

나이 50이 되어서 지난 49년 동안에 잘못된 것을 알게 된다고 하니, 사람이 일생을 살다가 죽음에 임박하여 지난 일을 돌아보면, 자기가 지낸 일이 모두 잘못되었음을 깨닫게 될 것이다. 인생은 실패의 연속이라고 말한다. 지내고 나면 후회되는 일이 많다는 말이다.

거백옥은 이런 말을 했다.

"먼저 난 사람은 전례(前例)가 없어서 알기 어렵고, 뒤에 난 사람은 전례가 있어서 전 사람의 잘못을 그대로 밟지 않을 수도 있다. 먼저 간 사람이 높은 데까지 올라갔으면 그 뒷사람은 그보다 더 높은 데까지 갈 수가 있다. 먼저 간 사람이 낮은 곳에서 끝났으면 뒷사람은 그 곳을 발판으로 삼을 것이다. 먼저 간 사람이 떨어졌다거나 실패를 했다고 하면 뒷사람은 조심해서 그와 같은 실패를 하지 않으려 할 것이다. 이러고 보면, 먼저 가는 사람은 뒤에서 보는 사람의 목표가 되는 것이며, 먼저 가는 사람은 늘 고생이 따르게 마련이다."

- 〈회남자〉에서

돌아갈거나, 전원(田園)이 묵어 간다

육조(六朝)시대의 시인 도연명(陶淵明)은 마흔 한 살 때 고향에서 그리 멀지 않은 곳의 현령이 되었다. 그러나 성품이 분방하고 매인 데가 없는 사람이라 관리 생활 같은 것은 그에게 맞지를 않았다.

부임한 지 80일만에 그는 현령을 그만두고 고향으로 돌아와서 다시는 벼슬자리에 나아가지 않았다. 고향으로 돌아가리라고 결심했을 때 그가 지은 시가 '귀거래사(歸去來辭)' 이다.

돌아갈거나, 전원이 묵어 가거니,
어이 아니 돌아가리.
내 이미 육신을 위해 마음을 팔았거늘,
이제 새삼 혼자 슬퍼하여
무엇하리.
지나간 일 고칠 길 없으매
오늘 일 바로 잡기 꾀하련다.

진실로 길 잃음이 오래지 않았으니
오늘이 옳고 어제 그름을 깨달았도다.
배는 흔들 흔들 가볍게 흔들리며
바람은 산들 산들 옷자락을 날리네.

연명이 고향 집에 돌아오니 가족들은 기뻐하며 어쩔 줄을 몰라했다. 술병에는 술이 가득했으니 그는 손수 잔을 따라 얼근히 취하도록 마셨다.

아아, 고향집이란 마음 편하고 즐거운 곳. 남창에 기대어 호젓이 앉았노라면 찾아오는 손도 없고 한가롭기만 하다. 지나는 구름을 바라보며 새소리에 귀를 기울이면 정말 속세를 떠난 기분이다.

이웃집 농부들과 농사짓는 얘기며 일가 친척들과 알뜰한 얘기로 시간 가는 줄을 모를 때면 모든 시름을 잊어 버린다. 도연명은 '귀거래사'의 마지막 구절을 다음과 같이 맺었다.

그만둘거나 천지에 붙인 목숨
얼마나 하기에 -
부귀는 원래 내 소원 아니거니
밭 갈고 풀 매며
발길 따라 시나 읊으리.
애오라지 자연 따라 돌아갈 몸
천명을 즐기면 그만이지,
다시 무엇을 의심하리.

마음에 없으면 보아도 보이지 않고, 들어도 들리지 않는다

〈대학(大學)〉에 있는 구절이다.

"몸을 닦는다는 것은 마음을 바로 하는 데 있다. 마음에 노여움이 있으면 그 마음은 바를 수 없고, 마음에 두려움이 있어도 그 마음은 바를 수가 없다. 마음에 즐거움이 있어도 그렇고, 마음에 근심과 격정이 있어도 그 마음은 바른 마음이 아니다. 마음이 바르지 않으면 보아도 옳게 보이지 않고 들어도 옳게 들리지를 않는다. 음식을 먹어도 그 맛을 제대로 알지 못한다. 따라서 몸을 닦는 일은 그 마음을 바르게 가지는 일이다."

마음이 맞지 않으면, 한 뱃속의 간과 담도 원수가 된다

간과 담은 한 몸, 한 뱃속에 있어 아주 가깝고 서로 깊은 관계가 있는 것이다. 그러나 마음이 맞지 않을 때에는 이와 같이 가까운 사이도 초나라와 월나라 같이 원수가 된다는 뜻이다.

〈장자〉에 보면 이런 이야기가 나온다.

노나라 왕태는 형벌을 받고 다리가 잘렸다. 형벌을 받기는 했어도 덕망이 높아서 그의 문하에는 공자보다 적지 않은 제자들이 있었다. 상계(常季)가 이상해서 공자에게 물었다.

"왕태는 형벌을 받은 사람인데, 그를 찾아 많은 사람들이 모여드니 이상합니다. 마치 노나라를 선생과 왕태 두 사람이 나눠 가지고 있는 꼴입니다. 그런데 왕태는 별로 글을 가르치는 일도 없고, 또 서로 토론을 하는 일도 없다고 합니다. 그런데도 왕태를 찾아 갔던 사람들은 모두 만족해서 돌아간다고 합니다."

"그 사람은 성인입니다. 나도 한 번 만나 보려고 하는데 아직 기회가 없어 못 만났습니다. 나도 스승으로 모시고 싶을 정도입니다. 그러니 나만 못한 사람들이야 더 말할 것이 있겠습니까?"

"확실히 속세의 사람은 아닌성 싶습니다. 대체 그런 사람의 마음가짐은 어떠한 것일까요?"

"죽고 사는 일도 큰 일이지만, 그 사람은 그것을 초월하고 있습니다. 설사 천지가 무너진다고 해도 같이 휩쓸려 떨어지지 않을 만큼 초월했습니다. 그리고 천지간의 이치를 훤히 알고 있어서 세상이 아무리 바뀌어도 끄떡 없습니다. 천지간의 옳은 길을 알고 행하는 사람입니다."

"그건 무슨 뜻입니까?"

"마음이 같지 않은 사람이 보면 간과 담도 초나라와 월나라 같이 보이고, 마음이 같은 사람끼리 보면 세상의 온갖 것이 모두 하나로 보입니다. 왕태 같은 사람은 세상 것을 귀나 눈으로 듣고 보는 것이 아니라, 마음으로 비춰 봅니다. 모든 것이 하나요 둘이 아니며, 온갖 것이 같을 뿐 다르지가 않습니다. 죽고 사는 것도 같은 것이고, 다리를 잘렸지만 다리를 땅에 떨어뜨린 것쯤으로 생각하고 있을 것입니다. 참으로 훌륭한 사람입니다."

공자와 상계가 왕태를 두고 한 문답이다.

- 〈장자〉에서

만족한 것을 아는 것이 만족한 것이다
- 화근은 만족한 것을 모르는 것보다 더 큰 화근이 없다. -

노자는,
"만족한 것을 아는 것이 만족한 것이다."
라고 말했다. 또,
"화근은 만족한 것을 모르는 것보다 더 큰 화근이 없다."
고도 했다.

한비자(韓非子)는 노자의 말을 빌어다가 이렇게 말했다.
"성인은 입는 옷은 추위를 견딜 수 있으면 되고, 먹는 것은 배를 채우면 충분하다고 생각하기 때문에 걱정이 없다. 그러나 어떤 사람들은 그렇지가 않다. 크게는 제후(諸侯)가 되기를 바라고, 작게는 천금을 모아 부자로 살기를 바란다. 죄를 짓고도 빠져 나올 수 있고 사형까지도 면하는 수가 있다. 그러나 만족한 것을 알지 못하는 자의 고통은 징역을 사는 일보다도 심하고, 죽을 죄를 지은 자보다도 심하다. 그 고통은 평생 죽을 때까지 면할 수가 없다. 그래서 '화근은 만족한 것을 모르는 것보다 더 큰 화근이 없다'고 하는 것이다. 욕심이 크면 그 욕심을 채우기 위해서 걱정이 생긴다. 걱정이 심하면 병이된다. 병이 나면 정신이 흐려진다. 정신이 흐려지면 생각나는 것이옳지 못해서 경거망동을 하게 된다. 경거망동을 하면 화근이 닥친다. 화근이 닥치면 병이 속으로 들어가서 위와 장이 상하게 된다. 그렇게되면 그 사람은 육체도 정신도 성하지 못하게 되는 것이다. 이것이모두 욕심이 과했던 탓이다."

공자는 이렇게 말했다.
"아직 얻지 못했을 때는 그것을 얻으려고 애쓰고, 얻은 다음에는 그것을 잃지 않으려고 한다. 이렇게 잃지 않으려 하고 잃어 버릴까 벌벌 떨게 되면 무슨 짓이고 못할 짓이 없다."

맹자는,

"마음을 편안히 가지려면 욕심을 적게 갖는 일보다 더 좋은 방법이 없다."

고도 말했다.

먼 걱정이 없으면, 반드시 가까운 근심이 있다
- 겉으로 편안하면 안으로 근심 있다. -

이 말은 〈논어〉 '위령공(衛靈公)편' 에 있다.

사람은 늘 먼 훗날에 대한 대비를 하고 있어야지, 그렇지 않으면 눈 앞에 근심거리가 생긴다는 뜻이다. 또 한편, 사람은 언제나 걱정과 근심이 따라 다니게 마련이라고 풀이하는 이도 있다.

'겉으로 편안하면, 반드시 안으로 걱정이 있을 것이다' 라는 말이 있는데, 이것은 겉으로 걱정이 있거나 안으로 근심이 있거나 어쨌든 근심 걱정은 있게 마련이라는 뜻이다.

〈좌전〉 '성공(成公)' 에 이런 말이 있다.

"오직 성인만이 겉으로 걱정이 없다."

성인이 못 되면 겉으로 걱정이 없어도 안으로 근심이 있다는 말이다.

〈십팔사략〉 '서진(西晋) 세조 무황제(世祖武皇帝)' 대목에 다음과 같은 얘기가 있다.

"죽림칠현(竹林七賢) 중의 한 사람인 산도(山濤)는 뒤에 무제를 섬겨 이부상서(吏部尚書)가 되었다. 당시 오나라의 손호(孫皓)가 무도하기 이를 데 없어 이를 정벌해야 한다는 말들이 나왔다. 이때 산도는 무제에게 '성인이 아닌 바에는 겉으로 편안하면 반드시 안으로 근심이 있다 합니다. 안과 겉이 다 편안할 수는 없습니다. 그러므로 이때에 오나라를 치는 것을 그만 두고, 안으로 나라 안 백성들의 인심을 모아 단결토록 하는 것이 상책일 것입니다.' 그러나 무제는 듣지 않고 오나라를 정벌하여 겉의 우환은 없어졌으나, 다음 대의 혜제(惠帝)가 신하에게 자리를 뺏겨 서진(西晉)은 망하고 말았다."

무도한 짓을 하면 천벌을 받는다

춘추시대 오나라 왕 부차의 신하로서 월나라 왕 구천을 쳐서 선왕 합려(闔廬)의 원수를 갚게 한 오자서는 원래 초나라 사람이었다. 그런데 그의 아버지와 그의 형이 다른 사람의 참소로 말미암아 초나라 평왕(平王)에게 죽게 되자, 자서는 초나라에 대한 원한이 사무쳐 있었다. 그래서 원수를 갚기 위해 초나라를 빠져나와 오나라에 왔던 것이다.

기회는 왔다. 오왕 합려는 대군을 몰아 초나라로 치달아 삽시간에 초나라의 서울을 떨어뜨렸다. 오자서는 평왕의 무덤을 파 헤치고 그 주검을 매질을 했다. 원수를 갚은 셈이다.

그런데 그때 초나라의 재상 신포서(申包胥)가 나타났다. 전날 오자서가 초나라에서 도망쳐 나올 때,

"내 꼭 나라를 엎어뜨리고야 말테다."

라고 맹세했을 때,

"그러면 내 꼭 초나라를 지키겠다."

라고 허물없이 말을 주고 받았던 두 사람이었다.

그 신포서가 오자서에게,

"그대는 원수를 갚는 것은 갚더라도 너무 심하지 않은가? 무모한 짓을 하면 천벌을 받을 것일세."

라고 말했다.

오자서는, 이렇게 말했다.

"내 늙어 가는 몸 날은 저물고 길은 멀어 서두르는 마음에 무모한 짓을 했네."

신포서는 진나라로 달려 가서 구원을 청했다. 그러나 진나라는 청을 들어 주려 하지 않았다. 신포서는 궁궐 앞 뜰에서 서서 이레 낮과 이레 밤을 울며 애걸했다. 진나라 애공(哀公)이 신포서의 정성에 감복하여 구원군을 내 주었다.

- 〈사기〉에서

문(門) 백개 중에 문(門) 하나를 닫다

묵자(墨子)가 병이 났다. 질비(跌鼻)라고 하는 제자가 병 문안을 가서 묵자에게 물었다.

"선생님은 귀신과도 통하시지 않습니까? 귀신은 사람에게 복과 화를 주기도 하고, 착한 사람은 벌 준다고 합니다. 선생님은 성인이신

데 어째서 병 같은 것에 걸리셨습니까? 선생님의 말씀에 옳지 않은 데가 있어서입니까, 그렇지 않으면 귀신이 선생님을 잘 몰라서 그렇습니까?"

묵자 대답하기를,

"설사 내가 병에 걸렸다 할지라도 귀신이야 어찌 졸지에 어두워졌을 리가 있느냐? 사람에게 병이 나는 것은 여러 가지 원인이 있다. 사람은 할 일이 많다. 사람이 귀신을 섬기는 일은 그 많은 할 일 중에 하나에 지나지 않는다. 다시 말하면, 문이 백 개가 있는데 그 중에 문 하나를 닫았다고 해도 열려 있는 문이 아흔 아홉이나 된다. 그러니 도둑이 들어가려면 얼마든지 들어갈 수 있는 것이다. 병이라는 것도 백 개의 문 중에 한 문이니까……."

– 〈묵자(墨子)〉에서

바둑이나 장기를 두는 것도 아무 것도 안하는 것보다는 낫다

공자도 밤낮 제자들에게 인(仁)이다, 예(禮)다 하고 딱딱한 것만을 일러 주지는 않았다. 때로는 취미 같은 것을 가져 보도록 권한 적도 있다. 공자의 제자는 3천 명이나 되었다니 그 중에는 게으른 사람도 없지 않았던 모양이다.

공자는 어느 날 이들 게으름뱅이 제자들에게 이런 말을 했다.

"하루 온종일 밥만 먹고 우두커니 앉아 있어서는 못쓴다. 바둑이나 장기 같은 놀음이라도 해라. 그것도 놀음이긴 하지만, 아무것도 하지 않는 것보다는 나으리라."

197

공자가 이같은 말을 했다는 것은 신기할 정도다.

공자는,

"소인은 한가하면 나쁜 짓을 하게 된다."

는 말을 했었다. 그러니까 나쁜 짓을 하지 않기 위해서 바둑이나 장기라도 두라고 했을 것이다. 그러나 공자는 군자에 대해서는 바둑도 장기도 삼가야 한다고 말했다. 어느 때 노나라 애공이 공자에게 물었다.

"군자는 바둑이나 장기도 두지 않는다는 게 정말인가?"

"정말입니다."

"왜 그런가?"

"해야 할 일이 있기 때문입니다."

"해야 할 일이 있다고 바둑이나 장기를 못할 것은 무엇인가?"

"사람이 나쁜 일을 하는 것을 말리기 위해서입니다."

애공은 한참 동안 말이 없다가 다시 물었다.

"군자라는 사람들은 그처럼 나쁜 일을 미워하는가?"

"나쁜 일에 대해 미워하는 마음이 없으면 착한 일에 대해서도 좋아할 줄을 모릅니다."

애공은 더 묻지 않았다.

공자는 게으른 것을 퍽 싫어했다. 게으르면 온갖 나쁜 일을 저지르게 되기 때문이다. 어느 때 재자(宰子)라는 제자가 낮에 집에서 아무것도 하지 않고 빈들빈들 놀고 있는 것을 공자가 보았다.

"나무를 가지고서는 조각을 할 수 없다. 더러운 흙으로 담을 쌓으면 깨끗할 수가 없다. 그러니 이제 너와 같은 놈을 나무래서 무얼하겠는가."

공자가 제자를 이처럼 혹독하게 꾸짖은 것은 드물게 보는 일이다.

―〈설원〉, 〈논어〉에서

부당한 예(禮)와 공 없이 받은 상(賞)은 화근의 실마리다

진나라의 지백(智伯)이 위나라를 칠 생각이 있었다. 지백은 위나라가 마음을 놓게 하기 위해 좋은 말과 구슬을 보냈다. 위군(衛君)은 대단히 기뻐서 여러 대부들과 연회를 열고 기쁨을 나누었다.

대부들은 모두 위군과 같이 기뻐하는데, 남문자(南文子)라는 대부 한 사람이 기쁜 낯이 아니다. 위군은 남문자를 돌아보며 물었다.

"진나라 같이 큰 나라에서 우리 같이 작은 나라에 예를 갖추어 선물을 보냈으니, 이런 기쁜 일이 또 어디 있겠느냐. 그래서 모두들 기뻐하는 자리에 그대만이 어찌해서 기뻐하지를 않는가?"

"부당한 예와 공 없이 받는 상은 화근의 실마리라는 말이 있습니다. 이쪽에서 아무 것도 예를 받을 만한 일을 하지 않았는데, 저쪽에서 그런 것을 보내 왔습니다. 진나라에는 지백과 같은 머리 좋은 사람이 있습니다. 대체 무슨 속이 있어서 이런 일을 했는지 알 수가 없습니다."

위군도 그때서야 알아챘다. 그래서 서둘러 싸울 차비를 갖추었다. 지백은 위군이 눈치챈 것을 알고 위나라를 치려던 일을 멈추었다. 그러나 위나라를 칠 생각을 영영 버린 것은 아니었다.

얼마가 지난 뒤 이번에는 거짓 태자 안(顏)을 위나라에 망명시켰다. 남문자는,

"태자 안은 지백이 대단히 사랑하는 태자라고 듣고 있습니다. 그 태자가 아무 죄도 없이 망명을 왔다는 것은 아무래도 의심스럽습니다. 무언가 계교가 있는 것 같습니다. 그러나 모처럼 망명온 것을 받지 않을 수도 없습니다."

하고 남문자는 아랫사람에게 일렀다.

"만약 진나라 태자가 수레를 다섯 채 이상 끌고 오거든 들여 보내지 말라."

지백은 이 소문을 듣고,

"위나라에는 대단히 머리가 좋은 사람이 있구나."

하고 위나라를 칠 생각을 버렸다고 한다.

- 〈설원〉에서

분한 말을 안 들으려면 언짢은 말을 입 밖에 내지 말라

악정(樂正) 자춘(子春)이란 사람이 어느 날 댓돌에서 내려오다가 발을 잘못 디뎌 다리를 삐었다. 그래서 몇 달 동안을 출입을 못하고 집 안에 누워 있었다.

하루는 제자 중의 한 사람이 병 문안을 갔다가 스승의 초췌한 안색을 보고 걱정이 되어 물었다.

"선생님의 상처는 다 나으셨을 텐데, 아직도 문 밖엘 나오지 않으시고 안색도 좋지 않으시니 무슨 까닭입니까?"

"그 참 좋은 질문일세. 나는 전에 증자(曾子)에게서 그의 스승 공자의 말씀이라고 듣기를, 이 세상에는 사람보다 더 위대한 것이 없다네. 그런데 사람은 부모에게서 태어난 것이지. 몸뚱이와 살갗과 머리털 하나까지가 모두 부모에게 받은 것이라네. 부모에게서 받은 몸을 온전하게 간수했다가 하늘에 도로 바치는 것이 효(孝)인 것이지. 군자는 잠시도 이 효를 잊어서는 안 된다네. 내가 다리를 다쳐 부모에게서 받은 사지육신을 성하게 간직하지 못했으니, 효도를 잊은 것이지. 그래서 내 마음이 괴로운 것일세."

사람은 부모가 주신 이 몸을 조금이라도 상해서는 안 된다. 걸을 때나 앉을 때나 남과 말을 주고 받을 때나, 언제나 부모에게 효도를 해야 한다는 것을 잊어서는 안 된다.

남과 얘기할 때도 부모의 뜻을 잊지 않고 있으면 남에게 언짢은 말을 하지 않게 된다. 남에게 언짢은 말을 안 하면 그 사람이 성난 소리로 내게 대들 턱도 없다. 그렇게 되면 분한 일을 당하지도 않고 내 몸에 욕이 돌아올 까닭도 없을 테니, 그것이 곧 효도가 되는 것이다.

– 〈예기〉에서

뻣뻣한 자여, 물러가라

후한(後漢) 광무제에게 호양공주(湖陽公主)라는 과부 처제가 있었다. 공주는 대사공(大司空) 송홍(宋弘)을 좋아했다. 공주는 광무제에게 송홍의 의향을 알아 봐 달라고 부탁했다.

광무제는 송홍을 불러,

"사람이 돈이 생기면 사귀던 친구를 바꾸고, 지체가 높아지면 아내를 가는 것이 인정이 아니겠는가?"

라고 떠 보았다.

그랬더니 송홍은,

"그것은 옳지 않을 일이올시다. 가난했던 시절의 친구를 잊어서는 안 되며, 고생하던 아내(糟糠之妻)를 마루 아래로 내려가게(不下堂) 해서는 안 됩니다. 그것이 사람으로서 정당한 일입니다."

라고 대답했다.

송홍이 물러간 후 광무제는 호양공주를 돌아보며 고개를 옆으로 저었다.

"안 되겠소. 단념하시오."

광무제는 홀로 사는 처제를 퍽 가엾게 여겨서 동정도 하고 위로도 해 주었다.

어느 날, 공주의 종이 밖에 나가서 사람을 죽이고 공주의 집에 숨어 있었다. 포도청의 나졸들이 그 사나이를 잡으려고 쫓아왔으나, 왕의 처제의 집이라 어디라고 감히 들어갈 수가 있었겠는가.

이 소리를 들은 낙양(洛陽)의 장관 동선(董宣)은 공주가 외출할 때 공주의 옆에 모시고 있던 범인을 잡아 끌어내어 그 자리에서 처참을 했다. 공주는 곧 광무제에게 이 일을 일렀다.

이야기를 들은 광무제는 불같이 노해 곧 동선을 잡아다 처형을 하도록 명했다. 그러나 잡혀온 동선은 당당했다.

"그 종의 죄는 명백합니다. 죄인을 보고도 용서해 준다면 어찌 천하에 법을 시행할 수가 있습니까? 그러나 공주 앞에 무례했음은 잘 알고 있습니다. 그러므로 죄를 받기 전에 제 스스로 죽어서 사죄를 드리겠습니다."

그렇게 말한 동선은 대궐 기둥에 머리를 들이 받았다.

광무제는 동선의 말이 이치에 옳으며, 자기가 너무 옹졸했다는 생각이 들었다. 그러나 공주가 있는 앞에서 동선을 그대로 풀어 줄 수도 없고 해서, 공주에게 사과를 하도록 하고 일을 마무리 하려고 했다.

광무제는 옆에 있는 신하를 시켜 동선을 말리게 하고,

"공주에게 머리를 숙여 사죄를 하라."

고 했다. 그러나 동선은 뻣뻣이 서서 끄덕도 안 했다. 다른 신하가 동선의 머리를 잡고 숙이려 했다. 그러자 동선은 두 손으로 팔장을 끼고 서서 뻘건 피가 이마에서 줄줄 흘러내리는 얼굴이 시뻘겋게 상기가 되어 가지고 머리를 굽히지 않으려고 버텼다.

광무제도 고개를 내 저었다.

"뻣뻣한 자여, 물러가라!"

광무제는 동선을 내보내고 나서 돈 30만 냥을 주어 그 강직하고 절조 있음을 칭찬했다.(원글에는 '강항령(强項令)이여, 물러가라'고 되어 있다. 강항령은 강직하여 굽히지 않는 관리나 인물을 가리키는 말이다.)

동선과 같은 관리는 아니었지만, 광무제에게 절을 하지 않은 현자(賢子)가 또 한 사람 있었다. 이 사람의 이름은 주당(周黨)이라는 사람이다.

하루는 광무제가 주당을 불렀다. 그런데 주당은 궁궐 안에 들어와 왕에게 배알을 하지 않았다. 왕을 모시고 있던 시신이 무엄함을 꾸짖었다.

그러나 광무제는,

"옛부터 명군 성왕 밑에 반드시 복종치 않는 선비가 있는 법이라고 했다. 그만두어라."

하고 말하고는, 오히려 비단과 피륙을 주당에게 내렸다.

– 〈후한서〉에서

사람이 죽을 때 그 말은 착하다

공자의 제자 증자(曾子)가 병이 났는데, 나라 대부 맹경자(孟敬子)가 문병을 갔다. 증자가 말했다.

"죽음이 가까웠을 때 새의 우는 소리는 슬프게 들리고, 사람은 본심으로 돌아오게 되어 말씨가 착해진다고 하오. 나도 더 살지 못할 것이니, 내 말을 귀담아 들으시오."

맹경자라는 사람은 조그만 일에 너무 신경을 쓰다가 큰 일을 그르치길 잘 하는 그런 사람이었기 때문에 증자는 이러한 머리말을 먼저 해 놓고 훈계를 시작하려는 것이었다.

증자의 말은 계속되었다.

"군자가 배울 것은 세 가지가 있소. 첫째는 태도를 항상 조용히 공손하게 갖고, 거만하거나 거칠은 기색을 짓지 않을 것이며, 둘째는 군자의 낯빛은 언제나 바르게 그리고 믿음직할 것이며, 셋째 군자의 말은 언제나 도리에 맞고 적어도 비루해서는 안 되오. 이 세 가지 점에 유의하면 군자로서 충분하고, 그 밖에 손을 대하는 예절이라든가 제사의 절차 같은 것은 그 일을 맡아 보는 사람에게 맡기면 되는 것이오."

– 〈논어〉에서

산속의 도둑은 잡기 쉬워도, 마음 속의 도둑은 잡기 어렵다

산속에 있는 적을 물리치기는 쉬워도, 마음 속에 있는 적 – 사심이

나 악한 마음 - 을 버리기는 쉽지 않다. 마음의 수양이 어렵다는 것을 빗대어 말한 왕양명(王陽明)의 말이다.

왕양명은 명나라 때의 학자다. 그는 무종(武宗)을 섬겨 도찰원 우첨도어사(都察院右僉都御史)가 되어 강서(江西) 지방과 복건(福建) 지방에 흩어져 있는 도둑의 무리를 토벌하러 나섰다. 관군(官軍)은 용남(龍南)에 도착하여 이튿날 소(巢)라는 곳으로 쳐 나가기로 작정이 되어 있었다.

왕양명은 먼저 횡수(橫水)라는 곳에 미리 와 있었다. 왕양명은 거기서 사덕(仕德)이라는 사람에게 다음과 같은 서신을 써 보냈다.

"산속의 도둑은 깨뜨리기 쉬워도, 마음 속의 적은 깨뜨리기 어렵다고 합니다. 쥐새끼 같은 산 도둑들을 토벌하기는 조금도 힘들 것이 없습니다. 만약 여러 사람들이 마음 속에 있는 원수를 깨끗이 씻어 버릴 수 있다면 그야말로 대장부가 될 수 있을 것입니다. 그리고 이제까지 누구도 하지 못한 위대한 일이라고 할 수 있을 것입니다."

왕양명은 처음에 주자학(朱子學)을 공부하다가, 나중에는 주자학과 대립되는 학문을 세웠다. 그의 학문의 근본 이념은 마음이 곧 이(理)라는 것이다.

－〈양명전서(陽明全書)〉에서

삼군(三軍)의 장수는 빼앗을 수 있어도, 필부(匹夫)의 마음은 빼앗을 수 없다

삼군은(일군이 만 2천5백 명이라고 하니 삼군은 3만7천5백 명이 된다. 그러나 여기서 삼군이란 많은 군사를 말한다.) 큰 병력이다. 그러나 이렇게 군사가 많아도 서로 마음이 합심이 되어 있지 않을 때엔 그 장수를 빼앗을 수도 있다.

필부는 지체가 낮은 사람이다. 따라서 그 힘은 미약하다. 필부의 몸을 빼앗기는 쉽다. 그러나 그에게 굳은 마음이 있다면 그 마음을 빼앗을 수는 없다. 생각하는 자유, 그것은 누구도 속박할 수가 없다는 말이다.

필부도 그러하거늘, 군자나 사대부야 더 말할 것이 없다. 공자가 살아 있을 당시는 전국시대였다. 공자 자신이 절개를 굽혀 어디고 붙으려고만 했다면 '상갓집 개'처럼 방랑을 하지 않아도 되었을 것이다. 그러나 공자는 어디까지나 선왕의 도(道)를 이 세상에 펴려는 큰 뜻을 가지고 있었던 것이다.

"필부도 그 뜻을 빼앗을 수는 없다. 나는 필부가 아니다. 군자다. 누가 내 뜻을 빼앗을 수 있단 말이냐."

공자는 늘 마음 속으로 이렇게 외쳤을 것이다.

그래서 자기의 뜻을 펼 수 있는 영특한 임금을 찾아 천하를 두루 헤매었던 것이다.

- 〈논어〉에서

세 번 승진에 더욱 공손해지다

공자의 선조는 송나라 사람이다. 공자의 조상 가운데 정고부(正考父)라는 사람이 있는데, 이 사람은 송나라의 대신이었다. 정고부는 처음에 선비로 임명되었다가 두번째에는 대부가 되고, 세번째에는 대신이 되었다. 지체가 이렇게 올라갈수록 정고부는 점점 더 겸손했었다고 한다.

세 번 승진에 대신까지 되기도 어려운 일이지만, 그럴수록 공손해지기란 더 어려운 일이다. 그래서 후세에 정고부를 성인이라고 불렀던 사람도 있다.

이 정고부가 쓰던 솥에 다음과 같이 새겨져 있다고 한다.

"나는 시초에 선비로 임명되었다. 그래서 조금 허리를 굽히고 공손한 태도를 가졌다. 그 다음에 대부로 임명되었다. 그 때는 더욱 허리를 굽혀 공손해졌다. 끝으로 세번째는 대신으로 임명되었다. 한층 더 허리를 굽혀 누구에게든 공손하게 몸을 가졌다. 밖에 나가 다닐 때는 길가 한쪽으로 걸어 다니고 길 복판을 갈지자(之) 걸음으로 걸어 보지를 않았다. 백 가지 일을 이렇게 했어도 누가 나를 업수이 여겨 보는 이는 없었다. 나의 식사는 극히 간소했다. 이 솥에 죽을 끓여 그것으로 입에 풀칠을 하면 그만이었다. 그 이상 더 바랄 것이 없었던 것이다."

성인의 후예에 반드시 성인이 난다고 한다. 공자도 그 선조에 이런 사람이 있어서 성인이 되었는지 모른다.

노나라의 대부 계이자는 그의 아들 의자(懿子)에게 죽을 때 다음과 같은 유언을 했더라고 한다.

"공자는 나이 많지 않으나 예의를 알고, 현자(賢者)의 골상이다. 그러니 내 죽은 뒤에는 공자를 스승으로 하여라."

의자는 아버지의 유언대로 공자에게서 예를 배웠다.

– 〈사기〉에서

세상에 금하는 일이 많으면 백성은 점점 가난하다

세상에 법률로써 금하는 일이 많고 보면, 백성은 이것도 해서는 안 된다. 저것도 하면 벌을 받는다는 생각 때문에 적극적으로 무엇을 해 보려는 마음이 움츠러들어 점점 가난해진다는 말이다.

또 백성들이 아는 것이 많으면 각자가 제 주장이 옳다고 우기는 통에 나라는 점점 혼란스러워지고, 사람들의 손재주가 많으면 이것 저것 기이한 것들이 많이 생겨나고, 법령이 엄하면 엄할수록 자유롭게 되기를 바라서 도적이 많아진다.

그러므로 성인은 스스로는 아무것도 하지 않으면서 백성들이 자연 좋은 일을 하게 되고, 스스로는 조용함을 즐기면서 백성들이 자연 바른 마음을 갖게 되고, 스스로는 무사하면서 백성들은 자연 잘 살게 되고, 스스로는 욕심이 없으면서 백성들은 자연 순박하게 된다.

- 〈노자〉에서

소인은 귀로 들은 것을 입으로 말할 뿐이다

군자가 학문을 하는 것은 귀로 들으면 그것이 곧 마음으로 전해져서 몸에 붙게 되어 인격을 높이고 그것이 행동으로 나타난다. 그런데 소인들은 귀로 들어오면 그것을 곧 입 밖으로 내보낸다. 다시 말하면, 조금 아는 것이 있으면 그것을 다른 사람에게 얘기해 버리기 때문에 조금도 자기의 마음이나 인격에 도움이 되지를 않는다.

귀와 입은 사촌 간이다. 귀에서 입으로 사촌 사이에서 뱅뱅 돌다가 만다는 것이다.

"옛날 글을 하는 사람들은 자기의 몸을 닦고 덕을 기르기 위해서 글을 했다. 그런데 지금 글하는 이들은 배운 것을 다른 사람에게 가르쳐 주고 그 값을 받아 그것으로 생활을 하려 한다. 군자는 자신의 수양을 위해서 글을 하고, 소인은 쌀 살 돈을 벌기 위해서 한다. 그렇기 때문에 소인은 묻지 않는 것까지 가르쳐 준다. 이것은 수선이다. 하나를 묻는데 둘을 가르쳐 주는 것은 수다다. 수선한 것도 수다스러운 것도 다 못 쓴다. 군자는 하나를 물어 오면 거기에만 해당되는 한 가지 대답을 해 줄 뿐이다."

이것은 순자(荀子)의 말이다.

이 말을 뒤집어 보면 예나 지금이나 학문을 자기 수양으로 하는 사람보다는 출세와 돈을 벌기 위해 하는 사람이 많은 것을 알 수 있다.

술을 마시는 것은 즐거움이 위주다

〈장자〉에 이런 대목이 있다.

공자가 어느 때 어떤 사람에게 아주 심각하게 묻기를,

"참(眞)이란 대체 어떤 것입니까?"

"참이란 지성을 말하는 것입니다."

대답은 간단하고 명료하다.

"정성이 없으면 사람을 움직이게 할 수가 없습니다. 그러니까 슬프지도 않은데 억지로 눈물을 짜가며 소리를 내서 울어도 듣는 사람에게 그 우는 소리가 슬프게 들리지를 않습니다. 억지로 노한 척 해도 그렇고, 억지로 가까운 척, 친절한 척 해도 상대는 조금도 무서워하거나 친숙해지지를 않는 것입니다. 정말 슬플 때는 소리를 내어 울지 않아도 슬프고, 정말 노했을 때는 큰 소리를 치지 않아도 보는 사람이 무서워하는 것입니다. 정말 친절한 것은 웃는 얼굴을 짓기 전에 벌써 가까워질 수가 있습니다. 모든 것이 참되면 그것이 밖으로 나타나게 마련입니다. 그래서 참되다는 것은 가장 귀중한 것입니다. 이것을 인륜(人倫)에다 맞춰 보면 어버이에게 효도가 되고, 임금에게는 충성이 되고, 술을 마실 땐 즐거움이 되고, 상제가 되면 슬픔이 되는 것입니다. 충성은 공을 세우는 것이 위주요, 술을 마시는 것은 즐거움이 위주요, 어버이를 모시는 것은 어버이의 뜻을 따르는 것이 위주입니다. 공을 세우려면 그 방법이 여러 가지 있겠습니다마는, 그 방법이 문제가 아닙니다. 그와 같이 어버이를 모시는 데도 어버이의 뜻에 맞는 그 자체가 중요한 것이지 방법을 가지고 따질 것이 못 됩니다. 술을 마시는 데도 즐겁게 마시자는 것이 목적이지 그릇 같은 것은 문제가 안 됩니다. 부모의 상을 입는 것도 애통한 정, 그것이 주이지 의식 같은 것에 마음을 쓸 필요는 없는 것입니다. 예의 같은 것은 속인들이 따지는 일입니다. 참된 사람은 하늘의 뜻을 알아서 자연 그대로를 좇을 뿐입니다. 생각하는 대로 마음내키는 대로 행동하면 되는 것입니다. 그러나 어리석은 사람들은 하늘의 뜻을 알 수 없어서 세속적인 것, 예의나 격식 같은 것에 몹시 마음을 쓰게 되는 것입니다. 당신도 길을 잘못 들었습니다."

라고 대답하더라고 한다. 대체 그 사람은 누구였을까?

술잔 한 번 들었거든 3백 잔을 채우라

　이태백(李太白)은 당나라 때 시인으로 중국 뿐 아니라, 동양의 시를 애기할 때면 이태백을 최고로 들지 않을 수 없다. 그의 시는 자연이나 인생에 대해서 소박한 감동을 그대로 나타냈다. 그래서 읽는 이에게 공감을 불러 일으키게 한다.
　지금까지도 사람들이 즐겨 부르는 이태백의 시가 많다.
　이태백이 시를 좋아하고 또 술을 잘 마셨던 것은 누구나 잘 알고 있다. 다음의 시는 술을 권하는 이태백의 시다.

그대 모르는가, 황하의 물,
하늘로부터 와서 바다로 들어가면
다시 또 돌아오지 못하는 것을.

그대 모르는가. 거울에 비치는 백발,
아침에 삼단 같던 머리채
해 기울 무렵엔 흰 눈이 덮였네.

인생 때를 만나서,
한껏 마시며 즐겨 보리.
달 밤에 금잔을 헛되게 말라.

하늘이 나에게 재물을 주었을 땐
반드시 쓸 데가 있었으리.
천금을 다 쓰고 나면 또 다시 생길 것을.

양도 잡고 소도 잡고,

마음껏 마셔 보세.

술잔 한 잔 들었거든 3백 잔을 채우라.

이태백이 술에 취했을 때는 안중(眼中)에 천하도 없고, 나라도 없었다. 하물며 출세 같은 것은 생각할 수도 없다.

이태백의 시 중에는 술에 관한 시가 많다. 다음은 '산속에서 한가로운 사람과 술잔을 나누는 시'다.

그대와 내가 만나자,

산 꽃들도 반가워 피네.

한 잔 한 잔 또 한 잔에,

해지는 줄 모르네.

나는 이미 취해서,

풀밭에 한숨 자려고 하니,

그대는 마음대로 갔다가,

내일 아침에 거문고나 안고 오게.

이태백의 탁 트인 심경이 여실히 나타나 보인다.

스스로 돌아봐서 옳은 일이면, 천만 명이라도 내 두려울 것이 없다

맹자가 제나라에서 설교를 할 때 공손축(公孫丑)이라고 하는 제나라 사람이 제자로 들어왔다. 공손축이 하루는 맹자에게,

"선생님이 제나라의 대신이 되시어 선생님이 생각하시는 일을 정작 실현코자 하신다면 아무리 선생님이시더라도 책임을 느끼시고 조금은 망설이거나 두려워하실 것입니다."

라고 물었다. 이처럼 공손축이란 사람은 선생 앞에서 곧잘 이런 말을 물을 수 있는 솔직하고도 단순한 사람이었다. 맹자는 공손축의 그런 점을 또 매우 좋아했다.

맹자는 웃으며 대답했다.

"아니, 내 나이 사십이 지나니까 무슨 일에 망설이거나 두려워 하지를 않게 되었다. 신념이 생긴 거야."

"그럼 선생님은 옛적의 장수 맹분(孟賁) 보다도 더 용기가 있으시단 말입니까?"

"아니, 신념이란 그렇게 어려운 일이 아냐."

"어떻게 하면 그 신념을 터득할 수가 있습니까?"

"너도 잘 아는 제나라 장수를 보기로 들어 얘기하마. 저 북궁유가 용기를 길렀던 방법은 눈을 찔러도 깜빡거리지 않고, 머리털 한 오라기만한 조그만 수치라도 수모를 받으면 만인이 모인 가운데서 매를 맞은 것 같이 부끄럽게 여기고, 또 천자를 보기를 여느 농부 한 사람을 보는 것 같이 가볍게 보았다. 그리고 욕을 들으면 반드시 보복을 하는 그런 마음을 길렀던 것이다. 또 맹시사(孟施舍)라는 장수는 싸움에 이기고 지는 것을 안중(眼中)에 두지 않았다. 그러니까 두렵다는 생각이 들지 않았다. 옛날 공자의 제자되는 증자가 그의 제자인

213

자양(子襄)에게 가르치기를 너는 용맹을 좋아하는가? 나는 전의 선생님인 공자에게서 대용(大勇), 크게 용맹한 것에 대해서 배운 적이 있다. 공자는 말씀하시기를, '스스로 돌아 봐서 옳지 못하면 비록 보잘 것 없는 인간일지라도 내 두려웁지 않을 수 없고, 스스로 돌아봐서 옳은 일이면 천만 명이라고 해도 두려울 것이 없다'고 하셨다. 즉, 큰 용기라고 하는 것은 자기의 마음을 언제나 바르게 가지고 자기 자신을 믿는 것이다. 이것이 신념인 것이다."

– 〈맹자〉에서

아는 것은 좋아하는 것만 못하고, 좋아하는 것은 즐기느니만 못하다

〈논어〉에 보면,

"이를 아는 자는 이를 좋아하는 이만 같지 못하고, 이를 좋아하는 자는 이를 즐기는 이만 같지 못하다.(知之者不如之者, 好之者不如樂之者)"

하였다.

여기서 '이것'은 도(道)를 가리키는 말임에 틀림없다. 그러나 이것을 꼭 어렵게만 생각할 필요는 없다. 독서나 스포츠 그 밖에 어떠한 취미 같은 것도 마찬가지이다. 다만 이런 것들을 안다, 좋아한다, 즐긴다의 세 단계로 나눠서 생각하면 된다. 그러면 공자가 말하려는 뜻을 잘 알게 될 것이다.

'안다', '좋아한다'의 단계에서는 나와 그것이 따로 떨어져서 상대가 된다. 그러나 즐기게 되면 그것 속에 자기가 들어가 버리게 되는 것이다. 나와 그것이 따로따로가 아니다.

온갖 일에서 즐거운 경지에 이르면 괴로운 것도 근심도 걱정도 다 잊게 된다. 공자의 말년의 심경은 바로 그런 것이었다.

"즐기면 근심을 잊는다."

공자의 말이었다.

아는 것은 안다 하고 모르는 것은 모른다 하는 것이 그것이 아는 것이다

공자의 제자 중에 자로(子路)라는 자가 있었다. 자로는 무예를 좋아하고 성질도 괄괄했다. 의심쩍은 일이나 귀찮은 일을 당하면 깊이 생각해 보려 하지도 않고, 귀찮은 일은 그대로 내버려 둔 채 자기는 다 알고 있는 척하는 버릇이 있었다. 공자는 언제고 주의를 한 번 주어야겠다고 마음 먹었다.

하루는 자로를 앞으로 불렀다.

"유(由)야. ─ 유는 자로의 이름 ─ 너에게 안다는 것이 무엇인가를 가르쳐 주마. 아는 것을 안다 하기는 쉬우나 모르는 것을 솔직히 모른다고 하기는 어려운 것이다. 사람마다 모른다고 하기는 싫기 때문이다. 그러니까 안다는 것은 아는 것은 안다 하고, 모르는 것은 모른다 하는 그것이 아는 것이야."

─ 〈논어〉에서

어진 이는 근심하지 않고, 슬기로운 이는 미혹하지 않고, 용감한 이는 무서워하지 않는다

공자는 군자에게 세 길이 있다고 했다. 즉, 어질고 슬기롭고 용감해야 할 것이다. 어질면 사리사욕이 없기 때문에 자연과 더불어 있게 되어 가난하다거나 환난이 닥친다 해도 근심하지를 않는다. 슬기로우면 물정에 대한 이해가 깊기 때문에 장래를 내다볼 수 있고, 옳고 그른 것을 판단할 수가 있어서 이럴까 저럴까 미혹하는 법이 없다. 여기다 다시 용감할 수 있으면 아무것도 무섭고 두려울 것이 없다는 것이다.

이 세 가지를 갖추게 되면 군자로서 이상적이다. 그러나 공자 자신 '나도 그렇지 못하다'고 말한 것을 보면 역시 말로는 쉬워도 행하기는 어려운 것인가 보다.

- 〈논어〉에서

열 눈이 보는 곳, 열 손가락이 가리키는 곳

여러 사람들이 생각하고 판단해서 옳다든가 그르다든가 하는 것이 일치하면 그것은 틀림이 없다. 그래서 여러 사람이 보는 눈과 여러 사람이 가리키는 손가락은 엄격한 것이다.

군자가 혼자 있을 때에도 늘 몸가짐에 조심하고 태도를 삼가는 것은 바로 이 여러 사람의 눈과 손가락이 두렵기 때문이다.

〈대학〉에 '그 뜻을 참되이 하라'는 대목이 있다. 뜻을 참되이 한다는 것은 자기를 속여서는 안 된다는 말이다. 다시 말하면, 고약한 냄새를 싫어하는 것이나 아름다운 빛깔을 좋아하는 따위는 자기 자신에 솔직하고 충실하기 때문이다. 자기 자신에 솔직하면 제게 아무것도 없는 듯이 제 몸을 낮추게도 된다. 군자는 반드시 홀로 있어도 삼갈 줄을 알며, 소인은 한가로우면 나쁜 짓을 한다. 소인들은 자기 자신이 솔직하지 않아서 자기의 결점을 감추려고만 한다. 그리고 자기가 장한 듯이 뽐내려고 한다.

그러나 사람들의 눈은 그러한 소인들의 마음 속까지도 뚫고 들여다보는 것이다. 아무리 결점을 감추려고 해도 그것은 소용없는 짓이며, 자기 자신에게 조금도 이로울 것이 없다. 진정 내 마음 속에 거짓이 없고 보면 그것은 자연 밖으로 나타나게 마련이다.

증자가 '열 눈이 보는 곳, 열 손가락이 가리키는 곳, 그것은 엄격하다'고 말한 뜻도 이만하면 알 것도 같다.

'재물은 집을 윤택하게 하고, 덕은 몸을 윤택하게 한다'고 한다. 마음만 참되면 마음도 몸도 편안할 수 있을 것이다.

왼쪽으로 가고 싶으면 왼쪽으로 가고, 바른쪽으로 가고 싶으면 바른쪽으로 가라

하(夏)나라 마지막 임금은 걸(桀)이다. 걸은 포악하고 무도하여 천하의 인심이 걸을 외면하기 시작했다.

그럴 즈음, 걸과는 반대로 인심이 쏠렸던 사람은 은(殷)나라 탕왕(湯王)이다. 은나라는 융성해 갔고, 탕왕은 왕자의 실력을 쌓아 갔다.

217

하나라 백성들은 탕왕이 있는 호(亳)라는 곳으로 가기를 원했다.

탕왕은 어느 날 몇몇 가까운 신하들을 데리고 교외로 나갔다. 하늘은 드높고 들판은 푸르렀다. 이따금 불어 오는 바람은 가슴까지 시원한 것 같았다. 탕왕은 사방을 둘러보다가 문득 한 사나이의 모습에 눈길을 멎었다. 사나이는 높은 장대를 가운데 세우고 넓다란 그물을 그 위에 펼쳐 놓고,

"하늘에서 떨어지는 새와 땅에서 올라오는 새와 그리고 사방에서 날아오는 새는 모두 이 그물에 걸리게 해 주소서."

하고 빌고 있었다.

탕왕은 그것을 보고,

"저런 식으로 새 사냥을 하게 되면 얼마 안 가서 새란 새는 씨도 없게 될 것이다."

하며 그 그물의 세 귀를 풀어 놓았다. 그리고 이렇게 말했다.

"왼쪽으로 가고 싶으면 왼쪽으로 가고, 바른쪽으로 가고 싶으면 바른쪽으로 가고, 내 말을 듣지 않는 놈은 이 그물에 걸리게 해 주십시오."

이 얘기는 제후들 사이에 전해 퍼졌다.

"아아, 탕왕의 덕은 이제 극치에 이르렀도다. 사람에게 뿐 아니라 짐승에게까지 덕이 미치고 있으니……"

제후들은 모두 탕왕에게 심복했다. 탕왕은 그 뒤 이들 제후를 거느리고 걸을 쳐서 하나라를 없애고 은나라를 세웠다.

이 얘기에서 '탕망(湯網)'이란 말이 생겼다. 탕왕의 그물이란 뜻으로, 죄인을 관대하게 용서해 준다는 말이다.

- 〈사기〉에서

윗사람이 좋아하면, 아랫사람은 더 한다

  등(藤)나라 문공(文公)이 아직 태자였을 때, 초나라에 사절로 가는 길에 송나라에 들른 일이 있었다. 그 때 송나라에서 맹자를 만났다.

  문공은 맹자에게서,

  "사람은 날 때 착한 성품을 타고 난다.(성선설)"

는 말을 듣고 큰 감명을 받은 성 싶다.

  그래서 그 뒤 아버지인 정공(定公)이 죽었을 때 연우(然友)라는 신하를 시켜 맹자를 찾아보고 초종범절에 대해 알아보고 오도록 했다. 맹자는 그때 추(鄒)라는 곳에 있었는데, 연우가 찾아온 뜻을 말하자 맹자도 마음이 흡족해서 다음과 같이 일러 주었다.

  "어버이가 돌아가셨을 때는 자식으로서 애통한 뜻을 다 할 것이며, 모시고 있다 돌아가시면 장사 지내고, 그리고 해마다 제사 지내는 일을 예(禮)로써 하라고 증자도 말했습니다. 나도 잘은 모르겠으나, 대략 알고 있습니다. 즉 3년간 상을 입는데, 입는 옷은 비단을 걸치지 말고, 먹는 것도 좋은 것은 먹지 않는다 합니다. 그러는 것이 하(夏), 은(殷), 주(周) 3대에 걸쳐 이어 내려 오는 예법입니다."

  태자는 연우가 전하는 대로 3년상을 치르기로 정했다. 그런데 친척들과 대신들이 모두 반대를 하고 나섰다.

  "선군 정공(定公)께옵서도 3년 복상(服喪)은 하지 않으셨습니다. 선군께옵서 하지 않으신 일을 하시려 하는 것은 옳지 않습니다. 효도는 조상의 하신 일을 바꾸지 않는다고 하지 않았습니까?"

  태자는 난처하게 되어 다시 연우를 불러 맹자에게 물어 오라고 했다.

  "나는 원래 말타기와 활쏘기를 좋아해서 글 공부를 게을리 했던 탓으로 내가 3년 복상을 하겠다 해도 모두들 듣지 않으니, 다시 한 번 선생에게 물어 봐 주게."

연우가 다시 찾아온 것을 보고 맹자는,

"여러 사람이 듣지 않는 것도 그만한 까닭이 있음직합니다. 이런 일은 남이 하라고 해서 하고, 하지 말라고 해서 아니 해도 좋은 그런 일이 아닙니다. 자기 스스로의 마음에서 우러나오는 정성을 다하는 것 뿐입니다. 공자도 말씀하시기를, '천자나 제후들이 죽었을 때 세자가 정치를 돌아 보지 않고 조석으로 망극해 하면 아래 신하들도 감격해서 슬퍼하지 않은 이가 없다.' 하셨습니다. 그것은 임금이 몸소 행한 때문입니다. 윗사람이 좋아하는 일이면, 아랫사람들은 그보다 더하게 된다는 것입니다. 군자의 덕은 바람과 같은 것이며, 소인의 덕은 풀잎과 같은 것, 바람이 불면 풀잎은 그 바람에 따라 나부끼게 마련입니다. 그러니까 세자께서도 이 일만은 남의 말에 좇아 갈 것이 아니라, 스스로 몸소 행해 보시는 것이 어떠할는지요?"

세자는 맹자의 이 말을 전해 듣고 그대로 3년 복상을 했다. 신하들은 세자가 하는 것을 보고 자기들도 모두 3년 복상을 따라 하게 되었다고 한다.

-〈맹자〉에서

의로운 일을 보고 행하지 않음은 용기가 없는 탓이다

"사람으로서 마땅히 해야 할 일인 줄 알면서도 행하지 않는 것은 용기가 없는 때문이다."

이것은 공자의 말씀이다. 그러나 이 말도 말로 하기는 쉬우나, 행하기는 참으로 어려운 말이다.

이 말과 정반대되는 뜻으로는,

"군자는 위태로운 곳에 가까이 하지 않는다."

라는 말이 있다.

- 〈논어〉에서

자리 녹을 사이가 없다

후한 말기 고양후(高陽侯) 진번(陳蕃)은 인품이 고결하여 인망이 높았다. 그는 조절(曹節), 왕보(王甫) 등 내시들의 날뛰는 것이 미워서 그들을 제거하려고 하다가 일이 탄로나게 되어 오히려 내시들 손에 죽었다.

진번이 전날 예장(豫章)이라는 지방의 태수가 되었을 때, 부임하기 전에 먼저 서수자의 집을 찾아 갔다. 서수자는 현자(賢者)로 이름이 알려진 사람이었다.

태수가 관청에 들르기 전에 서수자를 찾아 간 것을 보고 아랫사람이,

"관청엘 먼저 가셔야 합니다. 여러 사람이 기다리고 있습니다."

고 말했다.

진번은 부드러운 말로 이렇게 대답했다.

"옛날 주나라 무왕(武王)은 현자 상용(商容)이 사는 마을 앞을 지날 때 차에서 몇 번이나 일어나서 인사를 했었다고 한다. 그래서 자

221

리가 녹을 새가 없었다고 하지 않느냐? 그런데 내가 현자를 존경하는 것이 어떻단 말이냐? 관청엔 조금 늦더라도 큰 일은 아닐 터이지……"

'자리 녹을 새가 없다' 는 말은 한퇴지(韓退之)의 '명신론(名臣論)'에도 있다. 거기 보면,

"공자의 자리는 녹을 새가 없었다."

고 한다. 공자는 그의 유교를 천하에 펼치기 위하여 동으로, 서로 뛰어다녔다. 그래서 잠시도 한 자리에 머물러 있을 틈이 없었다고 씌여 있다.

- 〈세설〉에서

잘못을 고칠 줄 모르는 그것이 잘못이다

〈논어〉에 보면 이와 비슷한 말들이 많다.

"소인은 잘못을 변명하려 한다."

군자는 잘못을 잘못으로 인정하고 고치려 한다. 그러므로 군자는 큰 잘못을 하는 일이 없게 된다.

그런데 소인은 잘못하고도 잘못했다 하지 않고, 어떻게든지 그것을 감추려 하거나 무슨 이유라도 끌어다가 변명을 하려 한다. 그래서 정작 잘못을 저지르게 된다는 것이다.

"군자는 잘못된 원인과 책임을 자기에게서 찾으려 하는데, 소인은 반드시 남의 탓으로 덮어 씌우려 한다."

잘못의 원인을 자기에게서 찾으려는 사람은 반성하고 겸허하기 때

문에 다시 그와 똑같은 잘못을 일으킬 까닭이 없지만, 책임을 남에게 돌리려는 사람은 반성을 하지 않기 때문에 언제까지도 고쳐질 수가 없다.

적은 것을 걱정 말고, 고르지 못한 것을 걱정하라

노나라 대부 계씨(季氏)가 선유 지방을 토벌하려 했다. 염유계로가 공자에게,

"선유는 계씨의 땅과 가깝고 튼튼히 지키고 있어서 지금 토벌하지 않으면 뒤에 반드시 화근이 될 것입니다. 선생님의 의향은 어떠하십니까?"

하고 물었다.

공자가 대답했다.

"군자는 마음 속으로 욕심을 내면서도 그것을 솔직하게 말하지 않고 무슨 구실을 붙여 가지고 제 것을 만들려는 사람을 제일 싫어하오. 내가 알기로는 나라나 집안을 보전하는 데는 적은 것을 걱정하지 말고 고르지 못한 것을 걱정한다고 하오. 가난한 것을 걱정하지 말고 편안치 못한 것을 걱정하는 것이오. 허나, 고르면 가난할 리 없고, 화합하면 적을 리 없고, 편안하면 기울 리가 없소. 선유가 복종치 않으면 덕으로서 베풀어야 할 것이며, 귀순해 오면 그를 안심시키도록 해야 할 것이지, 무력으로 정벌한다는 일은 군자의 할 일이 아니오."

– 〈논어〉에서

정에만 내맡기는 일은 군자의 도가 아니다

공자의 제자인 유약(有若)과 자유(子遊) 두 사람이 길을 가다가 부모를 잃고 망극해 하는 한 소년을 보았다.

유약이 자유를 돌아보며,

"나는 초상 때 곡을 하면서 다리를 구르는 것이 무슨 까닭인지 알지 못해서 오래 전부터 그런 것은 없애 버렸으면 했었는데, 이제 저 소년의 슬퍼하는 모습을 보니, 망극하면 곡을 하면서 다리를 구르게 된다는 것을 알았다."

고 말했다.

자유는 유약의 말을 듣고 이렇게 말했다.

"예(禮)라는 것은 정(情)을 다하기 위해서 마련된 것인데, 정이 지나치면 몸을 상하게 되기 때문에 예로서 그것을 억제하려는 것이다. 또 불초한 자식은 정이 없기도 하기 때문에 여러 가지 절차를 만들어서 정이 일어나게 하는 것이 예이기도 한 것이다. 정이 솟아나는 대로 그대로 정에만 내맡기고 행동을 억제할 줄 모르면 그것은 오랑캐들이 하는 일이다. 군자는 항상 정을 이성으로 억제하지 않으면 안 된다."

— 〈예기(禮記)〉에서

천시(天時)는 지리(地利)만 같지 못하고, 지리는 인화(人和)만 같지 못하다.

맹자는 다음과 같이 말했다.

"천시는 지리만 같지 못하고, 지리는 인화만 같지 못하다고 하지만, 조그만 성을 에워싸고 맹렬히 공격을 해도 떨어지지 않는 것은 공격하는 편의 하늘이 준 기회가 그 성이 있는 지형의 이로움만 같지 못하기 때문이다. 그러나 성을 지키는 군사들은 오랫동안 적이 성을 부수지 못하는 것을 보고 지형의 이로움을 알게 되면, 지리만을 믿고 마음이 허술해져서 불화가 생기게 된다. 한편 공격하는 쪽에서는 더욱 결속이 잘 되어 성을 깨뜨리기 위해 갖은 노력을 다하게 된다. 오랜 시간이 걸리면 기어코 성이 무너지는 경우가 많은데, 그것은 지형의 이로움이 사람의 화합한 것만 같지 못한 탓이다."

"나라를 보전하는 데는 성을 쌓고 국경을 튼튼히 지키는 것도, 군사를 많이 기르는 것도 다 필요가 없다. 도리를 좇는 자에게는 따르는 이가 자연 불어나고, 천하의 인심이 모두 복종을 하게 되는 법이다. 그와 반대로 도리에 어긋나면 일가 친척까지도 따라오지 않는다. 천하의 인심을 얻은 사람이 친척마저 따르지 않는 사람을 치게 되면 이길 것은 뻔하다. 그러므로 군자는 무력에 의지하려 하지 않는다. 만부득이 전쟁을 하지 않으면 안 된다 할 때에는 인화를 모아 서로 협력하도록 해서 반드시 승리를 하게 되는 것이다. 인화란 바로 단결과 협력을 말하는 것이다."

측은한 마음이 없으면 사람이 아니다

"만약 어린 아이가 우물가에서 놀다가 잘못하여 우물에 빠지는 것을 누가 보았다고 하자. 그러면 어떤 사람이건 놀래 달려 가서 그 아이를 구할 것이다. 이것은 사람마다 측은(惻隱)한 마음이 있기 때문이다. 그 어린 아이를 구해 주면 어린 아이 부모에게서 사례를 받게 될 것이라든가, 동네 사람들에게 칭찬을 받게 될 것이라든가, 다른 사람들에게서 욕을 먹지 않기 위해서라든가 하는 따위의 딴 생각은 그 당장엔 털끝만치도 없는 것이다."

그러고 보면, 측은한 마음이 없는 사람은 사람이 아니다. 또 나쁜 일을 미워하는 마음이 없어도 사람이 아니다. 사양하는 마음이 없어도 사람이 아니다. 옳고 그른 것을 가려 내려는 마음이 없어도 사람이 아니다.

따라서 측은한 마음은 어진(仁) 마음의 시초요, 나쁜 짓을 미워하는 마음은 의(義)의 시초요, 사양은 예(禮)의 시초요, 옳고 그른 것을 가리는 것은 지(知)의 시초라고 할 수가 있다.

이것은 마치 사람의 몸이 팔 다리 사지가 있는 것과 같다. 이렇게 사람마다 사지가 있듯이 인, 의, 예, 지(仁, 義, 禮, 智)를 갖추고 있으면서 그 어느 한 가지라도 행할 수가 없다고 하면 그것은 제 팔 다리를 제대로 쓰지 못하는 사람과 같은 것이다. 임금에게 그것을 행하지 못하면 불충한 신하라고 할 수밖에 없다.

사람들은 자기가 가지고 있는 이 네 가지의 마음을 확장하고 충실케 하려고 노력한다. 그것은 마치 불길이 처음 일어날 때나 샘물이 처음 흐를 때와 같은 것이다.

이 측은한 마음과 악을 미워하는 마음과 사양하는 마음과 시비를 가리는 마음은 불길같이 일어나고 샘물같이 솟아나게 되면 천하를 보전할 수도 있을 것이다.

- 〈맹자〉에서

큰 장수는 깊이 감추어 없는 것 같이 보이고, 군자는 안으로 덕을 쌓아도 겉으로는 바보 같다

　노자는 초나라 고현(苦縣) 사람이라고 하지만, 한때 주나라에서 창고지기를 한 적이 있었다. 쌀 창고의 출납관리였다고도 하고, 책을 간수하는 서고(書庫)를 맡아 가지고 있었다고도 한다.

　노자는 공자보다 서른 살이 위다. 공자가 오십이 가까워서 주나라로 노자를 찾아갔을 때는 그러니까 노자의 나이 여든이 가까웠을 것이다.

　공자는 깍듯이 예를 갖추고 노자를 만나 보았다. 공자로 말하면, 여러 해 동안 학문을 닦아 인의(仁義)와 도덕과 선왕의 정치를 이상으로 하는 자기의 사상에 대해서 자신과 포부가 컸다.

　한편, 노자는 인의나 도덕에 대해서 냉담할 뿐 아니라, 회의(懷疑)마저 가지고 있었다. 자연 그대로를 존중하는 노자는 유유히 지내면서 세상 밖에 나서지를 않았다. 두 사람은 그야말로 대조적인 인물이었다.

　공자는 옛날 책 같은 데서 여러 가지를 끌어 내어 자기의 생각하는 바를 설명하고 노자의 의견을 물었다.

　노자는,

"지금 당신이 하는 말들은 모두 옛날 사람들이 책에 써 놓은 것들이야. 그런 것이 지금 이 세상 사람들에게 소용이 있겠는가. 나 보고 말하라면, 요즘 군자라고 하는 것은 때를 만나면 벼슬자리를 얻어 세상에 나가고, 때를 만나지 못하면 쑥대같이 바람에 쓰러지고 마는 거더군. 크게 장사하는 사람은 곳간에 잔뜩 물건을 쌓아 두고도 겉으로는 아무것도 없는 것 같이 보이고, 군자는 안에 큰 덕을 지니고 있으면서도 남이 보면 바보 같다는 거야. 그대도 그 교만과 욕심과 그리고 내노라하는 태도를 버려야 해."

노자는 예(禮)에 대해서는 한 마디도 말하지 않는다.

공자는 노자를 만나고 돌아와서 제자들에게,

"새는 날 수가 있고, 물고기는 헤엄을 칠 줄 알고, 들짐승은 뛸 줄을 안다. 뛰는 놈은 그물로 잡을 수 있고, 헤엄치는 놈은 낚시로 잡을 수 있고, 나는 놈은 활로 쏘아 잡을 수가 있다. 허나 용(龍)이 되면 어쩔 수가 없다. 용이란 변화가 무쌍하여 구름을 타고 하늘에 오르기도 하고, 몸을 숨기어 보이지 않게도 한다. 노자는 바로 용이다. 그의 학식과 덕은 헤아릴 수가 없다."

고 새삼스럽게 감탄해 마지 않았다고 한다.

- 〈장자〉에서

태산을 옆구리에 끼고 북해를 뛰어 건넌다

맹자가 제나라 선왕(宣王)을 뵙고 인의(仁義)를 설명할 때의 얘기다.

"왕은 언젠가 제사에 희생이 되기 위해 도살장으로 끌려 가는 소를 보고 불쌍한 마음이 들어 양으로 바꾸라고 하셨다는 말을 들었습니다. 눈 앞에 있는 소는 불쌍하게 여기시고, 보지 않은 양은 불쌍하지 않으셨습니까?"

"옳거니. 듣고 보니까 소나 양이나 똑같은 것이군. 허나 나는 그때 소가 아까워서가 아니었어."

"알겠습니다. 가엾은 모습을 눈으로 보면 어떻게든지 해서 도와 주고 싶은 것이 사람의 인정입니다. 왕의 그 마음이 곧 왕도(王道)입니다."

"아무래도 선생의 말 뜻을 나는 잘 모르겠는 걸……."

"그러면 아시기 쉽게 말씀드리겠습니다. 어떤 사람이 만약에 '내 힘은 수천 근의 무게를 능히 들 수 있는데, 한 개의 새깃은 들 수가 없다'고 한다면, 왕께서는 그 말을 믿으시겠습니까? 또 '내 눈은 털끝만한 것도 볼 수 있는데, 수레에 산더미같이 쌓인 나무가 보이지 않는다'고 하면 그 말을 믿으시겠습니까?"

"그야 신용할 수 없지."

"그렇지요. 지금 왕의 은총은 금수에까지 미치고 있으나, 중요한 백성들은 편안하게 해 주시지 못하고 있는 것 같습니다. 이것은 대체 무슨 까닭입니까? 다시 말씀드리면, 새깃 하나를 들 수 없다는 것은 힘을 내지 않은 까닭이며, 수레에 실린 나무를 볼 수 없다는 것은 눈을 쓰지 않았기 때문입니다. 이렇게 볼 것 같으면, 백성을 사랑하지 않으심은 왕이 은총을 베풀지 않으신 거라고 할 수 있습니다. 왕이 하실 수 없는 일이 아니라, 왕이 하지 않으신 것이올시다."

"그러면, 안하는 것과 못하는 것의 구별을 쉽게, 그리고 구체적으로 가르쳐 주시오."

"만약 어떤 사람이 '나는 태산을 옆구리에 끼고 북해를 건너 뛰고 싶은데 아무래도 안 된다'고 말했다면, 그것은 정말 될 수 없는 얘깁니다. 그러나 '나뭇가지를 하나 꺾고 싶은데 잘 안 된다'고 한다면 그것은 못하는 것이 아니라, 안 하는 것입니다. 왕께서 어진 왕이 될 수 없다고 하시는 말씀은 태산을 옆구리에 끼고 북해를 건너 뛰려는 것이 아니라, 나뭇가지 하나를 꺾을 수 없다고 하시는 말씀과 같습니다."

맹자는 이와 같은 비유를 들며 선왕에게 왕도를 설명해 나간다.

'태산을 끼고 북해를 걷는다'든가 또는 '산을 끼고 바다를 건넌다'는 말은 불가능한 일을 하려고 한다는 뜻으로 쓰인다.

- 〈맹자〉에서

하나를 알고, 둘은 모른다

공자의 제자 자공이 어느 때 공자에게 물었다.

"지금까지 누구를 현자(賢者)라고 할 수 있겠습니까?"

"제나라의 포숙(鮑叔), 정나라의 자피(子皮)를 현자라고 할 수 있겠지."

"그러면 제나라의 관중(管仲)과 정나라의 자산(子産)은 현자라고 할 수가 없습니까?"

"그래서 너는 하나를 알고 둘은 모른다는 거야. 너는 현자를 임금에게 천거한 사람과 임금을 섬기기에 힘쓴 사람과 어느 편이 현자라고 생각하느냐?"

"그야 물론 현자를 천거한 사람입죠."

"그렇지? 포숙은 관중을 천거했고, 자피는 자산을 천거했다는 말은 들었어도 관중이나 자산이 누구를 천거했다는 말은 듣지 못했다."

관중과 포숙은 관포지교(管鮑之交)라고 할 만큼 친한 친구였다. 포숙은 그의 임금 제나라 환공(桓公)에게 관중을 천거하고, 자기는 그 밑에 있었다. 이것은 보통 사람은 할 수 없는 일이다.

환공은 관중을 얻어 춘추 오패 중에서도 뛰어난 임금이 되었던 것이다.

자산은 정나라 간공(簡公)에게 자피를 천거하여 조그만 정나라가 능히 사직을 지킬 수 있었다. 자피와 공자는 퍽 가까운 사이어서 공자는 자피를 형과 같이 여겼다.

한나라 고조(高祖)가 천하를 평정한 후에 여러 신하들을 모아 놓고 연회를 열었다. 이때 고조는 이러한 질문을 했다.

"내가 천하를 얻은 까닭과 항우가 천하를 잃은 까닭이 무엇이라고 생각하느냐?"

고기(高起), 왕릉(王陵)이 대답하기를,

"폐하께옵서는 성을 쳐서 떨어뜨린 자에게 그 성을 주시고, 땅을 공략해서 얻는 자에게는 그 땅을 주셨습니다. 즉, 이익을 천하와 더불어 한 가지로 하셨습니다. 그런데 항우는 어질고 능한 사람을 질투하여 공있는 자를 오히려 멀리 하고 슬기로운 자를 미워했습니다. 싸움에서 이긴 자에게 상을 베풀지 않고, 땅을 얻어도 주지 않았습니다. 이것은 폐하는 천하를 얻고, 항우는 천하를 잃었던 원인이올시다."

고조는 껄껄 웃으며,

"귀공들은 하나를 알고 둘은 모르는 것 같다. 군막 안에 있어 계교를 짜고, 천리 밖에 승리를 결정하는 점, 나는 장양(張良)을 따르지 못한다. 나라를 다스리고 백성을 어루만지는 점, 나는 소하(蕭何)를 따를 수가 없다. 백만 대군을 거느리고 백전 백승할 수 있는 점, 나는 한신(韓信)에 미치지 못한다. 이 세 사람은 천하의 인걸(人傑)이다. 그런데 나는 이 세 사람을 뜻대로 부리어서 그들의 실력을 발휘시켰다. 이것은 내가 천하를 얻을 수 있었던 이유다. 항우는 단지 한 사람의 능한 신하 범증(范增)조차 부리지를 못했다. 그것이 실패의 이유다."

확실히 고조에게는 사람을 보는 눈이 있었고, 사람을 부리는 능력이 있었고, 사람을 감싸 주는 너그러운 도량이 있었다. 그러나 천하를 얻고 난 다음, 고조에게는 이러한 인걸들이 도리어 성가신 존재라는 것을 알았다. 한신을 비롯해서 차례차례 죽여 없앤 것도 말하자면, 한나라 왕실의 평안을 바라는 고조의 책모였던 것이다.

한신 등 여러 사람들은 공이 있으면 상을 받는다는 한 가지 일만 알았지, 천하가 평정되고 나면 그 공이 성가신 일이 된다는 두 가지를 몰랐다고도 할 수 있다.

'하나를 알고 둘을 모른다' 는 말에서 연상되는 것은 〈논어〉에 '하나를 듣고 둘을 안다' 또는 '하나를 듣고 열을 안다', 〈소학(小學)〉에 '하나를 가르치면 열을 안다' 는 말들이 있다.

- 〈사기〉에서

하루를 쉬면 백일을 굶는다

춘추 전국시대의 말기 조나라 숙후(肅候)는 어느 날 견릉(犬陵)으로 놀이를 나갔다. 견릉 서북면 녹문에서 그 아래로 펑퍼짐한 들을 내려다 보며 숙후의 마음은 적이 상쾌했다.

숙후는 여기까지 온 길에 영내를 한 번 돌아보는 것도 좋겠다는 생각이 들었다. 신하들도 따르라 하고 말에 올라 말을 달리려 할 때였다.

옆에 모시고 있던 재상 대무오(大戊午)가 숙후의 앞을 가로 막았다.

"안 됩니다. 지금은 한창 농사 일을 바쁠 때올시다. 속담에 '하루를 쉬면 백일을 굶는다고 했습니다' 주상께서 영내를 도시게 되면 백성들은 일손을 쉬고 영접을 하게 될 것입니다. 백성들이 일손을 놓으면 그 만큼 나라의 손이 될 것입니다."

숙후는 대무오의 말이 옳겠다 해서 순시를 그만두었다.

훗날 반드시 술로써 나라를 망치는 자 있으리

옛날 우(禹) 임금 때, 그 전에는 술이라는 것이 없었고 감주가 있었다. 그런데 의적(儀狄)이란 사람이 처음으로 쌀을 가지고 술 담그는 법을 발견했다.

의적은 자기 손으로 담근 술을 우 임금께 진상했다. 우 임금은 세상에 이렇게 맛 좋은 것이 있는가 하며, 한 잔 또 한 잔을 거듭하는 동안 거나하게 취했다.

우 임금은 정신을 차리고 이렇게 말했다.

"이것은 너무나 맛이 좋다. 후세에 반드시 이 술 때문에 나라를 망치는 자가 나오게 되리라."

우 임금은 그 후부터 다시는 입에 술 한 방울 대지 않았을 뿐 아니라, 의적도 멀리 했다.

우 임금이 말했던 대로 그의 자손인 하나라 11대 걸왕(桀王)은 술과 계집 속에 묻혀 나날을 보내다가 나라를 망쳤다. 술로써 패가 망신한 사람은 많다. 그러나 어찌 술뿐이랴!

제나라 환공(桓公)은 어느 날 밤 시장한 것 같아서 무엇이고 밤참을 가져 오라 했다. 그랬더니 쇠고기를 갖은 양념을 해서 구워 왔다. 환공은 고기 맛이 하도 좋아서 배가 부르게 먹고는 다음 날 아침 한나절이 되어서야 눈을 떴다.

환공은,

"후세에 반드시 '맛' 때문에 나라를 망치는 자가 있으리."

라고 말했다.

비슷한 얘기들이 또 있다.

진나라 문공(文公)은 남지위(南之威)라는 미인을 얻어 남지위에게 혹해 버렸다. 어느 때는 사흘씩 정사 일을 돌보지 않는 수가 있었다.

문공은 나중에 정신을 차려 남지위를 멀리하고 이렇게 말했다.

"후세에 반드시 '색' 으로 나라를 망치는 자가 있으리."

초왕(楚王)이 하루는 뜰에 나서 산책을 하고 있었다. 뜰에는 초왕을 위하여 축대를 모으고 다락이 지어져 있었다.

초왕은 다락에 올라 멀리 붕산(崩山)을 바라보았다. 왼편으로 내가 흐르고 바른 편에서 호수가 있는데, 그 경치가 참으로 훌륭하였다. 초왕은 이런 것들을 구경하느라고 시간 가는 줄을 몰랐다.

얼마나 지났을까. 초왕은 문득 너무 시간이 지난 것을 깨닫고 다시는 다락에 오르지 않겠다고 마음으로 맹세했다.

"후세 반드시 '고대(高臺)와 지수(池水)' 로써 나라를 망치는 자 있으리."

이것은 초왕이 한 말이다.

– 〈전국책〉에서

4. 성공하는 자는 내일을 준비한다

가뭄에 배(舟)를 사 두고, 장마 때는 수레를 사 둔다

춘추시대 월나라의 범예는 돈을 모으는 데도 재주가 있었다. 그가 돈을 모은 방법은 이러하다.

"전쟁을 하려면 군비를 갖추지 않으면 안 되지만, 장사를 하는 데는 무엇이 소용될 것인가를 알아서 물건을 사 들여야 한다. 날이 가물면 그 다음에는 홍수가 날 것을 짐작하여 배를 사두고, 또 홍수가 났을 때에는 다음에 가뭄이 올 것을 알아서 미리 수레를 사 두는 것이다. 이렇게 매사를 미리미리 선수를 쓰면 돈을 모을 수 있는 것이다. 곡식 값이 헐값이면 농군들이 울상이 되고, 곡식 값이 비싸면 장사들이 울상을 한다. 장사들이 어려울 땐 돈이 잘 돌지를 않고, 농군들이 어려울 땐 생산이 잘 안 된다. 그러므로 곡식 값을 비싸지도 헐하지도 않게 하면, 돈도 잘 돌고 생산도 잘 되어 국민이 살기 좋게 된다. 물건 값은 올라갈 대로 올라가고 나면 다시 떨어지고, 떨어질 대로 떨어지고 나면 다시 오르게 마련이다. 값이 올랐을 때에는 썩은 물건 팔듯 팔아 버리고, 값이 떨어졌을 때는 구슬 사듯이 사 두면 돈 모으기가 쉽다."

범예는 월왕 구천을 도와 오나라에 대한 원수를 갚은 후, 구천과는 더불어 편안하게 지낼 수 없다 하여, 구천을 버리고 뛰쳐나와 장사를 해서 큰 부자가 되었다.

– 〈사기〉에서

글은 배워 이름 석 자를 쓸 줄 알면 족하다

진나라 2세 황제 때 여러 곳에서 반란을 일으킨 자들이 많았는데,
그 중에서 제일 유력했던 것은 오중(吳中)에서 일어난 항양(項梁)이
었다.

항양은 초나라의 명장 항연(項燕)의 아들이었는데, 사람을 죽이고
조카인 항우와 함께 오중으로 도망을 가서 살았다. 항양은 오중에서
실력자가 되었으며, 항우는 키가 크고 힘이 세어 누구도 그를 힘으로
당하는 이가 없었다.

항양은 항우에게 글을 가르쳤으나, 공부를 싫어해서 검술을 가르쳤
다. 그러나 검술에도 재주가 없었다. 항양이 화가 나서 항우를 야단
쳐도 항우는 태연했다.

"글은 제 성명을 쓸 줄 알면 그만이지, 더 배워서 무얼 합니까? 검
술도 한 사람을 상대하는 것이니 배울 게 없습니다. 저는 만 사람의
적을 상대로 하는 것을 배우고 싶습니다."

항양은 그 말을 듣고 항우의 포부가 큰 것을 알았다. 그래서 병법을
가르쳤다.

이럴 즈음 그 지방의 회계(會稽) 태수 은통(殷通)이 항양에게,

"지금 진승(陳勝)이 반란을 일으켰는데, 진승과 호응해서 군사를
일으켜 봄이 어떠하겠습니까."
고 말했다.

은통은 또 말하기를,

"선수를 써야 다른 사람을 제어할 수 있고, 늦으면 다른 사람에게
제어를 당한다는 말이 병법에도 있지 않습니까?"
라고 말하면서 빨리 군사를 일으키자고 했다.

항양은 곧 항우를 불러 그 자리에서 은통을 처치하고 스스로 태수가 되어 군사 팔천을 거느리고 회수(淮水)를 건넜다. 이 때에 군사는 칠만으로 불어났다. 유방, 범증 등이 이때 모여들었던 것이다.

- 〈사기〉에서

날개와 깃이 생겼으니, 움직일 수 없다

한나라의 고조(高祖)의 황후는 여후(呂后)다. 고조에게는 둘째 부인으로 척(戚) 부인이 또 있었는데, 척 부인은 고조의 사랑을 독차지하고 있었다. 그뿐 아니라 척 부인의 소생인 여의(如意)를 퍽 귀해했다.

고조는 여후의 소생인 태자 영(盈)을 폐하고 여의로 태자를 삼으려고 했다. 척 부인에 대한 애정도 애정이려니와 태자 영은 몸이 허약한데 여의는 몸이 건장하고 성품도 시원시원했기 때문이다.

여후는 고조가 영을 폐하고 여의를 태자로 삼으려는 것을 눈치챘다. 그래서 장양을 불러 의논을 했다.

"이 문제는 말로 해서는 소용이 없습니다. 지금 고조께옵서 아무리 불러들이려 해도 나오지 않는 네 사람의 현인(賢人)이 있습니다. 태자께서 손수 편지를 쓰셔서 가지고 이 네 사람을 불러다가 극진히 대우를 하면 네 현인이 태자의 곁으로 오게 될 지도 모릅니다. 그때 태자의 빈객으로 삼으면 혹시 태자를 구할 수 있을지 모릅니다."

장양은 여후에게 이렇게 아뢰었다.

여후와 태자는 장양의 말대로 했더니, 과연 네 현인이 쾌히 태자를 찾아왔다. 태자는 이 네 사람을 빈객으로 모셨다.

한편 고조는 태자를 폐할 결심을 하고 어느 날 군신들을 모두 불러 큰 연회를 베풀었다. 이때 태자는 네 사람의 현인과 같이 연회석에 나왔다. 네 사람은 모두 80이 넘은 백발의 노인들로, 풍채가 뛰어나 신선과 같았다. 자리에 있는 사람들이 모두 쳐다보았다.

고조도 이상히 여겨 그들이 누구인가 물었다. 그들의 이름을 들은 고조는 적이 놀라지 않을 수 없었다. 자기가 그처럼 불러도 오지 않던 그 네 현인이 아닌가.

고조는 전에 자기가 불러도 오지 않더니 이제 어찌 태자와 같이 있는가 하고 물었다.

현인 중의 한 사람이 아뢰기를,

"폐하께옵서는 선비를 가볍게 보시고 잘 꾸중을 내리신다 하옵기 부르심에도 나올 뜻이 없었습니다. 그런데 태자께서는 마음이 인자하시고 선비를 위할 줄 아십니다. 신들은 태자를 위하는 일이라면 몸을 바쳐 일할 것입니다."

고조는 하는 수 없이 태자를 잘 보살펴 주라고 말하고 그 날은 그대로 연회를 끝냈다.

태자를 폐하고 자기 소생 여의가 태자가 될 것으로 믿고 있던 척 부인은 아무 말도 없는 고조에게 은근히 물었다.

"어찌된 일이오니까?"

고조는 척 부인에게 말했다.

"태자를 바꾸려고 마음 먹었었는데, 태자 곁에서 네 사람의 현인이 보좌하고 있소. 태자는 이미 병아리가 아니오. 날개도 깃도 다 생겼소. 그러니 이제는 움직일 수가 없구려."

태자 영은 이렇게 하여 태자의 지위를 지탱할 수 있었으며, 고조가 돌아간 후 제위에 올라 혜제(惠帝)가 되었다.

- 〈사기〉에서

남에게 의지하는 것은 나에게 의지하느니만 못하다

공손의(公孫儀)가 노나라 재상으로 있을 때, 그가 생선을 좋아한다는 것을 알고 여러 사람들이 다투어 좋은 생선을 선사했다. 그러나 공손의는 선물로 들어오는 생선은 하나도 받지를 않았다. 그 아우가 이상해서 그 이유를 물은즉,

"내가 생선을 좋아하기 때문에 받지 않는 것이다. 만약 생선을 받으면 생선을 보낸 사람을 자연 봐 주게 될 것이니까. 그렇게 되면 법을 어기는 때도 있게 될 것이다. 법을 어기면 재상 노릇을 할 수 없게 될 것이 아닌가. 재상노릇을 못하면 아무리 생선을 좋아한다 해도 생선을 사 먹을 수 없고, 또 누가 보내 줄 사람도 없을 것이다. 그렇게 되면 생선도 못 먹게 될 것이 아닌가. 재상으로 있으면 내가 좋아하는 생선을 얼마든지 구해서 사 먹을 수가 있으니까 남이 보내 주는 것은 받지 않는 것이다."

이것은 남이 나를 위해 주는 것보다 내가 나를 위하는 것이 났다는 것을 분명히 일러 주는 말이다.

남에게 의지하는 것은 나에게 의지하느니만 못하다는 것도 바로 그런 뜻이다.

- 〈한비자(韓非子)〉에서

내 마음을 남의 속에 둔다

전한(前漢) 말기 어지러운 세상을 평정하려고 나선 유수(劉秀)는 어느 날 지도를 펼쳐 놓고 들여다 보다가 옆에 있는 등우(鄧禹)에게 물었다.

"천하가 이렇게 넓은데 나는 겨우 고을 하나를 차지했으니, 이래 가지고서야 언제 천하를 통일할 날이 있겠나?"

"그렇습니다. 지금 천하는 어지럽기 이를 데 없고, 군웅(群雄)이 각처에서 일어나고 있어 앞날을 알 수 없을 지경입니다. 그러나 만백성들은 한결같이 어진 임금이 나타나기를 마치 어린아이가 어미를 찾듯 기다리고 있습니다. 옛날부터 흥하고 망하는 것은 덕이 있느냐 없느냐에 달려 있으며, 땅덩어리가 크고 작은 것은 문제가 되지 않습니다. 비관치 마시고 임금으로서의 덕을 쌓으십시오."

그리고 나서 반달쯤 지나 유수는 동마(銅馬)라고 부르는 농민의 반란군을 쳐 무찌르고, 항복해 온 장수에게 후한 대우를 했다.

항복한 장수들은 유수가 너무 후하게 대해 주는 것이 뜻밖이라 오히려 불안해하고 의심쩍게 여기는 것 같았다. 이것을 눈치챈 유수는 항복한 장수들을 다시 각자의 군영으로 돌려보내서 전날 부하들을 단속하도록 했다.

유수는 혼자서 아무도 거느리지 않고 이들 군영을 돌아보았다. 항복한 장수들이 그럴 생각만 가졌다면 손쉽게 유수를 죽일 수 있었을 것이다. 그러나 유수의 이런 태도를 보는 항복한 장수들은,

"자기의 마음과 딴 사람의 마음이 같을 것을 믿고 조금도 남을 의심치 않으니, 참으로 도량이 큰 분이다. 전날 그 분의 속을 의심했던 우리네가 얼마나 작은 위인들이었던가 부끄럽기 그지없다. 저런 분

을 위해서라면 한 목숨을 바쳐도 한이 없겠다."

라고 모두들 감격해서, 그 후 이 사람들이 유수의 가장 충량한 부하가 되었던 것이다.

유수의 군사는 다시 중산(中山)이라는 곳으로 쳐들어갔는데, 이 때 여러 장수들이 유수를 천자로 모시려 했으나, 유수는 이를 허락하지 않았다. 유수의 군사는 다시 남평(南平)까지 쳐들어갔다. 이 때 또 부하들은 유수를 천자로 모시겠다고 했다. 유수는 전번과 똑같이 사양했다. 그런데 이번에는 장수 구순(寇恂)이 여러 장수들의 앞장을 서서 하는 말이,

"장병들이 제 집과 고향을 버리고 전쟁에 쫓아다니는 까닭은 오직 천자께 몸을 바쳐 자기네의 뜻을 이루어 보려는 것입니다. 그런데 너무 사양을 하시면 여러 사람의 소망을 몰라 주시는 일이오니 장병들이 실망할까 두렵습니다."

라고 했다.

옆에 있던 풍이(馮異)가 또 나서서,

"제발 여러 사람의 뜻을 받아 들여 주십시오."

하고 말했다.

이때 마침 강화(强華)라고 하는 사람이 서울에서 왔다. '유수는 천자가 될 것이다' 하는 비결 같은 것을 가지고 멀리서 쫓아온 것이다. 유수도 더 하는 수 없어서 여러 사람이 하자는 대로 임금의 자리에 앉았다.

후한의 시조 광무제(光武帝)가 된 것이다.

-〈후한서〉에서

농사 일은 농군에게 물어라

남북조(南北朝) 시대.

남조의 송나라와 북조의 위나라는 여러 해 동안 전쟁을 하고 있었다. 어느 때 위가 유연(柔然)을 공격하고 있다는 것을 알고 송나라 문제(文帝)는 이 기회에 위로 쳐들어가면 위를 손쉽게 이길 수 있을 것이라고 생각했다.

그래서 군신을 모아 놓고 의논했다. 팽성(彭城) 태수 왕현모(王玄摸)는 이때에 위를 치는 것이 합당하다고 여쭈었다. 보병 교위 심경지(沈慶之)는 여기 반대하고 나섰다.

"농사일은 농부에게 묻고, 길쌈 일은 여자 종에게 물으라 했습니다. 전쟁에 관한 일이라면 응당 무관에게 물어 봐야 할 것입니다. 그런데 폐하께서는 어찌하여 군사 지식이 없는 백면 서생 왕현모와 의논을 하십니까?"

그러나 문제는 심경지의 말을 듣지 않고 왕현모를 대장으로 삼아 위나라로 쳐들어가게 했다.

위나라의 태무제는 송나라 군사가 쳐들어온다는 소식을 듣고 크게 노했다.

"내 어릴 적부터 하남(河南) 땅은 우리의 영토라고 들어 왔다. 그런데 송이 군사를 끌고 우리를 침범한다 하니, 천만 뜻밖의 일이로다. 당장 군사를 모아 송군을 물리칠 것이나, 지금은 시기가 좋지 않으니 황하의 얼음이 얼기를 기다려 그 때에 송군을 한숨에 쳐 무찌르도록 하리라."

겨울이 되자, 태무제는 백만 대군을 이끌고 왕현모의 송군을 맞아 싸우러 남으로 진군했다. 왕현모는 태무제의 백만 대군이 온다는 말을 듣고 겁에 질려 싸우지도 않고 도망을 쳤다.

위나라 군사는 도망가는 왕현모의 군사를 쫓아 남으로 밀고 내려가 양자강 기슭에서 강을 건널 기세를 보였다.

송나라 서울에서는 위가 쳐들어온다고 피난 보따리를 묶느라고 주민들은 법석을 떨었다. 문제는 비로소 전날 용맹한 장수 단도제(檀道濟)를 죽인 것을 후회했다. - 단도제는 그 이름이 위나라에까지 알려져 있는 용맹한 장수였다. 그런데 어느 누가 단도제가 딴 마음을 품고 있다는 참소를 해서 문제는 그것을 곧이 듣고 단도제를 죽였던 것이다.

단도제는 죽을 때 문제를 흘겨보며 외쳤다.

"너는 네 손으로 만리의 장성을 무너뜨리려 하느냐?"

단도제는 자기를 만리의 장성에 비겨 말했던 것이다.

단도제가 죽었다는 소문을 듣고 위나라에서는,

"송나라는 이제 두려울 것이 아무 것도 없다."

고 기뻐했었다. 위나라가 남으로 밀고 내려오게 된 것도 송에 단도제가 없다는 것을 알고 있기 때문이었다. 그러나 위나라 군사는 송나라 서울까지는 오지 않고 물러갔다.

위군이 지나간 자리에는 사람 하나 물건 하나가 남아 있는 것이 없었다고 한다. 그래서 봄철에 돌아온 제비가 의지할 곳조차 없었다고 한다.

'농사 일은 농군에게 물어 보라'는 말과 비슷한 말로 '화공이 소가 싸우는 모습을 그렸는데 꼬리를 잘못 그려서 소 먹이는 목동 아이에게 흥을 잡혔다'는 얘기가 있다.

촉나라의 두(杜)라고 하는 사람이 있었는데, 그림을 몹시 좋아해서 수백 폭의 그림을 보물 같이 소중히 간직하고 있었다. 그 중에서도 소가 싸우는 그림을 제일 소중하게 여겨 비단으로 싸서 깊이 넣어 두었다가 귀한 손님이 오면 그것을 자랑삼아 내 보이곤 했다.

어느 청명한 날, 이 사람은 자기 그림을 꺼내어 바람을 쐬고 있었다. ─ 햇볕과 바람을 쐬지 않으면 벌레가 생길 염려가 있다. ─ 그런데 한 목동이 이 소 싸우는 그림을 보고 깔깔대고 웃어댄다.

"이게 소가 싸우는 그림입니까? 소가 싸울 때는 힘이 뿔로 전부 가서 꼬리를 사추리에 끼는 법이에요. 그런데 이 그림은 엉덩이를 흔들면서 뿔로 받고 있군요."

그림의 주인은 목동이 하는 말을 들으며 머리만 득득 긁고 있더란다.

그러므로 아무리 글을 못 배운 사람이라도 어느 한 가지 그의 전문인 것에 대해서는 그를 따를 사람이 없다. 그 때문에 아는 사람도 그에게 물어 보고 배워야 한다.

─〈송서(宋書)〉에서

누가 까마귀의 수놈 암놈을 가릴 수 있을까?

자사(子思)가 있을 당시, 위나라는 아주 힘이 약했다. 큰 나라들 사이에 끼여 그들이 서로 팽팽하게 겨루고 있는 틈바구니에서 겨우 나라를 지탱하는 형편이었다. 그것은 신하들 가운데 누구 한 사람 왕에게 바른 말을 하는 사람이 없고, 그저 임금의 말이라면 옳건 그르건 지당하다고만 했던 때문이다.

그래서 임금은 점점 자기가 하는 일이 잘 하는 일인 줄만 여겼고,

충성된 신하들은 그러한 임금 밑에서 하나 둘 떠나갔다.

　이러한 때 자사는 차마 나라의 꼴을 그대로 보고만 있을 수 없어 어느 때 위왕(衛王)에게 의견을 여쭈었다.

　"우리 나라의 형편이 나날이 기울어져 가고 있습니다. 그것은 왕이 옳다고 하시는 일은 덮어 놓고 옳다고만 하고, 아무도 바른 말을 하는 사람이 없기 때문입니다. 따라서 대신이나 대부들의 하는 일에도 백성들이 아무 말을 하지 않습니다. 무엇이고 윗사람이 하는 일이면 옳건 그르건 쫓아만 가면 된다는 그런 나쁜 버릇이 나라 안에 번져 있습니다. 이래서 정치가 바로 될 수 없으며, 나라가 흥할 수 없습니다. 〈시경〉 '소아(小雅) 정월편(正月片)' 에 '사람마다 자기가 성인이라고 하니, 누가 까마귀의 암놈 수놈을 가릴 수 있을까' 라는 말이 있습니다. 임금도 신하도 모두 자기 하는 일이 옳다고 하면, 그른 것을 알 수 없으니 반성을 하지 않게 될 것입니다. 이 점을 깊이 생각해 보셔야 합니다."

　자사의 말은 나라를 생각하고 근심하는 진정에서 우러나온 말이었다. 그런데 이러한 형편에서도 오직 위나라만이 주나라의 여러 제후 중에서 혼자 오래도록 그 명맥을 유지할 수 있었으니, 나라의 운수란 이상한 것이라고 할까?

　위나라의 진(秦)이 천하를 통일한 뒤에도, 2세 황제 때까지 지탱했다.

- 〈십팔사략〉에서

단연코 행하면 귀신도 피한다

천하를 통일하여 대제국을 건설한 진시황도 병에는 어쩔 수 없이 사구(沙丘)라는 곳에서 죽었다.

진시황은 큰 아들 부소(扶蘇)에게 황제의 자리를 물려받도록 유언을 남겼다. 부소는 그 때 멀리 흉노를 토벌하러 가 있었기 때문에 이 유언은 조고(趙高)만이 알고 있었다. 그리고 옥새도 조고가 가지고 있었다.

조고는 시황제의 유언장을 뜯어 고쳐서 끝의 아들 호해(胡亥)가 황제가 될 수 있게끔 만들어 놓고 호해에게 말하기를,

"만약 부소가 황제가 되는 날에는 당신에게 한치의 땅도 돌아오지 않을 것이니, 어찌 하겠습니까?"

"그야 뻔한 일. 그러나 임금은 신하를 알고 어버이는 자식을 안다고 하지 않소. 아버지가 하시는 일을 자식이 어찌 하겠소."

"그게 무슨 말씀입니까? 천하를 얻느냐 잃느냐 하는 마당에 어쩔 수 없다는 말씀입니까? 이 일은 저와 정승 이사(李斯)와 셋이서 하면 되는 일이올시다."

"형을 두고 아우가 임금이 된다는 것은 옳은 일이 아니며, 아버지의 유언을 거역하는 것은 불효가 아니겠소. 게다가 재주도 없는 내가 억지로 큰 일을 맡는다는 것도 감당 못할 일이오. 옳지 못한 짓으로 천하를 가진다 해도 천하가 심복하지 않을 것이며, 결국 일신을 위태롭게 하고 나라를 망치게 할 것이오."

"이럴 때 그런 말씀을 하셔서는 안 됩니다. 작은 일로 큰 일을 잊어버리시면 반드시 후회하시게 될 것입니다. 무슨 일이고 단연코 행하면 귀신도 피한다고 합니다. 아무 말씀 마시고 각오를 단단히 하십시

오."

호해는 더 아무 말도 하지 않았다. 한참이나 지나서 호해는 조고에게 물었다.

"정승은 어찌 생각하고 있을까?"

"그것은 염려 마십시오. 정승은 제가 맡기십시오."

호해는 마음이 꺼림칙했지만 조고가 하는 대로 내버려두었다.

정승 이사도 조고의 위협에 견디지 못해 이 일에 동의하였다. 그래서 시황제의 가짜 유서가 만들어지고, 거기 따라 폭군 호해가 진나라 제2세 황제가 된 것이다.

- 〈사기〉에서

달걀 두 개 때문에 나라를 지키는 장수를 버린다

자사가 위나라 임금을 섬기고 있을 때다.

어느 날 구변(苟變)이란 사람을 대장으로 임금에게 천거했다. 그랬더니 위후는 고개를 설레설레 흔들면서,

"구변은 대장감이 될 만하오. 그러나 그 사람이 전에 관리로 있을 때 백성에게 세금을 받는데 한 사람 앞에 달걀 두 개씩을 받아 먹었었소. 그러니 그렇게 졸렬한 사람을 어떻게 대장으로 삼을 수 있겠소."

"성인이 사람을 쓰는 것은 목수가 재목을 다루는 것과 똑같습니다. 나쁜 데는 버리고, 좋은 데만을 취해서 쓰는 것입니다. 좋은 재목에도 벌레 먹은 구멍은 있는 것입니다. 몇 아름이 되는 큰 재목에 설사

몇 개의 벌레 먹은 구멍이 있다 할지라도 큰 목수는 그것을 버리지 않습니다. 어지러운 세상에 인재가 얼마든지 있어도 모자라는 이 때, 불과 계란 두 개 때문에 나라를 지킬 수 있는 장수를 버릴 수야 있습니까?"

자사는 여러 번 위후에게 아뢰었으나, 위후는 끝내 듣지 않았다.

자사는 공자의 손자다. 자사의 문하에 맹자가 있었다. 자사는 뒤에 고향인 노나라로 돌아가서 노나라 목공(穆公)을 섬기면서 자제들의 교육에 힘썼다.

자사의 사상은 중용(中庸)에 있다. 유교의 정통은 공자에서 증자, 자사, 맹자를 이어져 내려왔다.

- 〈공자〉에서

덕으로 다스리고, 무력을 쓰지 않는다

주나라 무왕(武王)이 죽고 성왕(成王)이 임금이 되었으나, 성왕은 나이가 어렸다. 그래서 숙부인 주공(周公) 단(旦)이 어린 임금을 보좌하여 나라를 잘 다스려 갔다. 성왕이 자라서 또 정치를 잘 했고, 그 아들 강왕(康王)도 훌륭한 임금이었다. 그런데 그 다음 소왕(騷王)이 사냥을 나갔다가 행방불명이 됐다. 뜻밖에 일을 당한 모양이다. 그러나 제후들은 그것을 까맣게 몰랐다.

소왕의 아들 목왕(穆王)이 임금이 됐다. 그때 서녘에 있는 견융(犬戎)이 조공을 바치지 않았다.

목왕은 견융을 정벌하려고 했다. 그런데 채공(蔡公) 모부(謀父)가

목왕께 간했다.

"무력으로서 견융을 정벌하려 하심은 옳지 못하옵니다. 선왕께옵서는 덕으로 다스리시고 무력을 쓰지 않으셨습니다. 군사라 하옵는 것은 비상한 때에 어쩔 수 없이 움직이는 것이옵고, 한 번 군사를 움직이면 그 위력을 충분히 보일 수 있어야 합니다. 만약 가벼이 군사를 움직이게 되면 도리어 위엄이 없게 될 것입니다."

견융이 조공을 게을리 했다는 이유 하나로 견융을 정벌하려는 것은 선왕의 가르침에도 어긋난다는 말이었다. 그러니 싸움을 해서 백성들을 괴롭히지 말고 임금이 더욱 덕을 쌓아야 한다는 것이다. 그리고 견융은 호락호락하게 떨어지지도 않을 것이라고 말했다. 그러나 목왕은 이렇게 간하는 말을 듣지 않았다.

군사를 보내어 견융을 치게 했으나, 흰 늑대 네 마리와 흰 사슴 네 마리를 잡아 가지고 빈손으로 돌아왔다.

그 뒤 변경 지방의 제후들 중에는 조공을 하지 않는 자가 많이 나왔다. 주나라 왕실의 위엄이 떨어지고 만 것이었다.

－〈사기〉에서

돈과 지체가 있으면 친척도 두려워하고, 가난하면 친척도 업수이 여긴다

소진(蘇秦)과 장의(張儀)는 귀곡(鬼谷) 선생의 같은 제자다. 그들은 구변을 배워 말을 잘 하고, 권모술수를 익혀서 제후들의 사이를 붙여 놓기도 하고 떼어 놓기도 잘했다.

소진은 연나라 문후(文候)를 비롯해서 조(趙), 한(韓), 위(魏), 제

(齊), 초(楚)의 순서로 차례차례 설복을 해서 여섯 나라가 한데 뭉치게 했다. 소진은 스스로 이 여섯 나라의 재상이 되었다. 여섯 나라에서 보내 준 재물과 보석이 고향으로 왔다.

그보다 먼저 소진이 아직 귀곡 선생 밑에서 공부를 하고 있을 때, 세상에서는 아무도 소진을 알아 주는 사람이 없어 벼슬자리도 얻지 못하고 초라한 행색으로 고향을 찾았던 일이 있었다.

소진의 아내는 남편이 돌아왔는데도 베틀에서 내려와 맞으려 하지도 않았고, 형수는 밥을 지을 생각도 아니했다. 소진은 그때 '두고 보자' 하고 마음에 단단히 다짐하면서 고향집에서 그 길로 돌아서 나왔다.

그런데 이번에는 달랐다. 아내도 형수도 소진 앞에 나와 두 손을 모으고 서서 머리도 들지 못했다. 지난 번 일이 죄송스럽고 부끄러워서인가 보다.

소진은 한 마디 싫은 소리를 해 주고 싶었다.

"아주머니께서 오늘은 왜 그렇게 풀이 없으십니까?"

"그야 지금은 지체가 높으시고, 돈도 많으신 분이 되셨으니까 그렇지 않습니까."

들릴락 말락한 소리였다. 소진은 자기도 모르게 긴 한숨을 쉬었다.

"같은 사람인데 돈이 있고 지체가 있으면 친척들도 그 앞에서 설설매고, 가난하고 지체가 없으면 업수의 여기는구나. 남이라면 또 모르겠지만-. 내가 만약 진작 낙양 교외에 땅뙈기라도 가지고 있었더라면, 오늘 이처럼 출세를 못했을 것이다."

소진은 전날 곤궁했을 때 사람들이 자기를 업수이 여겼기 때문에 오늘 성공을 할 수 있었지 않았나 생각되자, 아내와 형수가 은인과 같이 고맙게 여겨졌다.

─〈사기〉에서

돈 있는 집 아들은 아무 데서나 죽지 않고, 귀한 아들은 처마 밑에 서지 않는다

여기서 귀한 아들이라고 한 것은 부잣집 아들을 말한다. 즉, 부잣집 아들은 장바닥에서 장돌뱅이들과 어울려 싸움질을 하거나 하는 일이 없어 그들의 손에 죽는 일 같은 것은 처마에서 기왓장이 떨어질 위험과 같은 것이므로, 그런 곳을 피한다는 뜻이다.

두 개의 말이 약간 뜻은 다르지만, 이 같은 얘기가 〈사기〉에도 실려 있다.

월왕 구천은 범예의 힘으로 오나라에 대한 원수를 갚을 수 있었으나, 범예는 구천이 고생은 함께 할 수 있어도, 호강은 같이 할 수 없는 사람이라고 생각되어 원나라를 떠나서 제나라에 가서 살았다.

범예는 이름을 도주공(陶朱共)이라 고치고 제나라에서 크게 장사를 해서 큰 부자로 살았다.

그런데 어느 때, 둘째 아들이 초나라에서 사람을 죽이고 거기서 붙잡혔다. 범예는 사람을 죽였으니 죄를 받는 것은 마땅하지만, 돈 있는 집 아들은 아무 데서나 죽지 않는다는 말도 있으니, 어떻게든지 하면 사형은 면할 수 있을 터이지 하고 막내 아들에게 돈을 잔뜩 가지고 초나라에 가서 무슨 수단을 써 보라고 했더니, 큰 아들이 있다가 제가 가겠노라고 해서 마지못해 큰 아들을 초나라에 보내게 되었다.

그런데 큰 아들은 원래 돈 쓸 줄을 잘 몰라서 초나라 관리에게 돈을 퍽퍽 쓰지 않아 둘째 아들이 결국 사형을 당하고 말았다.

범예의 식구들은 그 말을 듣고 모두 슬픔에 잠겨 있는데 홀로 범예만은 웃고 있었다.

"큰 아들을 초나라에 보낼 때 나는 둘째가 사형이 될 줄 알았다. 큰 아이는 젊었을 때 나와 같이 고생을 했기 때문에 돈이 귀하고 아까운 것을 알고 있다. 그래서 초나라에 가서도 돈을 펑펑 쓰지 못했을 것이다. 처음에 끝의 아이를 보내려고 한 것은 끝의 아이는 자랄 때 집안이 넉넉했기 때문에 놀 줄도 알고 쓸 줄도 안다. 끝의 아이가 이번에 갔었더라면 초나라에 가서도 돈을 듬뿍 써서라도 제 형의 목숨을 구할는지 모른다고 생각했던 거야. 그런데 돈을 쓸 줄 모르는 큰 아이가 갔으니, 나는 그때 벌써 둘째가 사형을 당할 것을 각오하고 시체나 돌아오기를 기다리고 있던 거지."

전한(前漢) 제3대 문제(文帝)를 섬겼던 원앙은 바른 말을 잘해서 문제의 신임이 두터웠다. 문제가 어느 때 패릉(覇陵)에 올라갔다가 가파른 언덕을 마차를 타고 한숨에 달리려고 하니까 원앙이 있다가,

"'귀한 아들은 처마 밑에 서지 않고 부자집 아들은 난간에 올라 앉지 않는다'고 합니다. 임금은 다행히 운이 좋으면 아무 일이 없을지 모른다는 요행을 믿고 위험한 일을 하지 않는다고 합니다. 지금 여섯 필의 말이 끄는 마차를 타시고 이 가파른 언덕을 한숨에 몰고 내려 가시려 하다가 만일 말이 놀라기라도 해서 사고가 나면 어찌 하려고 그러십니까? 상감의 옥체는 상감의 것이면서 또 상감의 것이 아니올시다." 라고 말했다.

문제는 원앙의 말을 듣고, 곧 마차를 달리던 것을 그만두었다.

이와 비슷한 말에 '천금이면 죽지 않고 백금이면 형을 면한다'는 것도 있다. 천금을 가진 부자는 아무리 죄를 졌어도 돈을 써가지고 사형을 면할 수 있다는 것이고, 백금을 가진 사람도 그와 같이 하면 죄를 받지 않는다는 뜻이다.

- 〈사기〉에서

동해 바다를 밟고 죽을 뿐이다

　전국시대 진나라가 조나라를 공격했기 때문에 위나라는 조나라와의 맹약이 있어서 조나라에 구원군을 보내려고 했다. 이 소식을 들은 진나라는 '만약 조나라를 구원하는 나라가 있으면 조나라를 공격하던 군사로 그 나라를 쳐들어 가겠다.'고 협박했다.

　위나라는 진나라가 무서워서 조나라에 구원군 보내는 것을 그만두기로 하고, 그 대신 신탄연(新坦衍)이라는 언변이 좋은 사람을 조나라에 보내서 조나라를 설득하기로 했다. 서로 이롭지 않은 항거를 그만 두고, 같이 진나라에 항복하자는 것이었다. 그 당시 진나라의 힘은 그 만큼 셌다.

　그런데 그 때 마침 제나라의 노중련(魯仲連)이란 사람이 조나라에 왔다가 위나라에서 신탄연이란 사람이 왔다는 소리를 듣고 신탄연을 찾아가서,

　"포악하고 예의를 모르는 진나라는 다만 전쟁에 이기기만 하면 되는 것으로 알고 있습니다. 그것은 야만의 나라나 다를 것이 없습니다. 그러한 야만국이 천하를 지배하게 된다면, 우리는 도저히 살 수가 없으니 동해 바다를 밟고 죽을 뿐입니다."
라고 말했다.

　노중련의 말에는 앞날을 걱정하는 열렬한 기백이 있었다.

　신탄연은 노중련의 말에 감동되어,

　"내 생각이 옳지 않았소이다. 이제 다시는 진나라에 항복하자는 말은 하지 않겠소이다."
라고 말했다.

　이렇게 해서 위나라와 조나라 사이는 다시금 굳은 동맹이 맺어졌다.

진나라에서는 위나라를 을러대면 될 줄 알았는데, 오히려 조나라와의 동맹을 굳게 하는 결과를 가져오게 한 것을 알고 조나라를 공격하던 군사를 거두었다.

얘기는 훨씬 아래로 내려와서, 남송(南宋) 초기 고종(高宗) 때의 일이다.

고종의 전 임금 흠종(欽宗) 때 북녘에 있는 금나라 군사가 쳐들어와 송나라 서울 개봉(開封)을 점령하고 흠종과 휘종(徽宗), 상황(上皇)을 금나라로 끌고 갔다. 그래서 납치되지 않은 강왕(康王)이 고종(高宗)이 되어 개봉을 버리고 남쪽에 있는 양주(揚洲)에다 도읍을 차렸다.

여기서부터 남송(南宋)이라는 이름으로 불리우게 되는데, 이와 같이 금에 쫓겨 남쪽으로 내려왔던 남송은 원(元)나라의 공격을 받아 끝장이 나고 만다. 당시의 역사를 엮던 편수관에 호전(胡銓)이란 사람이 있었다.

호전은 고종에게 다음과 같은 글월을 올렸다.

"삼척 동자는 아무 것도 모르지만, 개나 돼지에게 절을 하라고 하면 골을 낼 것입니다. 당당한 송나라가 개나 돼지 같은 금나라에 절을 한다면 어찌 어린애의 부끄럼이 없다 할 것입니까? 금나라는 우리와 강화를 하자고 하나 실은 우리를 밑에 깔고 앉으려는 것입니다. 집정(執政) 손근(孫近)은 진회(秦檜)와 부동이 되어 송나라를 금에게 바치려고 합니다. 신은 진회와 같은 자와 한 하늘 밑에 있을 수가 없습니다. 바라옵건대 진회의 머리를 베어 저자에 내걸고, 금의 사자를 포승하여 무례를 책망하고, 금의 죄를 묻기 위해 군사를 일으키셔야 합니다. 그러면 삼군 군사들의 사기는 곱절로 높아질 것입니다. 그렇지 않사오면 신은 동해 바다에서 죽음을 찾을 뿐이옵니다."

호전은 금나라와 강화를 맺기를 주장하는 진회를 목자르고 금나라로 쳐들어갈 군사를 일으키자는 것이었으나, 고종은 오히려 호전을 멀리 귀양 보내었다.

- 〈송서〉에서

마른 말과 가난한 선비

전한(前漢) 무제(武帝) 때 위청(衛靑)이란 사람이 오랑캐를 토벌한 공으로 상금 천 냥을 탔다. 상금을 타 가지고 막 궁궐 밖으로 나오는데, 동곽(東郭) 선생이 나타나서 위청을 가로 막았다.

"위청 장군!"

위청은 동곽 선생이 필시 자기에게 요긴한 말이라도 한마디 할 줄로 짐작하고 발걸음을 멈췄다.

"장군은 상금으로 천 냥이나 되는 돈을 받으셨습니다. 그것을 반만 뚝 떼어서 왕 부인 친정댁에 주십시오. 그러면 반드시 장군에게 더 좋은 일이 돌아올 것입니다."

왕 부인이란 무제의 총애를 한 몸에 받고 있는 궁녀였다. 그런데 왕 부인의 친정 집은 몹시 가난했던 것이다.

위청은 동곽 선생이 하라는 대로 했다. 그랬더니 이 일이 며칠 안가서 왕 부인으로부터 임금의 귀에까지 들어갔다. 무제는,

"위청이 그럴 만한 위인이 못되는데 분명 누가 귀띔을 해 준 게야."

하고 뒤로 알아 보았다. 그랬더니 과연 동곽 선생이 시킨 짓이라는 것을 알게 되었다.

무제는 동곽에게 당장에 도위(都尉)라는 벼슬을 주었다. 동곽 선생은 가난하기 이를 데 없어, 남루한 옷에 신발은 등만 있는 것을 신고 다녔다. 신이 등만 있고 바닥이 없으니 그가 눈 위를 걸어갈 때면 다섯 발가락의 발자국이 그대로 찍혀졌다. 사람들은 이 가난한 선비를 뒤에서 손가락질하며 비웃었다.

　그러나 동곽 선생은,

　"신을 신고 있는데 발자국이 찍힌다. 이런 재주를 가진 사람이 나 말고 또 있겠는가."

하며 태연했다.

　그런 동곽 선생이 도위가 되어 2천 석의 녹을 타는 당당한 관리가 된 것이다.

　이제까지 뒤에서 손가락질하던 사람들이 동곽 선생을 만나러 문전이 메워지게 몰려들었다. 가난하면 무능해서 그렇다고 하다가도 높은 자리에 올라 앉게 되면 금방 훌륭하게 보는 것이 세상 인심이다.

　속담에 말을 고르는 데 말랐다고 해서 시원찮아 하고, 선비를 보는 데 가난하다고 해서 업수이 본다는 말이 바로 이를 두고 한 말인가 보다.

말고기를 먹고 술을 안 마시면 몸에 해롭다

　춘추시대, 진(晋)나라와 진(秦)나라는 서로 인척 관계를 맺고 있었다. 즉, 진(晋)나라 문공(文公)의 부인은 진(秦)나라 목공(穆公)의 딸이며, 목공의 부인은 문공의 이복 누님이었다.

이와 같이 인척 관계에 놓여 있는 두 나라는 한때 화평하게 지내었다. 그러나 워낙 어지러운 세상, 서로 이해가 상반되면 어제의 벗이 오늘의 원수가 되는 수도 있었다. 두 나라 사이의 화평도 오래 가지는 않았다.

　문공이 죽고 양공(襄公)이 진(晋)나라의 임금이 되었다. 한편 진(秦)나라는 흉년이 들어 백성들이 굶주리게 되었다. 양공은 이러한 틈을 타서 진(秦)나라를 공격했다. 진나라에서도 맞아 싸웠다.

　싸움은 섬서(陝西) 지방에서 벌어지고 있었다. 이 싸움에서 목공은 진(晋)나라 군사에게 포위되어 아주 위태로운 지경에 이르렀다. 이때 그 지방의 주민 3백 명이 죽을 힘을 다하여 목공을 구해 냈다. 이 3백 명의 그 지방 주민들은 전날 목공에게서 은혜를 입었던 사람들이었다. 목공의 은혜란 이런 것이었다.

　어느 때 목공은 말을 잃어 버린 적이 있었다. 그런데 기산(岐山) 기슭에서 이 말을 얻은 그 곳 사람들은 임금의 말인 것도 모르고 그 말을 잡아 먹었다. 나중에 이 일이 탄로가 났다. 말을 잡아 먹었던 3백 명의 주민이 모조리 붙잡혔다. 중한 벌을 받게 될 상황이었다.

　이때 목공은,

　"말은 한낱 짐승이다. 짐승의 일로 어찌 사람을 죽일 수 있느냐. 들으니 좋은 말고기를 먹고 술을 마시지 않으면 사람의 몸에 해롭다고 하더라."

하며 그 사람들을 풀어 놓아 주었을 뿐 아니라, 그 위에 술까지 주었다.

　죽을 줄 알았다가 술까지 얻어 먹은 이 사람들은 마음 속 깊이 목공의 은혜에 감동했던 것이다.

　그러다가 목공이 싸움을 하게 되었다는 소식을 듣고 모두 목공을 위해 목숨을 내걸기로 작정하고 싸움터로 나섰던 것이다. 이들은 위기에서 목공을 구하여 전날의 은혜에 보답할 수 있었다.

- 〈사기〉에서

맛있는 낚시밥 아래 반드시 고기가 있다

군사를 쓰는 법은 예를 후하게 하고 녹을 많이 주는 데 있다. 예가 후하면 꾀 있는 사람이 찾아오고, 녹이 많으면 의로운 사람이 찾아온다. 그러므로 녹을 줄 때에는 재물을 아끼지 말고, 상을 줄 때에는 지체없이 할 일이다. 그렇게 하면 아랫사람들은 힘을 합하여 힘껏 싸워 적을 물리칠 수 있을 것이다.

〈군첨〉이라고 하는 병서(兵書)에 다음과 같은 말이 있다.

"군에 재물이 넉넉지 못하면 사람이 오지 않고, 군에 상이 없으면 사람이 가지 않는다. 맛있는 낚시밥에 고기는 꾀고, 후한 상이 있는 곳에 용맹한 군사는 모인다."

라고.

육도(六韜)에도,

"줄이 가늘고 낚시밥이 작으면 작은 고기가 오고, 줄이 적당하고 낚시밥이 향기로우면 중치 고기가 먹고, 줄이 국고 낚시밥이 풍성하면 큰 고기가 와서 먹는다. 고기는 낚시밥을 따 먹다 걸리고 사람은 녹을 먹고 주인을 섬기게 된다."

고 씌여 있다.

- 〈삼략(三略)〉에서

머리와 발보다 모자와 신을 아낀다

〈회남자〉에 이런 말이 있다.

"초목은 밑이 굵고 위가 가늘다. 짐승은 머리가 크고 꼬리가 작다. 만약 이것이 반대로 되었다고 한다면 나무는 밑이 약해서 부러질 것이며, 짐승은 꼬리가 무거워서 움직이지를 못할 것이다. 천지간에 온갖 근본과 가치가 있는 법이다. 인간 사회의 정치도 똑같다."

"정치의 근본은 인의(仁義)다. 그리고 법률은 가지와 같은 것이다. 근본인 인의를 잊어 버리고 법률에만 얽매어 버린다면, 그것은 나무 뿌리에 물을 주지 않고 가지와 잎에만 물을 주는 격이다. 왜냐하면 법률이라고 하는 것은 인의를 기르고 북돋우기 위해 마련된 것이기 때문이다. 그러므로 법률을 소중히 여겨서 인의를 버린다면, 그야말로 근본과 가지가 거꾸로다. 이런 것을 모자와 신을 위할 줄 알고 머리와 발을 위할 줄 모른다고 하는 것이다."

무엇이고 하려 하면 먹는 것도 잊는다

섭공(葉公)이란 사람이 공자의 제자 자로를 보고 물었다.

"자네 스승되는 공자라 하는 사람은 어떠한 위인가?"

자로는 어떻게 말해야 좋을지 몰라 대답을 못했다.

나중에 공자가 이 얘기를 듣고 자로에게 말했다.

"너는 왜 이렇게 대답하지 못했느냐? 무엇이고 하려고 하면 먹는 것도 잊고, 무엇이고 즐길 때는 일체의 근심 걱정을 잊고, 나이 먹어

늙는 줄도 알지 못한다……."
"사람들이 나를 모르는 것을 걱정하는 것이 아니라, 사람을 알지
못하는 것을 걱정한다."
고 했던 공자로서는 조금 자기 선전이 지나치다.

밥상 받고 열번 일어서

식사 때 상을 받았다가 열 번이나 상을 물리고 일어나 찾아오는 손
을 맞았다는 우(禹)의 얘기가 있다.

지금으로 4천 년 전, 하나라의 시조인 순(舜)을 섬길 때 황하(黃河)
의 치수(治水 – 장마와 가뭄을 막는 일)를 맡아 일을 보는데, 30년간
자기 집 앞을 지나면서도 자기 집엘 들르지 않고 맡은 소임에 열중했
다. 마침내 그 일이 성공하였을 때, 순은 임금 자리를 우에게 물려 주
었다.

이 얘기는 옛날 중국이란 나라에서 치수가 얼마나 어려운 일이었으
며, 나라를 다스린다는 것이 곧 치수에 있었다는 것을 말하는 것이지
만, 우라는 사람이 그와 같이 맡은 소임에 성실했고, 백성을 다스리
는 데도 그와 같은 성의로 다스렸다는 것을 알게 한다.

우는 식사 때 열 번씩이나 손님을 맞으러 일어났던 사람이다. 밖에
거동할 때도 혹 길가에서 죄인을 만나든가 하면 그 옆에서 눈물을 흘
리곤 했었다.

"요(堯)와 순(舜) 때에는 백성들이 자신을 생각지 않고 모두 한마
음으로 뭉쳐 요와 순을 섬기었기 때문에 나쁜 일을 저지르는 사람이

없었건만, 내 대에 와서는 사람들이 제 일만을 생각하게 되어 나쁜 짓을 저지르는 일이 많아졌으니, 이는 모두 나의 덕이 모자라는 탓, 슬픈지고."

눈물을 흘리는 우를 보고 죄인들도 같이 울며 허물을 뉘우쳤다고 한다.

우는 그러한 임금이었다.

시대는 훨씬 아래로 내려와 은나라 말기, 주공(周公)은 형 무왕(武王)을 도와 은나라를 쳐 주나라를 세웠다.

형 무왕이 세상을 떠난 뒤 무왕의 아들 성왕(成王)이 나이가 어려 주공은 섭정을 맡아 보았다. 주공은 어질고 착한 성자로 일러 오는 인물이다.

주공은 한 번 목욕을 하는 데 세 번씩이나 머리를 쥐고 나와서 손님을 맞이했다. 식사 때에는 세 번씩이나 입에 넣은 음식을 다시 뱉어 가며 손님을 맞이했다. 밥을 먹는 시간에도 목욕을 하는 시간에도 어진 선비가 찾아오면 식사도 목욕도 집어치우고 선비를 맞아들였다는 것이다.

주공은 순(舜)이 그랬듯이 사람을 기다리게 하지 않았다. 그것이 어진 선비를 맞는 예의라고 여겼던 것이다.

백리(百里)를 가는 사람은 90리를 반으로 친다

어떤 사람이 진나라 무제(武帝)에게 간곡히 말했다.

"대왕께서는 혹시 제나라와 초나라를 가볍게 보시고 한나라를 업수이 여기시지 않나 해서 걱정됩니다. 왕자(王者)의 군사는 이기고도 거만하지 않고, 패주(覇主)의 군사는 곤궁할 때도 성내지 않는다고 합니다. 이기고 거만하지 않아야 세상을 누를 수 있고, 곤궁해도 노하지 않아야 이웃 나라를 정복할 수 있는 것입니다. 지금 대왕께서는 위나라와 조나라를 얻은 것을 만족하게 여기시어, 제나라를 잃은 것을 아무렇지도 않게 생각하시니, 이것이 거만한 마음이 아니고 무엇이겠습니까? 그리고 의양(宜陽)에서 싸워 이겼다고 해서 초나라와 절교를 하신 것은 노여움이 아니겠습니까? 거만과 노여움은 천하를 경륜하는 마당에 있을 수 없는 일입니다. '처음은 누구나 있어도 끝이 있는 이는 드물다'는 말이 있습니다. 선왕은 처음과 끝을 똑같이 소중히 여겼기 때문에 성공하신 것입니다. 그와 반대로 처음은 잘 하다가 끝을 잘 맺지 못한 보기도 많이 있습니다. 대왕께서 천하 통일의 큰 사업을 착실히 밀고 나아가셔서 끝을 잘 맺으신다면 은나라 탕왕과 주나라의 문왕, 무왕과 더불어 대왕의 이름도 역사에서 칭송을 받으시게 될 것입니다. 춘추 오패에 대왕을 더하여 육패가 될 수도 있을 것입니다. 그러나 대왕께서 끝을 잘 여물리지 못하시면 세상에서는 대왕을 오나라의 부차나 지백과 같이 보게 될지도 모릅니다. 〈시경〉에도 '백리를 가는 사람은 90리를 반으로 친다'고 했습니다. 이것은 끝을 마무리하는 일이 얼마나 어려운 일인가를 말하는 것입니다. 지금 대왕께서 거만한 빛과 노여운 빛이 보입니다. 천하의 온갖 일들이 하나같이 대왕의 마음에 달려 있습니다. 초나라에 대한 공격을 하지 않으시면 진나라가 도리어 초나라의 공격을 받게 될 것입니다. 지금 진나라는 위나라를 도우면서 초나라의 공격을 막고, 초나라는 한나라와 진나라에 맞서고 있습니다. 이 네 나라의 군사는 그 힘이 비슷비슷하기 때문에 서로 팽팽히 당기고 있는 것입니다. 제나라와 송나라는 이 틈바구니에 끼지 않고 밖에서 은연히 기회를 엿보고 있습니다. 따라서 누구고 제나라와 송나라의 원조를 받는 나라가 먼저 군사를 일으키게 될 것입니다. 만약 진나라가 이 두 나라의 원조를 받는다면, 우선 한나라를 쳐부수게 될 것이며, 그렇게 되면 초나라는 외톨이가 되고 말 것입니다. 그러나 그와 반대로 초나라가 원조를 받는다면 진나라가 외톨이가 되고 말 것입니다. 참으로 위급한 때이올시다. 거만한 마음이나, 노여운 생각을 가질 때가 아닙니다."

온갖 일이 처음은 쉽고 끝은 어렵다. 그래서 처음은 있으나 끝이 없다는 말이 있다. 용두사미라는 말도 같은 뜻이다.

백리를 가는 사람이 90리를 반으로 쳐야 한다는 것은, 나머지 십리 길이 지나온 90리 길과 맞먹을 정도로 어렵기 때문이다.

- 〈전국책〉에서

백성은 거기 좇아 행하게 할 것이며, 알릴 것까지는 없다

〈논어〉에 있는 공자의 말이다. 이 말은 자칫하면 오해하기가 쉽다. 백성에게는 그대로 행하도록 하면 되고, 왜 그래야만 되는가를 알려 줄 필요는 없다고 했기 때문이다.

공자가 말하고자 한 것은 '백성은 하늘 이치와 자연의 법칙에 따르게 할 수는 있어도, 그 뜻을 이해시킬 수는 없다'는 것이다.

공자는 하늘 이치라든가 자연의 법칙 같은 것은 학식이 있는 사람이나 알 수 있는 것이지, 어리석은 백성은 도저히 알 수가 없다고 말한 것이다. 어쨌든 공자는 백성들을 어리석은 사람들로 보고 이런 말을 했던 것만은 틀림없다.

이러한 공자의 생각은 유교(儒敎)가 대중의 것이 될 수 없었던 큰 이유가 되었다고도 할 수 있다. 그러나 공자의 이 말 뜻을 잘못 이해한 사람들이 '백성에게는 알릴 필요가 없다. 좇아오게만 하면 된다'고 해서, 봉건 시대의 임금들이 이른바 우민정책(愚民政策)이라는 것을 거침없이 썼던 일도 있다.

범을 길러서 화근을 남긴다

진(秦)나라가 기울어 갈 무렵 천하를 놓고 다투었던 사람은 유방과 항우다. 홍문(鴻門)에서 아슬아슬하게 도망을 쳤던 유방은 잠시 동안 기회만 보고 있었다.

그런데 항우가 초나라의 의제(義齊)를 죽였다는 소문을 듣고 유방은 역적을 친다는 명목으로 항우를 토벌하는 군사를 일으켰다. 전쟁은 처음에 항우에게 유리했었으나, 차츰 역전되어 유방의 기세가 올라가고 있었다.

유방은 항우에게 잡혀 있는 태공(太公)과 여후(呂后)를 돌려 줄 것을 요구했다. 항우는 태공과 여후를 돌려 보내고, 군사를 이끌고 돌아갔다. 유방도 군사를 거두려 했다. 그런데 장양과 진평(陳平)이 유방을 말렸다.

"한나라는 지금 천하의 반을 가졌고, 제후들이 우리를 편들고 있습니다. 그러나 초나라는 군사가 지쳐 있고, 식량도 딸리고 있습니다. 이것은 하늘이 초나라를 없애 버리려는 것입니다. 이 기회를 놓치지 말고 천하를 빼앗아야 합니다. 지금 항우를 놓치면 범을 길러서 화근을 남기게 되는 것과 같습니다."

유방도 그럴듯하여 곧 초나라의 뒤를 쫓았다.

항우는 유방이 약속을 어겼다고 하여 화가 났다. 그러나 한나라 군사를 당할 수가 없어서 남으로 남으로 쫓기다가 오강(烏江) 기슭에서 자결하고 말았다.

범을 기른다는 말은 적이나 간악한 무리를 빨리 없애 버리지 않으면, 나중에 화근이 된다는 뜻이다. 중국에서는 범을 대단히 힘이 세고 무서운 짐승으로 친다. 그래서 범을 끌어다 붙인 말들이 많다.

'앞문의 범을 쫓고 나니까, 뒷문으로 늑대가 들어온다'는 말 등이 바로 그것이다.

- 〈사기〉에서

범의 꼬리를 밟은 것 같고, 봄에 얼음을 건너는 것 같다

주나라 목왕(穆王)이 사도(司徒) 군아(君牙)에게 한 말이다.

"그대의 집안은 선조 대대로 충성심이 두터워서 왕실을 위하여 수고를 아끼지 않았다. 그래서 그 공적이 역사에 남아 있다. 나는 문왕(文王), 무왕(武王), 성왕(成王), 강왕(康王) 같은 선군(先君)의 뜻을 이어 받고, 또 선군을 섬기던 신하들의 힘을 얻어 나라를 다스려 가고 있다. 그러나 나는 어떻게 하면 나라를 잘 다스려 나아갈까 하고 늘 걱정이 된다. 마치 범의 꼬리를 밟고 있는 것 같고, 봄에 얼음판을 건너는 것 같이 불안하기만 하다. 그러므로 어진 신하들의 도움을 바라는 마음 간절하다. 나는 그대를 나의 날개같이, 나의 팔다리같이 생각하고 있다. 그대는 그대의 선조들과 같이 충성을 다하여 왕실을 돕고, 그대의 선조들이 남긴 영광스런 이름을 손상케 해서는 안될 것이다. 그대는 사도(司徒)로서 천하가 좇고 따를 기준을 만들어, 민심을 향상시키도록 하라."

- 〈서경〉에서

사람마다 할 수 있는 일과 할 수 없는 일이 있다

춘추시대, 초나라 소왕(昭王)은 오나라 군사에 쫓겨 수나라로 도망갔다. 수나라에서 소왕은 하마터면 죽을 뻔한 고비를 겨우 넘겼다. 그때 진(秦)나라에서 구원군이 와서 초나라를 도와 오나라 군사를 내몰았다.

소왕이 수나라에 있을 때 초나라에 그대로 머물러 있던 자서(子西)는 소왕이 수나라로 몸을 피한 사실을 백성들에게는 감쪽같이 숨겼다. 여전히 조정이 있고 임금이 계신 것 같이 꾸몄던 것이다.

그 뒤 소왕은 유우(由宇)라는 신하에게 성을 쌓도록 명령했다. 그런데 유우는 성의 높이를 얼마나 높이 쌓아야 할지, 성벽의 두께는 얼마나 두껍게 해야 할지를 알지 못했다. 자서는 옆에서 보기에 답답했다. 그래서 유우에게,

"하지 못할 일이면 처음부터 못 하겠다고 하면 되지 않은가. 성의 높이도 두께도 알지 못하고 어떻게 무슨 성을 쌓는다는 것인가."

"나는 못 하겠다고 했는데, 당신이 무리로 하라고 그러지 않았소.

사람은 각각 그가 잘 할 수 있는 일과 할 수 없는 일이 있는 것이오. 나는 전날 임금이 적에게 쫓기게 되었을 때 몸을 바쳐 적의 군사를 막아 싸웠었소. 그때의 상처를 보시오."

하면서 웃통을 벗고 등에 상처를 내 보였다.

"내가 할 수 있는 일은 이것이란 말이오. 거짓 조정을 꾸며 놓고, 백성들에게 임금이 나라 안에 계신 것처럼 보이는 그런 일은 나는 못한단 말이오."

- 〈좌전〉에서

사람을 구할 때 애쓰고, 부릴 때는 편하게 부린다

제나라 환공(桓公)이 오패(五覇) 가운데서도 으뜸이 될 수 있었던 것은 관중이 보좌를 잘 했기 때문이다. 환공도 그것을 잘 알고 있었기 때문에 관중을 중부(仲父)라고 부르기까지 했던 것이다.

어느 때 진(晉)나라에서 손님이 왔다. 밑에서는 어떻게 대우를 해야 할지 몰라 환공에게 물었다. 그랬더니 환공은,

"중부에게 가서 의논하라."

고 했다.

이 때 어떤 사람이,

"임금 노릇은 하기 편한 거로군. 무엇이든지 중부에게 가서 물어보라고 하면 되니 말야."

라고 넋두리처럼 말했다. 환공이 이 말을 듣고,

"그런 것이 아니다. 나는 '사람을 구할 때 애쓰고, 사람을 부릴 때

편하게 부린다' 는 말을 들었다. 나는 애써서 관중을 얻었다. 그러니까 신하라고 하더라도 어찌 함부로 부릴 수가 있는가. 그의 의견을 소중히 여겨야 하지 않느냐."

고 말했다.

환공은 사람을 부리는 방법을 잘 알고 있었던 사람이라고 할 수 있을 것이다.

– 〈한비자〉에서

사지(死地)에 빠뜨렸다가 연후에 살린다

유방이 아직 한나라 고조가 되기 전, 한신과 장이(張耳) 두 사람에게 조나라를 치게 했다.

조왕 흘(歇)은 성안군 진여(陳餘)와 같이 한신과 장이의 군사를 막아 싸웠다. 진여의 군사에 이좌거(李左車)라는 사람이 계교로써 적을 무찌르자는 제안을 했다. 그러나 진여는 원래가 선비였던 사람이라,

"싸움은 정정당당하게 하는 것이지, 어찌 얕은 계교로써 할 수가 있느냐."

고 듣지를 않았다.

한편 한신은 날쌘 군사 2천 명에게 한나라의 표지인 붉은 기를 들고 샛길로 해서 진여의 진영을 향해 쳐 나가게 하고, 한쪽으로는 만 명의 군사를 강을 등지고 진치고 있게 했다.

한신의 본부대는 진여의 진영으로 가서 싸움을 돋우었다. 진여의 군사는 성 밖으로 쏟아져 나와 한신의 군사와 맞싸웠다. 한신의 군사

는 얼마 동안 싸우다가 지는 척하면서 도망치기 시작했다. 이에 기세가 오른 진여의 군사는 성 안에 있는 군사까지 모두 나와서 도망가는 한신의 군사를 쫓았다. 한신의 군사를 한 명도 남기지 않고 모조리 쳐 무찌를 작정이었던 것이다.

그런데 도망가던 한신의 군사는 어느 틈에 몇 곱절로 불어났다. 미리 기다리고 있던 만 명의 군사와 합친 것이다. 이때서야 진여의 군사는 더 쫓지 않고 뒤돌아오려 했다. 그러나 이것이 어찌된 영문인가. 자기네의 성 안에는 한신의 군사들이 벌써 들어와 그들의 붉은 기가 나부끼고 있는 것이 아닌가.

샛길로 왔던 2천 명이 진여의 성을 점령한 것이다. 진여의 군사는 성을 잃고 갈 바를 몰라 허둥댔다. 이때 한신의 군사가 다시 밀려 들어와 진여의 군사를 닥치는 대로 무찔렀다. 이렇게 하여 진여는 참혹하게 지고 만 것이다.

싸움이 끝나고 나서 여러 장수들이 한신에게 물었다.

"병법에는 산을 뒤로 하거나 바른편에 두고 진을 치라고 했고, 강물은 왼편이나 앞으로 두라고 했는데, 장군은 강을 뒤로 하고 진을 치게 했으니 병법과 틀리지 않습니까?"

"병법에 이런 것도 있소. 우선 사지로 몰아 넣고 연후에 살린다. 이번 나의 배수의 진은 그 병법에 따른 것이오."

배수의 진이란 이 때부터 나온 말이며, 진여에게 계교로써 싸우자고 했던 이좌거는 뒤에 한신이 불러 내어 참모로 썼는데, 이좌거의 계교로 연나라와는 싸우지도 않고 항복을 받아 냈다.

- 〈사기〉에서

삼년 동안 날지도 울지도 않아

춘추 전국시대 초나라는 남쪽에서 그 세력이 뻗어 가고 있었다. 목왕(穆王)이 임금이 된 후부터 초나라의 세력은 굳어 갔던 것이다.

목왕이 죽고 장왕(莊王) 때에는 춘추 오패(五霸)의 하나로 꼽히기에 이르렀다. 장왕(莊王)은 영걸한 임금으로 후세에 이름을 남겼지만, 그 장왕이 처음 임금이 되었을 때는,

"나를 간하는 자는 사형에 처한다."

라는 엄한 포고를 내리기까지 했었다.

장왕이 임금이 되고 나서 3년 동안 장왕은 나라 일은 하나도 돌아보지 않고 밤낮으로 술과 여자를 데리고 놀기만 했다.

오거(伍擧)라는 신하가 이런 꼴을 보고 가만히 있을 수 없어서 죽음을 각오하고 임금께 간하기로 했다. 그러나 직접 대 놓고 말할 수가 없어서 하나의 수수께끼를 가지고 간하기로 했다.

"한 마리 새가 언덕 위에 있는데, 3년 동안 날지도 않고 울지도 않습니다. 대체 그 새는 무슨 새일까요?"

장왕이 대답하기를,

"3년 동안 날지 않았으면 한 번 날으면 하늘까지 올라가겠구나. 그리고 3년을 울지 않는다면 한 번 울면 세상 사람을 놀라게 할 것이다. 네가 무슨 말을 하려는 것인지 다 알았다. 그만 물러가거라."

그리고 나서 또 몇 달이 지났다. 그러나 장왕은 조금도 달라지지를 않았다. 오히려 더 심한 것 같았다. 이번에는 소종(蘇從)이라는 신하가 보다 못해 임금 앞에 나아가 직접 간했다.

"너는 포고를 보지 못했느냐?"

"왕께옵서 마음을 고치시기만 한다면 죽어도 한이 없습니다."

"좋다."

장왕은 그리고 나서부터 지금까지와는 딴 사람이 되었다.

궁중에 있던 여자들을 다 물리치고 술도 딱 끊어 버렸다. 장왕이 3년 동안 술과 여자를 가까이 하며 놀기만 했던 것은 그러는 중에서 쓸 만한 신하와 쓰지 못할 신하를 추려 내기 위한 하나의 방법이었던 것이다.

장왕은 당장 수백 명을 파면시키고 벌 줄 사람은 벌을 주었다. 그리고 그 자리에 여기 저기서 쓸 만한 사람들을 골라 앉히고 전에 자기에게 간했던 오거와 소종에게 정사일을 맡겼다.

나라의 정치가 그때부터 잘 되어 갔던 것은 말할 것도 없다.

- 〈사기〉에서

상과 벌(罰)은 천하의 것이다

송나라 태조(太祖)가 가장 미더워 했던 사람은 재상 조보(趙普)였다. 또 태조가 송나라를 일으킬 때 제일 공적이 컸던 사람도 조보다.

조보가 어느 때 어떤 사람 하나를 승진을 시키려고 태조에게 천거를 했는데, 태조가 재가를 안했다. 그 다음 날 다시 똑같은 문서를 올렸더니 태조는 화를 내며 문서를 찢어서 내던졌다.

조보는 아무 말 없이 그 문서를 주워 모아 찢어진 것을 붙여 가지고 이튿날 또 임금께 올렸다. 그 때는 태조도 마음에 뉘우치는 바 있어, 조보가 천거한 사람을 승진시켰더니 그 사람이 참으로 훌륭한 일꾼이 되었다고 한다.

또 한 사람 승진을 시킬 사람이 있었는데, 임금이 평소부터 그 사람을 좋게 보지 않아 승진이 되지를 않았다. 조보가 그 사람을 승진시키자고 했다.

"내가 싫다고 하면 그뿐이다. 그 사람은 아무래도 내 비위에 맞지를 않아."

조보가 아뢰기를,

"형벌과 상 주는 일이 모두 다 천하의 것이며, 폐하 한 분의 것이 아닙니다. 폐하라 할지라도 사정이 있어서는 아니됩니다."

라고 했다. 좋다 해서 상 주고, 밉다해서 벌 줄 수는 없다는 말이다.

임금은 더 듣지 않고 안으로 들어가 버렸다. 임금이 거처하는 사사로운 방이기 때문에 조보는 안으로 따라 들어갈 수는 없었다.

조보는 문 앞에서 태조가 나오기를 기다리기로 했다.

"조보 녀석, 이제는 지쳐서 물러 갔을 테지……."

태조는 얼마만에 문을 열고 밖을 내다 보았다. 태조는 조보와 얼굴이 마주쳤다. 태조는 하는 수 없이 조보의 말을 들어 주었다.

전날 후주(後周)의 세종(世宗)은,

"과인은 기뻐서 상 주고, 노해서 벌을 주지 않는다."

고 늘 말했었다. 세종은 후세에서도 성천자(聖天子)라고 일컬어졌다.

-〈송사〉에서

성인은 세상 되어 가는 대로 따라 간다

후한 환제(桓帝)는 나라가 기울어져 가는 것을 바로잡기 위해 천하에 널리 유능한 사람들을 불러 들였다. 탁군에 사는 최식(崔寔)이란 사람도 유능한 선비로 천거되어 서울로 올라왔다.

그런데 최식은 서울에 오자마자 몸에 병이 있다 하고, 벼슬자리를 받지 않고 글 한 장을 써 놓고 내려가 버렸다.

최식이 남겨 놓은 글에는 다음과 같은 내용이 담겨 있었다.

"대개 성인은 어떤 일이든 세상이 되어 가는 데 따라 행동을 하는데, 보통 사람들은 융통성이 없어서 세상 돌아가는 데로 따라 가지 못하고 고생을 한다. 예를 들면, 옛날에는 새끼 줄을 서로 매어서 약속을 하기도 했고, 하나라 우왕은 오랑캐들 앞에서 춤을 보여 주어 귀순을 시키기도 했다.

그러나 이러한 방법이 오늘날에도 통할 것이라고 생각한다면, 그것은 어리석은 생각이다. 옛날에는 사람의 인정이 소박하고 세상만사가 간단했기 때문에 그런 것이 통했었지만, 지금은 사람들이 깨었고 세상 일이 복잡해져서 예전대로는 되지가 않는다.

법률이나 형벌은 나라의 환란을 다스리는 약이요, 도덕과 교육은 나라를 태평하게 하는 음식과 같은 것이다. 이것을 잘못 알아서 약만 가지고 병을 고치려고 한다든가 음식만 가지고 영양을 취하려 하면 효과도 없을 뿐 아니라, 오히려 해가 되기도 할 것이다.

– 이제 나라의 운수가 기울어져 가는 듯이 보인다. 마치 말 고삐를 풀어 놓고 멍에를 벗어 놓은 말이 지금이라도 수레를 뒤집어 엎을 것 같은 꼴이다. 이 위급한 사태를 구하려면 고삐를 단단히 잡고 멍에를 메우는 도리밖에 없다."

이것을 읽은 중장통(仲長統)은,

"이것이야말로 임금된 사람이 좌우에 놓고 늘 참고로 할 만하다." 고 말했다.

이보다 앞서 전한(前漢) 원제(元帝)가 아직 태자로 있을 때, 태자는 글을 좋아하고, 마음이 착하고 어질었다. 그래서 부왕인 선제(宣帝)를 모시고 있는 사람이 너무 형벌을 엄하게 정해 놓은 것을 늘 마땅치 않게 여기고 있었다.

하루는 태자가 선제에게 선비들을 채용해서 어진 정치를 하라고 간했다. 그랬더니 선제는 태자를 꾸짖었다.

"한 나라에는 한 나라의 법이 있다. 그것은 왕도와 패도(覇道)를 같이 쓰는 것이다. 너는 왕도만으로 나라가 잘 다스려질 것으로 믿느냐? 지금 세상의 선비들은 완고하여 세상 돌아가는 형편을 모르고, 자기네들이 배운 것, 옛날 성인이 한 것만이 옳고, 지금 것은 모두 그르다고 생각한다. 그러한 밝지 못한 사람들을 어떻게 정치에 참여시킬 수 있단 말이냐?"

그러면서,

"장래 이 나라를 어지럽힐 자는 바로 이 태자일 것이다."

라고 탄식했다. 그런데 과연 태자가 원제(元帝)가 되었을 때, 원제는 착하기만 해서 신하를 통솔하지 못하고 나라는 점점 기울어져 갔다.

－〈후한서〉, 〈십팔사략〉에서

스스로를 아는 자는 남을 탓하지 않으며, 명을 아는 자는 하늘을 원망하지 않는다

"재앙은 가만히 있었기 때문에 당하고, 우환은 욕심이 많아서 생기며, 피해는 미리 방지를 안해서 입게 되는 것이며, 전답이 황폐해진 것은 갈지 않았기 때문이다."

성인(聖人)은 아무리 착한 일을 했어도 부족하지 않았었나 걱정하고, 재앙을 당하지 않기 위해 아무리 대비를 했더라도 재앙을 피하기 어렵다는 것을 늘 마음에 두려워 한다.

"먼지 속에 서서 티가 눈에 들어가지 않기를 바라며, 물로 걸어가면서 옷이 젖지 않기를 바란다는 것은 될 말이 아니다. 그러므로 스스로를 아는 자는 남을 탓하지 않고, 명을 아는 자는 하늘을 원망하지 않는다고 한다. 복(福)을 받는 것도 내게 달렸고 화를 입는 것도 내게 달려 있다. 성인은 칭찬 듣기를 원치 않으며, 비난을 피하려 하지도 않는다. 항상 몸가짐을 바르게 하고 행실을 곧게 하며, 그 덕(德)을 이웃에 미치게 한다. 모든 사악(邪惡)이 덕화(德化)되어 사라지게 되는 것이다."

이제 바른 길을 버리고 외진 곳으로 달리려 하며, 도리에 벗어나서 속된 무리들을 좇으려 함은 마음이 흔들리고 있기 때문이다.

– 〈회남자〉에서

시초는 다 있어도, 끝이 다 있기는 드물다

전국시대 세력이 커진 진(秦)나라는 사방의 이웃 나라들을 차례로 쳐 나갔다. 진나라 장수 백기(白起)는 군사를 갖추고 초나라를 치려고 그 시기를 기다리고 있었다.

초나라 경양왕(頃襄王)은 진나라가 쳐 들어올 것이라는 소문을 듣고 춘신군(春申君)을 진나라에 보내어 초나라를 공격하지 않도록 잘 말해 보라고 했다. 춘신군의 집에는 식객들이 많이 있었다. 식객 중에는 말솜씨가 좋은 사람들이 있었다.

춘신군은 우선 진나라 왕에게 글월을 올렸다.

"이제 천하에는 진나라와 초나라 두 나라밖에는 강한 나라가 없습니다. 만약 이 두 나라가 전쟁을 하게 되면 그것은 두 마리의 사나운 범이 서로 다투는 것과 같습니다. 범끼리 싸우게 되면 똥개 같은 다른 나라들이 두 나라가 지친 틈을 타서 덮쳐 올지도 모릅니다. 진나라와 초나라는 서로 화목하게 지내는 것이 좋습니다. 온갖 것이 극도에 이르면 그 다음엔 무너지고 마는 법입니다.

진나라의 세력은 극도에 이른 것 같이 보입니다마는, 〈시경〉에 '처음은 다 있어도 끝이 다 있기는 드물다' 고 했습니다. 〈역경〉에도 '여우가 물을 건너다 꼬리를 적셨다' 는 말이 있습니다. 여우는 물을 잘 건넙니다. 그러나 꼬리가 젖으면 물을 건널 수가 없습니다. 그래서 여우는 물을 건널 때 꼬리가 젖지 않도록 조심합니다. 그러나 물을 건너고 이제는 다 됐다 했을 때에 그만 꼬리가 물에 잠기고 말았습니다. 그래서 그 여우는 더 이상 물을 건널 수가 없었다는 것입니다.

모든 일이 처음은 쉬우나, 끝은 어려운 법입니다. 그래서 끝을 잘 마무리 한다는 것이 중요합니다. 살펴 보건대, 진나라가 초나라와 전쟁을 한다는 것은 한(韓)이나 위(魏)에 이로운 일이 될 것입니다. 한과 위는 진나라의 당면의 적입니다. 한나라와 위나라는 진나라와 싸우기를 십대를 두고 계속하고 있습니다. 이 두 나라는 아직도 진나라에 항복하지 않고 있습니다. 이러한 한나라와 위나라를 뒤로 돌리고,

초나라와 싸움을 하겠다는 것은 어리석은 일이 아닌가 생각됩니다."

춘신군은 이와 같이 해서 진나라를 설득시킬 수 있었다. 진나라에서는 초나라를 공격하려던 계획을 중지했던 것이다.

그 뒷날, 춘신군은 태자 완(完)과 함께 진나라에 볼모가 되어갔다가 풀려 와서 재상이 되었다.

'처음이 좋으면 반드시 끝도 좋다' 든가 '일을 잘 꾸미는 자가 반드시 성공하는 것은 아니다' 라는 말들도 있다.

－〈사기〉,〈전국책〉에서

신분이 낮으면 신분 높은 사람을 부릴 수 없다

제나라 환공은 포숙의 말을 듣고 그의 친구 관중에게 나라 일을 맡겼다.

"신분이 낮으면 신분이 높은 사람을 부릴 수가 없습니다."

관중이 그렇게 말하므로 관중에게 제일 우두머리 자리를 주었다.

그런데 관중을 높은 자리에 올렸으나 그래도 아직 나라가 잘 다스려지지를 않았다. 관중에게 그 까닭을 물으니 관중이 대답하기를,

"가난하면 돈있는 사람을 쓸 수가 없습니다."

라고 했다.

환공은 관중에게 한 해 세금 만큼이나 되는 많은 재물을 주었다. 그런데도 여전히 나라가 잘 다스려지는 것 같지 않았다.

환공이 이상해서 또 물었다. 관중의 대답이,

"임금과 친분이 닿지 않아서, 임금과 친분이 닿는 사람들을 어거할

수가 없습니다."

라고 했다.

그래서 환공은 관중을 중부(仲父)로 했더니, 나라가 잘 다스려져 갔으며, 환공이 오패 중에서도 패자가 될 수 있도록 잘 보좌했다.

공자는 여기에 대하여 이렇게 말하고 있다.

"관중과 같이 슬기로운 사람도 귀(貴)와 부(富)와 친(親)이 없이는 나라를 다스릴 수가 없었다. 임금을 도와 나라가 일어나게 하는 일이 참으로 쉽지 않다."

어느 때 환공이 관중에게 이런 일을 물은 적이 있었다.

"내 크게 잔치를 마련하고 제후들을 부를까 하는데 해롭지는 않을까?"

"잘 하시는 일은 아닙니다마는, 해가 될 것은 없을 것입니다."

"그러면 무엇이 해로운가?"

"슬기로운 사람을 몰라 보고, 알아도 쓰지 않고, 쓰면서도 자리를 주지 않고, 자리를 주고도 믿지 않고, 믿으면서도 소인들이 참견하게 하면 그것이 해가 됩니다."

환공은 알겠다는 듯이 고개를 끄덕끄덕했다.

지체가 없이는 지체 높은 사람을 부릴 수 없다는 말과 관련되는 것으로, '도(道)도 권(權)이 아니고서는 서지 않고, 세(勢)가 없이는 행해지지 않는다'는 말이 있다.

〈설원〉에 보면 다음과 같은 내용이 있다.

옛날 어진 임금들은 백성에게 인의(仁義)를 가르쳐 풍속을 바로 잡았다. 공자도 또한 인의를 가르치며 천하를 두루 돌아다녔으나, 천하 사람들이 그를 좇으려 하지 않았음은 무슨 까닭일까?

옛날 어진 임금들은 슬기로운 사람들에게 높은 벼슬자리를 주어 그들을 대우하였고, 정예한 무기로써 악한 자를 물리쳤다. 상은 두텁고 형벌은 무서웠던 것이다. 이러한 상과 벌이 컸었기 때문에 천하를 다스리고 풍속을 바로잡을 수 있었던 것이다. 그런데 공자는 그 제자 안연(顏淵)이 아무리 슬기로웠다 해도 상을 줄래야 상 줄 것이 없고, 유비(孺悲) 같은 자가 무례하기 짝이 없었지만 벌 줄 수 있는 방법이 없었다. 그러므로 천하 사람들이 공자를 좇으려 하지 않았던 것이다. 도(道)도 권(權)이 아니면 서지 않는다는 말이 바로 이것이다.

옳은 일이라 해서 세상에 다 통하지는 않는 것이다.

— 〈설원〉에서

신에 발을 맞춰

발에 맞는 신을 고르려 하지 않고 발을 신에 맞추려고 한다면 그야말로 사리가 거꾸로다.

〈회남자〉에 다음과 같은 말이 있다.

"문짝을 부숴 땔감으로 하고, 우물을 메꿔 절구로 쓰는 사람이 있다. 사람들은 자기도 모르게 이런 어리석은 짓을 한다. 물과 불은 서로 상극이다. 그러나 솥이 있으면 솥 속에 물을 붓고 불을 지펴 갖은 음식을 만들 수도 있다. 이와는 반대로, 부자 간이나 형제는 서로 끊을 수 없는 사이지만, 중간에 누가 이간을 붙이게 되면 부자 간에도 서로 다투는 수가 있기 마련이다. 아비가 그 자식을 해치거나 자식이 그 아비를 거역하는 것은 마치 신에 맞추기 위해 발을 깎아 내거나 모자에 맞추어 머리통을 줄이려는 것과 같다 할 것이다."

이 말은 〈회남자〉 '세림훈(稅林訓)'이라는 데 나온다.

〈맹자〉에 또 이런 말이 있다.

"발의 치수를 몰라도 신을 지을 수 있다."

사람의 발이란 그 크기가 대체로 비슷하다. 그래서 한 사람 발 치수를 재지 않더라도 대개 큰 것과 중치와 작은 것으로 나누면 된다. 이 뜻은 같은 종류는 그 성품도 비슷하다는 것을 빗대서 말한 것이다.

안석(安石)이 안 나서면, 창생(蒼生)을 어이 할고

안석은 동진(東晋) 때 사람 사안(謝安)의 자(字)다.

그 당시 동진에는 환온(桓溫)이 한창 권세를 잡고 있었다. 안석은 환온을 싫어해서 벼슬 자리를 내놓고 산속에 들어가 글을 읽으며 한가로이 나날을 보냈다. 조정에서 몇 차례나 안석을 불렀지만, 안석은 번번이 사양했다.

한편 환온은 점점 세도가 커져서 마침내는 스스로 임금이 되려는 속셈을 드러내 보이기까지 했다. 그런데 동진 북쪽에 전진(前秦)이라는 나라가 점점 커져 가지고 동진을 삼켜 버리려는 기세가 보였다.

동진은 그야말로 사느냐 죽느냐 하는 위급한 때였다.

이러한 나라 꼴을 안석은 이제 가만히 앉아서 보고만 있을 수는 없었다. 안석은 산속에서 나왔다. 안석이 나라와 겨레를 위해서 나선 것이다. 안석이 나왔다는 소문에 백성들은 기뻐 날뛰었다. 동진 백성들은 안석의 위인과 재주를 존경하고 있었으며, 안석이 아니면 동진을 건질 사람이 없다는 것을 알고 있었다.

"안석이 안 나서면 창생을 어이할고."

이 말은 바로 그 때의 동진 사람들의 입에서 나온 말이다.

안석은 우선 처음엔 환온 밑에서 일을 보는 수밖에 없었다. 그러다가 얼마 안 되어 이부상서(吏部尙書), 지금으로 치면 국무대신 격의 중요한 자리에 올라갔다. 이제는 환온도 안석을 꺾을 수가 없게 되었다.

안석을 질투하던 끝에 환온은 분통이 터져 죽었다고 한다. 안석은 안으로 환온의 야망을 눌렀고 밖으로 전진(前秦)의 남침을 무찔러 동진을 구했다.

'안석이 안 나서면……' 라는 말은 그 당시 동진 사람들이 입을 모아 했던 말이건만, 요즈음에는 제가 스스로 '내가 안 나서면……" 누가 창생을 구할 수 있으랴 식의 자천(自薦)의 말로 바꿔져 가는 성싶다.

- 〈진서(晉書)〉에서

원숭이에게 나무 타는 법을 가르치지 말라

원숭이에게 나무 타는 법을 가르치지 말라.
칠한 위에 또 칠을 하는 것과 같다.
군자가 조금만 잘한 일이 있으면,
소인은 모두 더불어 같이 따라 오게 될 것이다.

이것은 〈시경〉 '소아(小雅) 각궁(角弓)' 의 한 구절이다.
원숭이란 놈은 원래 나무에 오르기를 잘한 다. 그것은 원숭이의 본

283

성이다. 그러므로 원숭이에게 나무에 오르는 법을 가르치면 더 잘하게 될 것이다. 여기서 원숭이는 나쁜 사람에 비유한 것이다. 즉, 나쁜 사람에게 나쁜 짓을 가르치든가, 잘 한다고 추켜 주어서는 안 된다는 뜻이다.

그러나 사람은 누구나 어질고 착한 마음을 타고났기 때문에, 윗사람이 좋은 행실을 보여 주면 아랫사람들은 모두 그것을 본받아 좋은 사람이 될 것이라는 말이다.

유(柔)한 것이 능히 강(剛)한 것을 이긴다

후한 광무제는 스물 여덟 살에 군사를 일으켜 서른 한 살에 제위에 올랐다. 그 동안은 거의 싸움터에서 살았다.

동쪽으로 쳐 나갔다가 서쪽을 공격했다가, 쉴사이 없이 전쟁을 하면서 여러 나라를 정복하여 천하를 손아귀에 넣었다.

광무제가 임금이 된 후에도 전쟁은 그치지 않았다. 천하를 통일하기까지 그의 전적은 전한(前漢)의 고조(高祖)와 맞먹을 만큼 컸다.

천하가 안정된 지 얼마 안 되어 광무제는 고향인 남양(南陽)에 거동했다. 거기서 일가 친척들을 한 자리에 모아 놓고 크게 잔치를 열었다.

그때, 백모와 숙모가 번갈아 가며 이런 얘기들을 했다.

"문숙(文淑) - 광무제의 어릴 때 이름 - 은 평소 사람들과 사귈 때에도 뽐내는 일이 없고, 만사에 고지식하고, 사양하기를 잘 하고…… 그렇더니 오늘날 황제가 되실 줄이야……"

백모와 숙모의 애기를 듣고 있던 광무제는 껄껄 웃으면서 말했다.

"그겁니다. 바로 제가 이제부터 천하를 다스릴 때에도 부드러움, 그것으로 해 나가려고 합니다."

광무제는 천하를 평정한 후에는 백성들의 고생을 생각해서 여간해 가지고는 군사를 뽑지 않았다.

어느 해 북쪽에 있는 흉노(匈奴)가 흉년이 들어 백성들이 굶주리고 국력은 말이 안 되게 쇠약해졌다는 소문을 듣고 장군 마무(馬武)가 광무제에게 아뢰었다.

"이 좋은 기회를 놓쳐서는 안 됩니다. 곧 흉노를 치도록 허락해 주십시오."

광무제는 조용히 옛날의 방법가 황석공(黃石公)이 지은 〈포유기(包柔記)〉에 씌여 있는 말을 끌어다 이렇게 마무 장군을 타일렀다.

"'부드러운 것이 능히 강한 것을 이기고, 약한 것이 능히 센 것을 이긴다' 지금 우리는 강하다. 그리고 흉노는 약하다. 그러나 강한 우리가 약한 흉노를 얕잡아 보면 우리 군사는 마음이 교만해져서 도리어 약한 흉노에게 질지도 모른다. 더욱이 지금 우리 나라는 여러 해 동안 싸움에 백성들이 모두 지쳐 있다. 이럴 때 밖으로 정벌을 나간다는 것은 안 될 말이다."

이런 일이 있은 뒤에는 누구도 정벌을 나가자고 말하는 자가 없었다고 하다. 광무제는 창업 이래 공이 있던 신하와 장수들을 제후에 봉하고 일선에서 물러앉아 편안하게 부귀와 공명을 누리며 평생을 잘 살 수 있도록 마련해 주었다.

전한(前漢)의 고조가 공신들과 장수들을 모조리 차례차례 없애 버렸던 것과는 아주 대조적이다.

- 〈후한서〉

의식이 넉넉해야 예절을 안다

제나라 환공(桓公)을 그 만큼 추켜 올려 놓은 이는 명재상 관중(管仲)이다. 관중은 처음에 환공의 형인 규 밑에 있었는데, 환공과 규 형제가 서로 임금 자리를 다투었을 때 관중은 환공을 활로 쏜 일이 있었다.

그러니까 관중은 환공이 생각할 때 원수나 다름없었지만, 관중의 친구 포숙이 환공의 밑에 있으면서 간곡히 천거를 하여 환공은 옛 일을 묻지 않고 관중을 불러 썼던 것이다.

포숙이 관중을 본 눈은 틀리지 않아 관중의 나라 다스리는 솜씨가 예사가 아니었다. 관중은 제나라를 여러 나라 중에서도 가장 강한 나라로 일으켰다. 관중은 고금을 통하여 명재상의 으뜸으로 친다.

관중의 언행록(言行錄)이 〈관자(管子)〉라는 책이다.

〈관자〉'목민편(牧民篇)'에 보면 백성을 다스리는 법을 다음과 같이 일렀다.

"한 나라를 지배하는 자는 일년 사계절을 통해 생산 계획을 원활히 하여 살림이 윤택해질 수 있도록 해야 한다. 물자가 풍부한 나라에는 먼 곳에서도 사람이 모여들게 마련이다. 그날 그날의 끼니를 걱정해야 하는 사람에게 예절을 지키라 하는 것은 무리다. 살림이 윤택해지면 저절로 예절도 알게 된다. 그러므로 우선 첫째 물질적으로 잘 살 수 있는 터전을 만드는 일이 정치의 중요한 점이다."

지금 세상에서 보면 이것이 하등 대단한 말이라고 할 게 못 되지만, 기원전 7세기에 이것을 깨닫고 실천했다는 것은 위대한 일이라고 하지 않을 수 없다.

'의식이 넉넉해야 예절도 알게 된다' 는 말은 〈논어〉에도 있다.

공자가 제자들을 거느리고 어느 도시에 이르렀을 때 한 제자가,

"선생님, 이 많은 인총들을 선생님이라면 어떻게 하시겠습니까?"

하고 공자에게 물었다.

공자는,

"우선 잘 살 수 있게 주겠다."

라고 대답했다.

"그 다음엔요?"

"그 다음엔 교육을 시키겠다."

공자도 백성들을 배불리 먹고 살게 한 다음에, 예의나 언어를 가르쳐야 한다고 여겼던 것이다.

의심을 가지고 일을 하면 성공할 수 없다

전국시대 조나라 무령왕(武靈王)은 다른 나라에서는 모두 왕이라 자칭하는 중에서,

"나는 왕이 될 자격이 없다. 이름만 왕이라고 한댔자 무얼 하겠는가."

하고 군(君)이라 부르게 했다.

본래 왕은 천하의 주인이라고 해서 주나라의 왕에게만 썼고, 그 밖에는 공(公), 후(侯), 백(伯), 자(子), 남(男)의 층하가 있었던 것이다. 그런데 세상이 어지러워지자 저마다 왕이라고 자칭하고 나왔던 것이다.

무령왕은 조나라를 보존하기 위해 서쪽에 있는 진(秦)나라를 섬기

기로 했다. 당시 진나라는 차츰 강대해지고 있긴 했지만, 다른 나라에게는 '서쪽 오랑캐'라고 업심여김을 당하고 있었다.

조나라는 진나라를 따르기 위해 진나라 사람들이 입는 호복(胡服)을 조나라 사람들에게도 입히려고 했다. 무령왕은 이 일을 신하들과 의논했다.

"나는 조나라 백성들에게 진나라 사람과 같이 호복을 입도록 하려는데, 혹 종래의 풍속과 습관을 바꾸었다고 해서 비난할 사람이 있을지 모른다. 그러니 어찌하면 좋겠는가?"

이때 호복을 입는 것이 좋겠다고 대답하는 사람은 누완(樓緩) 한 사람 뿐, 다른 사람은 모두 찬성하지 않는 눈치였다.

그때 비의(肥衣)가 나서서 대답하기를,

"의심이 가는 일을 하면 성공할 수 없고, 의심을 품고 행하면 이름을 얻을 수 없다 했습니다. 그러니 이미 마음에 정하신 일이라면 천하의 비방 같은 것은 염두에 두실 것이 없습니다."

무령왕은 그 말에 힘을 얻어 복장 개혁을 단행했다.

또 무령왕은 조조(趙造) 등이 반대를 하고 일어섰으나, 듣지 않고 자리를 아들 혜문왕(惠文王)에게 물려 주었다. 무령왕은 주부(主父)가 되어서도 국력 충실에 힘을 기울였다.

― 〈사기〉에서

임금이 하는 일이 바르면 명령하지 않아도 행해진다

공자의 이상은 '명령하지 않더라도 행해지고, 손을 쓰지 않아도 다스려져야 한다'는 것이다. 그 방법은 임금이 덕을 닦아서 백성들을 감화시켜야 한다는 것이다.

"어찌 이즈음의 법률이 이다지도 세밀한고."

하며 탄식했던 사람은 송나라 태조(太祖)다.

주나라 문황(文王)의 스승이었던 태공망 여상(呂尙)은,

"정치가 단순하고 알기 쉽지 않으면 백성들이 가까이 오지 못한다. 알기 쉬워서 백성들이 가까이 올 수 있으면 백성들은 자연 따라 오게 되는 것이다."

라고 말했었다.

공자는 여기서 한 걸음 더 나아가,

"명령을 하지 않더라도 다스려지게 한다."

고 했는데, 이것은 어디까지나 임금이 인자하고 덕이 있어야 한다는 것을 전제로 한다.

공자가 가장 존경했던 사람은 고대 요(堯) 임금이다.

요 임금 때 어떤 늙은 농부는,

"임금이 나하고 무슨 상관이 있느냐."

고 했더라는 것이다. 여염에 있는 어린이들은,

"알지 못하는 사이에 임금의 뜻을 따라 가고 있노라."

고 노래를 불렀다고 한다.

이들은 정치의 압력이나 법률의 속박이나 임금의 권유까지도 모르고 있었지만, 세상은 잘 다스려지고 있다는 것이다. 이것이 공자의 이상이다.

그러나 그 반면에,

"임금의 하는 일이 바르지 않으면 비록 명령을 한다 해도 백성이 따르지 않는 것이다."

라고 말했다.

그러므로 임금이 바르지 않으면 복종하지 않아도 되고, 반역도 있을 수 있고, 혁명도 가능하다는 것을 인정하고 있는 셈이다.

- 〈논어〉에서

자손에게 재산을 남겨 줄 필요는 없다

전한 선제(宣帝) 때 태자에게 글을 가르치던 소굉(疏宏)과 조카 소수(疏受)는 같이 사표를 냈다. 선제는 사표를 받고 그 동안 태자에게 글을 가르쳐 준 공을 치하하여 많은 돈을 그들에게 주었다.

두 사람이 서울을 떠날 때는 크게 송별회를 열고 전송 나온 사람들도 수백 명이 되었다. 고향에 돌아온 두 사람은 임금에게서 받은 돈으로 술과 안주를 사다가 일가 친척과 손님들을 초대하여 매일 잔치를 벌였다. 두 사람은 돈을 자손들에게 남겨 줄 생각이 없었던 것이다.

그들은 언제나 입버릇처럼 이런 말을 했다.

"재산이 있으면 슬기로운 사람도 재산을 믿고 수양을 게을리해서 결국 향상이 되지 못하는 법. 어리석은 사람이면 더욱 방종해져서 일신을 그르치기 쉽다. 게다가 돈이 있으면 많은 사람에게 원한을 사기 쉬우니, 재산은 없는 것이 낫다. 나는 자손들의 마음이 풀어져서 수양을 하지 않거나, 일신을 그르치게 하지 않기 위해서 그리고 사람들의 원한을 사지 않기 위해서 있는 돈을 이렇게 다 써 버리려고 한다." 고 말했다.

- 〈십팔사략〉에서

자식에게 만금을 물려 주는 것이 한 권의 책만 같지 못하다

　자식에게 재산을 남겨 주는 것보다 글을 가르쳐 주는 것이 자식을 위하는 일이다.

　위현(韋賢)이란 사람은 욕심이 없고 검소한 선비였다. 또한 글을 잘해서 한나라 소제(昭帝)의 부름을 받아 소제에게 시(詩)를 가르쳤다.

　소제가 죽었는데 뒤를 이을 아들이 없어 위현은 대장군 곽광 등과 의논하고 선제(宣帝)를 임금으로 모셨다. 선제는 임금이 된 후 위현에게 관내후(關內侯)라는 작위를 내렸다. 그 후 위현은 승상이 되고, 부양후(扶揚侯)가 되었다.

　선제는 전 임금의 스승이었던 위현을 존경했다. 위현이 승상으로 있기를 5년이 넘어 위현의 나이는 팔십을 바라보게 되었다. 위현은 임금에게 빌어 겨우 벼슬을 내놓고 시골로 내려와 몇 해를 한가이 지내다가 82세에 죽었다.

　위현에게는 아들이 네 명 있었는데, 맏아들은 일찍 죽었지만 현령(縣令)을 지냈고, 둘째 아들은 동해 태수가 되었으며, 셋째 아들은 고향에서 집안을 지키고, 넷째 아들은 승상까지 되었다.

　이 무렵, 산동(山東)에서는 '자식에게 만금을 물려 주는 것이 한 권의 책을 남겨 주는 이만 못하다' 는 속담이 생겨났다.

– 〈한서(漢書)〉에서

작은 것을 풀어 큰 것을 이룬다

당나라 제9대 덕종(德宗)은 변경 지방에 있는 절도사(節度使)들의 횡포를 꺾기 위하여 나라 안에서 군사를 모아 들였다. 그런데 서울에 올라온 이 군사들의 대우가 나빠서 군사들이 폭동을 일으켰다. 덕종은 사세가 급하게 되어 봉천(奉天)이라는 곳으로 피난을 했다.

봉천 행궁에 도착한 덕종은 곧 경림(瓊林), 대영(大盈)의 두 창고를 지었다. 이 두 창고는 궁중에 있는 것인데, 전국에서 진상하는 물건들을 넣어 두는 창고다.

이것을 본 한림학자 육지(陸贄)는,

"천자는 하늘과 덕을 같이 하고 사해를 한 집으로 하옵는 것이어늘, 이런 때에 필부와 다름없이 사사로운 재물을 감춰 두려 히심은 무슨 일이오니까? 이미 신하들과 걱정을 같이 하시기로 한 이상, 이로운 것도 같이 하시지 않으면 안 되옵니다. 두 창고에 있는 물건을 풀어 공 있는 사람들에게 나눠 주시면 난리를 가라앉힐 수 있을 것입니다. 이것이 곧 '작은 것을 풀어서 큰 것을 이루고, 조그만 보물을 손해 보고 큰 보물을 굳히는 것'이 될 것이옵니다."

덕종은 서울에서도 군사들을 불러 오려다가 먹을 것을 잘 먹이지 않았던 탓으로 그들이 분격해서 난리를 일으켰던 것이다.

이제 육지의 말을 듣고 덕종은 부끄러운 마음이 들어 창고 짓는 일은 그만 두게 하고, '스스로를 죄하는 조서'를 내려 민심을 수습하였다.

'작은 것을 풀어서 큰 것을 이룬다'는 말과 같은 뜻으로, 〈여씨춘추〉에 '작은 이익을 탐내어 큰 이익을 잃는다'라는 말이 있고, 〈논어〉에는 '작은 이익을 보면 큰 일을 성사치 못한다'고 했다.

작은 일엔 분명치 않아도, 큰 일에는 분명하다

송나라 태종(太宗)은 관리를 쓸 때 여간 신중하지 않았다. 그래서 관리의 비행이나 부정이 적었다. 특히 재상을 고르는 데는 빈틈이 없었다. 재상마다 정치에 힘을 써서 태종의 기대에 어긋남이 없었다. 재상 여단(呂端)도 그 중의 한 사람이다.

여단이 재상이 된 지 얼마 되지 않아서였다. 어떤 사람이,

"여단은 일하는 것이 분명치 않고 흐려서 큰일입니다."

라고 했다.

여단의 인물과 식견을 잘 알고 있는 태종은 그 말을 듣고,

"여단은 작은 일에는 흐릴지도 모른다. 그러나 큰 일에는 그렇지 않을 것이다."

라고 여단을 감싸 주었다. 그러던 중 태종이 병이 나서 위독한 상태에 빠졌다.

내시 중에서 세력을 잡고 있는 왕계은(王繼恩)은 태자를 마음에 꺼렸다. 그것은 태자가 영특해서 자기 마음대로 할 수가 없었기 때문이다.

왕계은은 태자를 폐하고 그 대신 자기가 마음대로 할 수 있는 장자, 원자(元佐)로 태자를 세우려 했다. 조정에는 왕계은과 같은 생각을 갖고 있는 사람들도 많았다.

태종이 죽고, 황후는 왕계은에게 여단을 불러오라 했다. 여단은 황후가 부르는 까닭을 알 수 있었다. 그리고 왕계은과 그의 일파가 무슨 생각을 하고 있는 것도 잘 알고 있었다.

여단은 왕계은에게 서고에 가서 책을 좀 가져오라 했다. 왕계은이 서고로 들어가자 밖에서 자물쇠를 잠가 버렸다. 그리고 그 길로 황후

를 가 뵈었다. 황후는 누구로 임금 자리를 잇게 하는 것이 좋겠느냐고 물었다.

"선제께옵서 이미 태자를 정해 두신 것은 오늘 이와 같은 일이 있을 것을 미리 알아서 하신 일인 줄 아오. 그러니 이제 새삼스럽게 말을 낼 것이 못되오."

이 한 마디에 황후는 더 할 말이 없었다.

태자는 지체없이 임금 자리에 앉아 여러 신하들을 만나 보게 되었다. 그런데 임금 앞에 발이 쳐 있어서 발 안의 사람이 잘 보이지를 않았다. 여단은 그 발을 올리도록 해서 그 안에 앉아 있는 분이 태자가 틀림 없다는 것을 알고서야 비로소 여러 백관들과 같이 하례를 하였다.

왕계은이 서고에서 거우 빠져나와 허둥지둥 달려와 보니 벌써 새 임금이 자리에 앉은 뒤였다. 이 새 임금이 제3대 진종(眞宗)이다.

일찍이 태종이 말했듯이 여단은 작은 일에는 이래도 좋고 저래도 좋다는 식으로 퍽 흐린 것 같지만, 큰 일에는 분명하고 꼼꼼하기가 이루 말할 수 없었다.

- 〈송서〉에서

재산을 많이 갖는 것보다 한 가지 기술을 익히는 것이 낫다

재산은 아무리 있다 해도 없어지는 수가 있다. 그러나 몸에 익힌 한 가지 재주는 그것이 아무리 보잘 것 없는 것이라 할지라도 없어지는 법이 없다. 그러므로 돈보다 기술을 배워 두는 것이 좋다는 뜻이다.

〈안씨가훈(顔氏家訓)〉에 보면,

"만약 책을 많이 읽고 그 뜻을 이해하게 되면 비록 그것만으로 훌륭한 사람이 될 수는 없다 할지라도, 한 가지 재주에 뛰어날 수가 있어 평생 그것으로 자기의 생활은 할 수 있을 것이다. 부모나 형을 언제까지 바라고 살 수는 없는 일이며, 세상이 영구히 평화로울 수도 없다. 한 번 집과 고향을 떠나 방랑하게 되면 그때는 아무도 보호해 줄 사람은 없다. 그때는 자기가 자기 힘으로 살아 가지 않으면 안 된다.

속담에도 '천만금의 재산보다도 한 가지 기술을 익히는 것이 낫다'는 말이 있다. 기술이라고 하는 것은 배우기는 쉽고 그러면서도 귀중한 것이다. 기술을 익히려면 책을 보는 길밖에 없다."

이와는 좀 반대되는 말로, '뱃속에 아는 것이 차 있어도 염낭 속의 한푼 돈만 같지 못하다'는 말이 〈후한서〉에 나온다. 이 말은 아무리 책을 많이 읽어서 아는 것이 많더라도 그것을 실행에 옮기지 못하고 세상에서 써 먹지 못하면 주머니 속에 들어있는 동전 한 푼만 못하다는 뜻이다.

재상의 하는 일은 무어냐?

전한 3대째의 임금은 문제(文帝)다.

어느 때 문제는 우승상 주발에게 일 년 동안 죄인을 다스린 수효가 얼마나 되는가고 물었다. 주발은 대답을 못했다. 다시 문제는 일 년간의 세금 받은 것이 얼마인가 물었다. 주발은 이것도 대답을 못 했다.

주발은 송구해서 진땀이 흘렀다. 문제는 이번에는 좌승상 진평(陳平)을 불러 똑같은 것을 물었다.

"신은 잘 모르옵니다. 물으신 일에 대해서는 각각 맡아 보는 사람이 다릅니다. 죄수에 관해서는 정위(庭尉)가 알고, 세금에 관하여는 치속내리(治粟內吏)에게 물어 보시면 잘 알 수 있습니다."

승상이면 나라 일은 무엇이든 알고 있으려니 했던 문제는 두 승상이 모두 모른다는 말을 듣고 몹시 언짢았다.

"그러면 승상의 하는 일은 뭔가?"

"승상의 일은 위로 천자를 보좌하여 천지 음양과 춘하추동 사시가 고르게 운행되게 하며, 아래로는 금수와 초목 벌레에 이르기까지 만물이 고루 살게 하며, 밖으로는 사방의 이웃을 달래어 침범하는 일이 없게 하고, 안으로는 만백성이 화목하고 복종하게 하는 것입니다. 그리고 관리들을 적재 적소에 앉혀 각각 맡은 일을 보게 하는 것입니다. 그러므로 재상이 하는 정사가 잘 되었을 때는 음양이 조화되어 천하가 잘 다스려지고, 반대로 재상이 하는 일이 잘못되었을 때는 천지 이변(異變)이 생기고 천하가 어지러워질 것입니다."

문제도 감탄하여 그 후부터는 자질구레한 일은 결코 재상에게 묻지를 않았다.

한편 주발은 이 말을 듣고,

"내 재주가 진평을 따를 수 없다."

고 병을 핑계로 사표를 냈다.

-〈사기〉에서

채찍이 길어도 말의 배까지는 미치지 못한다

춘추시대 송나라와 초나라가 전쟁을 할 때, 송나라에서는 낙영제라는 사람을 진(晉)나라에 보내어 구원을 청했다. 진후(晉侯)는 송나라의 청을 듣고 곧 구원병을 보내려고 했다. 그런데 백종(伯宗)이란 사람이 이것을 말렸다.

"안 됩니다. 옛날에 '채찍이 길어도 말의 배에까지 미치지 못한다'고 했습니다. 지금 하늘의 운수가 초나라에 있습니다. 송나라는 질 것이 뻔합니다. 진나라가 아무리 강하다 할지라도 하늘의 운수에는 어찌할 도리가 없습니다. 이런 때는 꾹 참고 모르는 척하는 것이 좋습니다."

진후도 송나라를 구할 수는 없다고 생각되어 구원군을 보내지 않고 해양(解陽)이란 사람을 송나라에 보내어,

"진나라 군사가 곧 구원하러 올 터이니 항복하지 말고 조금만 더 싸워라."

라고 잘 말하도록 했다.

그러나 해양은 송나라에 가는 도중에 정나라 사람에게 붙들려 초나라 진영으로 끌려 갔다. 초나라에서는 해양에게 송나라 군사가 오지 않을 터이니 곧 항복하라고 말하라고 했다.

해양은 그러마하고 초나라 진영 높은 곳에 올라가서 송나라 사람들이 듣도록 큰 소리로 외쳤다. 그러나 그것은 초나라에서 시키는 대로가 아니라, 자기 임금이 하라는 대로 진나라 군사가 곧 올 터이니 항복하지 말라는 말이었다.

초나라에서는 해양이 시키는 대로 하지 않고 약속을 어겼다고 해서 죽이려고 했다. 그러나 해양은 조금도 겁내지 않았다.

"신하된 자 임금의 명령을 좇는 것은 당연한 일, 나에게 임금의 명령을 좇지 말라고 하는 것은 신의를 모르는 말이다. 임금의 명령을 받고 온 나로서는 죽는 한이 있어도 신의를 잊어 버릴 수는 없다. 너희들의 말을 듣겠다고 승낙한 것은 임금의 명령을 이행하기 위해서 한 잠시 방편이었다. 나는 임금의 명령을 다 이행했다. 자, 이제는 죽여라."

초나라의 장군도 감심해서 해양을 그대로 살려 보냈다.

－〈좌전〉에서

책을 보고 말올 부리는 자는 말의 정을 모른다

전국시대 소진(蘇秦)은 진나라에 대항해서 작은 여섯 나라가 동맹을 맺자고 했다. 이것을 합종책(合縱策)이라고 한다. 그런데 이것이 차차 파탄이 생기게 되자, 장의(張儀)라는 사람은 연형책(連衡策)이라는 것을 듣고 나왔다. 연형책이란 작은 여섯 나라가 다 같이 강대한 진나라를 섬기자는 것이다.

장의는 초나라와 제나라를 거쳐 조나라에 갔다.

조나라의 무령왕(武靈王)은,

"이 때 진나라를 섬긴다는 것은 국가를 장구히 지탱할 수 있는 길이라고 생각하오."

하고 장의가 말하기도 전에 연형책을 받아들였다. 그러나 조조(趙造)라는 신하가 옆에 있다가,

"성인의 백성을 고쳐 가르치지 않고, 슬기로운 사람은 풍속을 바꾸

어 움직이지 않는다고 합니다. 그런데 왕께서는 지금 진나라에 항복하고자 할 뿐 아니라, 우리 나라의 풍속까지도 바꾸어 진나라의 의복을 입으시려고 합니다. 이것은 세상을 돌아보심도 아니요, 조상에 대한 예의도 아닌 줄로 아뢰오."

그러나 무령왕은 들으려 하지 않았다.

"나라를 다스리는 길이 꼭 하나만은 아니다. 나라를 이롭게 하는 것이 옛날 방법을 좇는 것만도 아니다. 성인도 시속에 따른다 했고, 슬기로운 사람도 변화에 좇아 가야 한다. 속담에 책만 보고서 말을 부리려 하면 말의 정을 모른다고 했다. 옛 것만 가지고 지금 세상을 다루려 하면 세상의 변천을 따를 수가 없다. 옛날 학문이 지금 세상에 통하지 않는다."

무령왕은 끝끝내 진나라에 항복할 생각을 고치지 않았다.

천 날 동안 군사를 기르는 것은 하루 아침에 쓰기 위해서다

양산박의 두목이던 조개(晁蓋)가 갑자기 죽었기 때문에 송강(宋江)이 산채(山寨)의 주인격이 되었다. 송강은 호걸인 노준의(盧俊義)를 자기네 편으로 끌어들이고 싶었다. 노준의를 끌어 들이는 일을 오용(吳用)에게 맡겼다.

오용은 점쟁이처럼 차리고 노준의를 찾아가 점을 쳐 준다고 하면서 노준의에게,

"가까운 날 칼에 맞을 일이 있으니, 집안 식구들이 뿔뿔이 헤어지는 것이 좋다."

라고 점괘를 풀이해 주었다.

"매우 딱한 일이오마는, 거짓말이 아니올시다. 그러나 동남방 천리 밖으로 가면 그것을 면할 수 있을 것입니다."

노준의는 점쟁이에게서 이 말을 들은 뒤 자나깨나 그 생각에 마음이 편치를 않았다. 그래서 재난을 면하기 위해 동남쪽으로 길을 떠나기로 했다.

집사(執事)인 이곤(李固)더러 같이 가자고 했더니, 이곤은 다리에 병이 나서 걷지를 못 하겠다고 한다. 그 말에 노준의는 벌컥 화가 났다.

"군사를 천날 동안 기르는 것은 하루 아침에 쓰기 위해서다. 여러 말 말고 따라 오라."

이래서 두 사람은 길을 떠나게 되었는데, 도중 양산박 쪽의 계교대로 포로가 되어 산채에 끌려 갔다.

오용은 노준의를 따라 온 이곤을 가만히 불러서,

"그 점괘는 정말은 노준의가 반란을 일으킬 괘이다."

라고 일러 주면서 이곤을 몰래 놓아 주었다.

이곤은 양산박에서 도망쳐 나와 바로 노준의의 집으로 돌아와 '노준의가 반란을 일으키려고 양산박으로 들어 갔다'고 노의의 아내에게 일렀다. 노준의의 아내는 이곤과 통하고 있었던 사이라, 곧 자기의 남편을 고발했다.

이것이 모두 오용의 계교였다. 노준의는 하는 수 없이 양산박에 머물러 있으면서 송강과 한패가 되지 않을 수 없었다.

- 〈수호전〉에서

침대 곁에서 코고는 놈은 그냥 둘 수 없다

송나라 태조(太祖)는 형남(刑南), 호남(湖南), 촉(蜀), 남한(南漢)을 모조리 차지하고 이제 남은 것은 남당(南唐)뿐이었다. 태조는 조빈(曹彬)을 대장으로 하고, 번미(藩美)를 부장으로 하여 남당을 치게 했다.

조빈의 군사는 삽시간에 남당의 서울 금릉(金陵)을 에워싸고 그 포위망을 좁혀 들어가고 있었다. 남당은 사세가 급하게 되자 서현(徐鉉)을 송 태조에게 보내어 화친할 것을 간청했다.

"제발 군사를 좀 늦추어 주십시오. 얼마 동안 여유를 주시면 그 동안 사죄하는 방법을 생각해 보겠습니다. 저희 남당으로 말하면, 남쪽 한 구석의 조그마한 나라가 아닙니까? 조그만 남당이 큰 송나라를 섬기는 것은 자식이 어버이를 섬기는 것이나 다름 없습니다."

서현은 말 솜씨를 다하여 간청을 했다.

송 태조도 처음에는 그럴듯하게 듣고 있었으나, 하도 서현의 하는 양이 구구스러워 미운 생각이 들었다.

"너는 어버이와 자식 사이를 쳐드는데, 어버이와 자식이면 한 집이 아니겠느냐? 자식이 딴 집을 차리고 있어도 괜찮겠느냐?"

서현은 더 할 말이 없어 그대로 남당으로 돌아 갔다.

그러나 며칠 후에 다시 서현이 송 태조를 뵙겠다고 왔다.

"남당은 아무 죄도 없습니다. 어째서 남당을 치려 하시는 겁니까?"

이번에는 전번과 달리 제법 말투가 뻣뻣했다.

송 태조는 노했다.

"닥쳐라, 말이라면 무슨 말이고 다하는 줄 아느냐? 천하는 송의 천하, 이 태조의 것이다. 잠자는 침대 곁에서 딴 놈이 자빠져 누워 코를 골고 있으면 용서할 사람이 있겠느냐?"

서현은 찔끔해서 물러갔다.

한편, 조빈의 송군은 남당의 서울을 에워싸고 조금도 허술한 데가
없었다. 남당은 대세가 기운 것을 알고 성문을 열고 항복을 했다.

- 〈송사〉에서

큰 둑도 개미 구멍으로 무너진다

〈한비자〉에 다음과 같은 말이 있다.

"모든 일은 작은 일에서부터 시작하여 큰 일을 이룬다."

온갖 큰 것은 반드시 작은 것에서 비롯하고, 많은 것은 적은 것에
부터 생긴다. 그러므로 천하의 어려운 일이 쉬운 데서부터 시작되고,
천하의 큰 일이 작은 일에서부터 일어난다는 것이다. 따라서 무슨 일
이고 커지기 전에 조그마할 때 미리 막아 놔야 한다.

"큰 둑도 개미 구멍으로 무너지며, 큰 집채도 아궁이 틈으로 새어
나오는 연기로 불태우게 된다."

옛날에 치수(治水)를 잘했던 백규(白圭)라는 사람은 둑을 돌아보
고 그 구멍을 잘 막았다. 그리고 장로(長老)는 아궁이의 틈을 잘 발라
서 불을 조심했다.

이와 같이 작은 일에 조심을 했기 때문에 백규가 있을 때에는 물난
리가 없었고, 장로가 있을 때에는 화재가 없었다. 이것이 곧 쉬운 일
에 주의하면 큰 일이 일어나지 않는다는 보기가 될 것이다.

큰 일을 하는 사람은 작은 일을 못한다

전국시대 양주(楊朱)라는 학자가 양왕(梁王)을 뵙고,

"천하를 다스린다는 일은 손바닥을 뒤집기보다도 쉬운 일입니다."
라고 말했다.

양왕은,

"선생은 자기의 아내 한 사람도 잘 다스리지 못하고, 얼마 되지 않
는 문 앞의 전답도 가꾸지 못하면서 천하를 다스리기가 손바닥을 뒤
집듯이 쉽다고 하니 그게 대체 말이 됩니까?"
하고 반문했다.

"왕께서는 양치는 아이를 보신 일이 있으십니까. 백 마리도 더 되
는 양들을 다섯 자 키도 못 되는 어린 목동이 회초리 하나로 마음대
로 부릴 수가 있습니다. 그러나 천하를 잘 다스렸다고 하는 요(堯) 임
금이나 순(舜) 임금에게 단 한 마리의 양을 부리라고 해도 잘 못 부릴
것입니다. 이것이 바로 천하를 다스리는 재주와 한 집안을 다스리는
재주가 다르다는 것입니다. 또 이런 말이 있습니다. '큰 고기는 시냇
물에서 놀지 않고, 큰 새는 조그만 웅덩이에 모여들지 않는다', 즉 해
도 삼킬 만한 큰 고기나 한 번 날면 수천 리를 가는 큰 새는 그 뜻이
크고 먼 데 있기 때문입니다. 그러니까 큰 일을 다스리려는 사람은
작은 것을 다스리지 않고, 큰 공을 이룰 수 있는 사람은 작은 공을 이
루지 못한다고 할 수 있을 것입니다."

이 말과 정반대되는 말이 〈신어(新語)〉에 있다.

"큰 공을 천하에 세우는 자는 반드시 먼저 자기 집안을 잘 다스린
다."

– 〈열자(列子)〉에서

태산은 한 줌의 흙도 사양하지 않는다
- 그래서 그 큰 모습을 간직할 수 있다. -

진(秦)나라가 천하를 통일하여 대제국을 이룩할 때 진나라 시황제(始皇帝)를 도와서 큰 공을 세운 사람은 이사(李斯)라는 사람이다.

이사는 초나라 상채(上蔡) 사람으로, 일찍이 순자에게서 글을 배웠다. 학문을 성취하고 진나라로 가서 상국 여불위(呂不韋)를 알게 되어 그 반연(攀緣)으로 태자 정(政) - 태자 정은 뒷날의 시황제 -과 가까워질 수 있었다.

태자가 임금이 되고 여불위도 물러 앉게 되자, 이제는 이사가 재상이 될 것이 뻔했다. 그러나 그 즈음 생각지도 않았던 일이 불거져 나왔다.

당시 진나라에서는 큰 운하를 파는 공사가 있었는데, 이 일을 감독하는 사람은 정국(鄭國)이라는 한나라에서 온 사람이었다.

이 운하를 파는 공사가 하도 거창하여 항간에 이러한 소문이 퍼졌다. 즉, 이 공사는 한나라가 진나라의 재정을 말리기 위한 음모라는 것이다. 이러한 소문은 아주 허황된 것도 아니었다. 한나라에서는 그러한 음모도 없지 않아 있었던 것이다.

그러나 이 운하가 완성되는 날에는 진나라의 이익이 보다 클 것이기 때문에 공사는 계속되었다.

그런데 이 일이 발단이 되어 다른 나라 사람에게 정사를 맡겨서는 안 된다는 여론이 물끓듯 일어났다. 드디어 다른 나라에서 온 사람을 쫓아내자는 '축객령'이 공표되었다. 이사에게는 십년 간의 공이 허사로 돌아가는 순간이었다.

이사는 다음과 같은 글월을 임금에게 올렸다.

"오늘날 진나라가 이처럼 강대해지고 번영할 수 있었던 것은 돌이켜 보건대, 역대의 임금들이 유능한 신하들을 잘 썼기 때문입니다. 목공(穆公) 때의 백리해(百里奚)를 위시해서 진나라 사람 아닌 공신들은 이루 헤아릴 수 없이 많습니다. 태산은 한 줌의 흙도 사양하지 않습니다. 그래서 태산은 그 큰 모습을 간직할 수 있는 것입니다. 바다는 어떠한 한 줄기의 물도 가리지를 않습니다. 그래서 바다는 그만큼 깊이를 지니고 있는 것입니다. 임금은 백성을 물리치지 않는다고 합니다. 그래서 그 덕이 빛날 수 있는 것입니다. 나라에 중요한 일은 어질고 유능한 선비를 구하는 일이며, 이를 의심하여 내쫓는다는 것은 적에게 군사를 빌려 주고 도둑에게 양식을 내어 주는 일이나 같다 할 것입니다. 이와 같은 일은 백 가지 해가 있고, 한 가지 이익도 없을 것입니다. 이래 가지고서 어찌 국가의 안전과 발전을 바랄 수 있겠습니까?"

이리하여 '축객령'은 당장에 폐지되고 이사는 그 자리를 보존할 수 있었다.

'태산은 한 줌의 흙도 사양하지 않는다'와 같은 말에 '큰 산은 자갈 하나도 양보하지 않는다', '큰 산은 깨어진 돌도 사양하지 않는다' 등이 있다.

- 〈사기〉에서

한 가지 이로운 일을 하는 것이 한 가지 해로운 일을 없애느니만 같지 못하다

원나라 태조(太祖), 태종(太宗) 두 대에 걸쳐 보좌의 힘을 다한 사람은 야율초재(耶律楚材)라는 사람이다.

초재는 임금을 위해 바른 말을 잘 했고, 권력에 굽히거나 사사로운 이익에 끌리는 일이 없었다. 태조가 죽고 황후가 잠시 정무를 살핀 적이 있었다.

황후는 하루는 초재에게,

"누구를 황태자로 했으면 좋겠느냐?"

고 물었다.

초재는 황후의 말이 떨어지기가 무섭게,

"그것은 신하된 자가 관계할 일이 못 되옵니다. 그리고 이미 돌아가신 태조의 유소(遺詔)에 밝히 적혀 있는 줄로 아뢰오."

하고 아뢰었다.

황후는 신하 중에 아브돌, 라하망이란 사람을 극진히 사랑해서 천자의 옥새가 찍힌 백지를 맡겨 주고 그가 마음대로 백지에 써 넣으면 그것이 곧 천자의 명령과 같이 시행되게 했다.

초재는 그것이 마땅치가 않아 황후에게 간했다.

"원나라의 천하는 선제 폐하의 천하올시다. 조정에는 조정의 법도와 규율이 있습니다. 만약 이것을 어지럽히려는 자가 있사오면 비록 황후 폐하의 명령이라 할지라도 신은 들을 수가 없습니다."

황후는 초재보다도 라하망이 퍽 마음에 들었던 모양이다.

라하망이 황후에게 올리는 문서를 서기관이 몇 자 고쳐 썼다고 해서 서기관의 손을 자르라는 엄한 분부가 내렸다.

"국사에 관해서는 선제 폐하께옵서 일체를 신에게 당부하신 바 있
습니다. 따라서 서기관은 책임이 없사옵니다. 서기관이 고친 그 문서
가 애초 정당한 것이라면 신은 거기 따라 시행할 것이오나, 만약 정
당치 못한 것이라면 설사 목숨을 잃는 일이 있어도 시행할 수 없사옵
니다. 손을 잘리는 일쯤은 아무것도 아니옵니다."

황후는 하는 수 없이 분부를 거두는 수밖에 없었다.

초재의 말에

초재가 늘 하는 말은,

"한 가지 이로운 일을 하느니보다 한 가지 해로운 일을 없애는 것
이 낫다."

는 것이었다.

5. 숨겨진 힘을 깨우친다

간장(干將)과 막야(莫耶)

옛날 중국에는 간장과 막야라는 두 자루의 명검(名劍)이 있었다. 간장은 원래 오나라에 살던 칼 벼르는 장인의 이름이요, 막야는 그의 아내의 이름이다.

간장은 오왕의 명령을 받고 아내와 둘이서 3년이라는 시간 동안 두 자루의 칼을 만들었다. 하나는 양검(陽劍)이요, 하나는 음검(陰劍)이었다. 양검은 자기 이름을 따서 간장이라 하고, 음검은 아내의 이름을 따서 막야라고 했다.

이 두 자루의 명검은 간장과 막야가 온갖 정성을 다하여 만들어 낸 것이었다. 간장은 아내의 머리털을 베어 가마에 불을 땠다고 한다. 간장과 막야가 이처럼 정성을 들여 칼을 벼르는 동안 오왕은 너무 오래 걸린다고 화를 냈다. 그러나 할 수 없는 일이었다.

오왕이 화를 낸 까닭은 간장이 만든 칼이 혹시나 다른 자의 손에 들어간 것이나 아닌가 하는 의심이 났었기 때문이다. 그리고 이후에라도 또 간장이 좋은 칼을 만들게 되면 다른 사람도 그런 명검을 갖게 될 것이 두려웠다.

드디어 간장이 칼을 왕에게 바치는 날이 왔다. 간장은 서울로 떠나면서 아내 막야에게 말했다. 막야는 그때 애기를 배고 있었다.

"나는 두 자루 칼 중에 음검 한 자루만 왕에게 바치려 하오. 왕은 이번에 반드시 나를 죽일 것이오. 그러니 이 다음에 낳는 아이가 만약 사내아이거든 양검을 주어 그 칼로 나의 원수를 갚도록 해 주오. 양검은 남산 기슭에 아무도 모르게 묻어 두었소."

오왕은 과연 간장이 칼을 늦게 가지고 왔다 하여 간장을 죽이고 말았다. 막야는 사내아이를 낳아 아이의 이름을 적비(赤比)라고 지어

311

불렀다.

적비는 자라면서 다른 아이들과 같이 아버지가 없는 것이 외롭고 슬펐다. 적비는 어머니에게 왜 자기는 아버지가 없느냐고 물었다. 막야는 간장이 죽게 된 사연을 눈물을 흘리며 주욱 이야기해 주었다.

어머니에게서 아버지가 일찍 돌아간 사연을 들어 알게 된 적비는 아버지의 유언대로 남산 기슭에 숨겨 두었던 양검을 찾아 내 가지고 아버지의 원수를 갚기 위해 집을 떠났다.

한편, 오왕은 이 즈음 꿈을 꾸었는데, 양미간이 넓은 한 소년이 자기에게 원수를 갚겠다고 하는 꿈을 꾸었다. 꿈이긴 해도 하도 괴기해서 천금의 현상을 걸고 그러한 소년을 잡아 오라 했다.

적비는 왕이 자기를 잡기 위해 천금의 현상을 걸고 있는 것을 알고 산속으로 숨었다. 적비는 아버지의 원수를 갚을 수 없는 것이 한이 되어 나날을 눈물로 지냈다.

어느 날 한 나그네가 산속을 찾아왔다가 적비가 시름에 젖어 있는 것을 보고 그 까닭을 물었다.

"아직 나이 어린 소년이 무슨 근심이 그렇게 있는가?"

적비는 자기가 간장, 막야의 아들이라는 것을 말하고 자기의 처지를 이야기했다. 그 나그네는 적비의 사정을 듣고 매우 동정했다. 그러나 여느 사람으로서는 오왕의 가까이도 갈 수 없는 노릇, 나그네는 적비를 위해 한 꾀를 냈다. 그러나 그것은 그야말로 목숨과 바꾸는 아주 위험한 일이었다.

나그네가 적비의 목과 칼을 가지고 왕에게 가서 적비의 목을 왕에게 바치고, 틈을 노려 왕을 죽이겠다는 것이다. 아버지의 원수만 갚을 수 있다면 자기가 죽는 것은 아무렇지도 않다고 생각한 적비는 그 나그네를 믿고 제 손으로 제 목을 베었다. 나그네는 적비의 죽음 앞에 가슴이 메어지는 듯 아팠다. 나그네는 꼭 약속을 지키겠다고 거듭 다짐하면서 적비의 목을 싸들고 명검은 몸에 감추고서 왕을 만나러 갔다.

오왕은 대단히 기뻤다.

"이놈의 목을 가마솥에 넣어 삶아라."

적비의 목은 가마솥에서 사흘 낮, 사흘 밤을 삶아도 그대로였다. 오히려 떠 있는 눈이 더 커지고 무섭게 부릅떠 있었다.

나흘째 되던 날 나그네는 왕에게 말했다.

"오늘은 손수 가 보십시오. 이제는 머리의 형체도 남지 않게 흐물흐물해졌을 것입니다."

왕은 나그네의 말을 좇아 가마솥 앞에 가서 기웃하고 들여다보았다. 이때였다. 왕이 가마솥을 들여다 보느라고 목을 길게 뺐을 때 나그네는 명검 '간장'을 번쩍 들어 내리쳤다.

왕의 목은 한 칼에 떨어져 가마솥 속으로 풍덩 빠졌다. 그것을 본 나그네는 왕을 내리쳤던 그 칼로 자기 목도 잘랐다. 펄펄 끓는 가마솥 속에서 목 세 개는 형체도 없이 되어 버렸다.

아버지의 원수를 갚게 될 때까지 죽어서도 눈을 뜨고 있던 적비의 머리도 이제는 마음이 놓였던지 스스로 녹아 들어갔다. 이상스러운 기척을 듣고 놀라 뛰어온 왕의 신하들이 가마솥 속을 들여다보니, 세 머리가 서로 엉켜 어느 것이 왕의 머리고 어느 것이 나그네와 적비의 머리인지를 가려낼 수가 없었다.

그래서 하는 수 없이 가마솥 속에 엉켜 있던 살과 뼈를 셋으로 나눠 장사를 지내고, 그 묘의 이름을 '삼왕묘'라고 일컬었다.

강화 화살도 기운이 다 했을 땐 엷은 비단을 풀지 못한다

전한 제4대 경제(景帝) 때 어사대부(御史大夫) 한장유(韓長儒)는 슬기로운 사람이었다.

어느 해 북방의 흉노가 화친을 하자고 사신을 보내왔다. 그때 외국의 사신을 담당하는 일을 왕회(王恢)라는 사람이 맡아 보고 있었는데, 왕회는 북쪽 태생으로 그 곳에서 벼슬자리에 있었던 사람이라 흉노에 대해서는 누구보다 잘 알고 있었다. 그래서,

"흉노와 화친을 한다고 해도 몇 해 안가 흉노는 반드시 배반을 할 것이니, 이번 기회에 토벌을 하는 것이 좋겠다."

고 나왔다.

그러나 한장유는 반대였다.

"흉노는 말을 잘 달려 새같이 빨리 이동하기 때문에 붙잡아 섬멸하기 어렵고, 그 땅이 토박하여 땅을 얻어도 국토가 넓어질 것도 없으며, 무도한 인간들을 붙잡아 온다 해도 군사의 수효가 느는 것도 아닙니다. 이런 사정이니 예전부터 흉노를 정복하려 하지 않았던 것입니다. 우리 군사가 수천 리 먼 곳까지 쳐 나가 그들과 싸움을 한다면 군사들은 지치고 말 것입니다. 그것은 강한 활의 힘차게 나가는 화살도 그 기운이 다하는 곳에 이르면 엷은 비단도 뚫지 못하는 것과 같을 것입니다. 흉노를 정벌할 것이 아니라 화친하는 편이 좋을 것입니다."

여러 군신들도 한장유의 말에 찬성하였다.

'강한 활의 힘차게 나가는 화살도 그 기운이 다하는 곳에 이르면 엷은 비단도 뚫지 못한다' 는 말과 비슷한 뜻으로 '기린도 늙으면 조랑말을 따르지 못한다' 는 말이 있다. 하루 천리를 달린다는 준마(駿

馬)도 늙으면 조랑말 만큼도 달리지 못한다는 뜻이다. 영웅도 늙고 병들면 여느 사람만도 못하다.

– 〈사기〉에서

거문고의 오리발을 아교로 붙여 놓고 탄다

조나라의 재상 인상여(藺相如)와 대장 염파(廉頗)는 나라의 기둥과 같았다. 거기다가 혜문왕(惠文王)은 이 두 사람을 잘 이해하고 위해 주었다. 인상여와 염파도 어느덧 늙어 가고 혜문왕도 죽었다.

혜문왕의 뒤를 이어 젊은 효성왕(孝成王)이 임금이 되었다.

그 때, 진나라는 한나라를 공략하고 상당(上堂)이란 지방을 빼앗았다. 상당 지방의 백성들은 진나라가 싫어서 조나라에 항복을 해 왔다. 조나라에서는 상당 사람들을 받아들일 것인지, 아닌지에 대해 여전히 두 갈래로 나뉘었다. 결국 상당을 조나라가 받아들이기로 했다. 그렇게 되니 자연 조나라는 진나라와 적이 되고 말았다.

진나라에서는 상당을 다시 찾기 위해서 장평(長平)까지 쳐들어왔다. 조나라에서는 늙기는 했지만, 그래도 역전의 용장인 염파를 대장으로 세워 군사를 이끌고 진나라 군사를 맞게 했다.

염파는 곧 장평 성으로 들어갔다. 성 안에 들어가자 성문을 닫고 성벽을 굳게 지켰다. 싸움을 오래 끌자는 속셈이다. 싸움이 오래 걸리면 먼 데서 오는 진나라 군사에게는 불리하고, 조나라 군사에게는 유리하기 때문이다. 염파가 노리는 것은 바로 그 점이었다.

석달이 지났다. 그래도 염파는 진나라 군사와 싸우려 하지 않았다.

조나라의 효성왕은 생각이 깊지 못한 임금이었다. 염파가 통 싸우지 않는 데 불만이 컸다. 염파를 이해할 수 있는 인상여는 병이 들어 누워 있었고, 또 한 사람의 대장인 조사(趙奢)는 이미 죽고 없었다.

진나라의 재상 범수는 지혜가 있는 사람이었다. 조나라의 효성왕이 염파에 대하여 불만인 것을 알고 간첩을 보내어 소문을 퍼뜨렸다.

"진나라에서는 염파 따위는 두려워하지 않는다. 다만 조사의 아들 조괄(趙括)이 나올까 봐 무서워하고 있는 것이다."

효성왕은 이런 말을 듣고 감쪽같이 넘어갔다. 곧 염파를 파면시키고 조괄을 대장으로 임명했다.

이 소리를 병상에서 들은 인상여는 깜짝 놀라 아픈 몸을 이끌고 궁궐로 들어가 효성왕을 뵙고 조괄을 대장으로 해서는 안 된다고 간곡하세 간했다.

"조괄의 병법은 말하자면 거문고의 오리발을 아교로 붙여 놓고 거문고를 타는 것과 같습니다. 조금도 융통이 없고, 형편과 때에 따라 변동할 줄을 모릅니다. 다만 어려서부터 그의 아버지 조사가 쓴 병서를 읽고 그것을 그대로 외우고 있을 뿐입니다."

조사가 생전에 그의 아들 조괄과 병법을 토론한 적이 있었다. 조사는 아들이 병법의 이론은 훌륭하지만 실제 싸움에서는 훌륭한 대장감이 될 수 없을 거라고 했다.

"전쟁이라고 하는 것은 목숨을 내건 마당이다. 조괄은 이치만 내세울 줄 알고 말로 쉽게 처리해 버린다. 조괄이 만약 대장이 된다면 조나라 군사는 질 것이다."

이런 말을 조사는 그의 아내 앞에서도 늘 했었다. 조사의 아내는 아들이 대장이 되었다는 말을 듣고 왕에게 탄원했다.

"괄을 대장으로 삼아서는 안 됩니다."

그러나 효성왕은 인상여의 간언도 늙은 조사의 아내의 탄원도 듣지를 않았다. 조괄은 대장이 되어 진나라 군사와 싸워서 크게 패하였다. 조나라 군사 사십만은 장평성 밖에서 모조리 생매장을 당하고 말았다.

- 〈사기〉에서

관 장수는 사람이 죽기만 기다린다

말을 잘 부리던 왕양(王良)은 말을 퍽 사랑했고, 월왕 구천은 사람을 썩 아꼈다. 왕양은 잘 달리는 말을 구하는 것이 목적이었고, 구천은 싸움 잘 하는 장수를 얻는 것이 목적이었다.

의사가 사람의 상처를 손 봐 주는 일이 무슨 알뜰한 정이 있어서 그러는 것은 아니다. 상처를 보아 주면 치료비를 받기 때문이다.

"상여를 짓는 사람은 사람들이 모두 돈 있고 귀하게 되기를 바라고, 관을 만드는 목수는 사람들이 일찍 죽기를 기다린다."
고도 한다.

그렇다고 상여를 짓는 사람은 마음이 착하고 관을 만드는 사람은 마음이 악해서 그런 것은 아니다. 상여를 짓는 사람은 사람들이 잘 살고 귀하게 돼야 좋은 상여를 팔 수가 있고, 관 만드는 이는 사람이 죽어야 관을 팔게 되기 때문인 것이다.

"왕비나 태자는 임금이 죽기를 바란다. 그것은 임금이 죽어야 자기네의 세력이 커지기 때문이며, 정으로는 결코 임금을 미워해서 그런 것이 아니다. 그러기 때문에 임금은 자기가 죽음으로 해서 이익이 있을 사람들에 대하여 늘 마음을 쓰지 않으면 안 된다. 자기가 미워하는 사람에 대해서는 누구나 경계를 게을리 하지 않지만, 자기가 사랑하는 사람이 도리어 자기에게 화를 미치게 한다는 것을 미처 깨닫지 못하는 수가 많다. 임금은 늘 이 점을 마음에서 잊어서는 안 될 것이다."

한비자는,

"관 만드는 목수는 사람이 일찍 죽기를 기다린다."

고 했고, 〈한서〉에서는,

"관을 파는 장수는 세상에 전염병이 돌기를 기다린다."

고 했다.

〈맹자〉에도 이런 말이 있다.

"활을 만드는 사람이 갑옷 만드는 사람보다 어질지 않다고 어찌 말할 수 있으랴."

활을 만드는 이는 사람이 상하지 않을까 염려하고 갑옷을 만드는 이는 사람이 상할까 걱정한다.

– 〈한비자〉에서

교묘한 거짓은 서투른 성의만 같지 못하다

춘추시대의 얘기다.

낙양(樂羊)은 위나라의 재상이 되어 중산(中山)이란 나라를 쳐들어갔다. 그때 낙양의 아들이 중산에 있었기 때문에 중산군은 낙양의 아들을 잡아 삶아서 그 고깃 국을 낙양에게 보냈다.

낙양은 태연히 그 고깃국을 먹었다. 이 소리를 들은 위나라 문후(文侯)는 상을 찌푸리며 신하들에게 말했다.

"낙양은 나를 위해서 제 아들의 고기까지도 먹었구나."

그러나 신하들의 낙양에 대한 평판은 그다지 좋지가 않았다.

"그 사람은 그런 사람입니다. 영달을 위해서는 제 아들의 고기도 능히 먹을 사람입니다."

낙양은 중산을 쳐부수고 돌아왔다. 문후는 그 공을 치하했다. 그러나 낙양의 인간성이 아무래도 의심스러워서 중임을 맡기지는 않았다.

노나라 대부 맹손(孟孫)이 사냥을 갔다가 새끼 사슴을 산 채로 잡았다. 그리고는 밑에 부리는 태서(泰西)라는 자에게 그 새끼 사슴을 마차에 싣고 가라고 했다. 그런데 새끼를 잃은 어미 사슴이 마차를 따라 오면서 어떻게나 울어대는지 태서는 가엾은 생각이 들어서 새끼 사슴을 풀어 놔 주었다.

맹손은 집에 돌아와 태서에게 그 새끼 사슴을 가져 오라 했다. 풀어 놔 준 새끼 사슴이 있을 턱이 없다. 맹손은 화가 나서 태서를 당장 쫓아냈다.

그런 일이 있은 뒤 석달 뒤, 맹손은 다시 태서를 불러서 자기 아들을 봐 주라고 했다. 옆에 있던 사람이,

"얼마 전에 죄를 짓고 쫓겨났던 사람보고 이번에는 아기 보는 일을 맡기시니, 그것이 대체 어찌 된 일입니까?"

하고 물었다.

맹손은 대답하기를,

"새끼 사슴도 그처럼 사랑할 수 있었던 사람이니, 내 아이에 대해서도 애정을 가지고 보살필 것이 아니냐."

고 했다.

낙양은 공을 세우고도 의심을 받고, 태서는 죄를 짓고도 신임을 받은 것이다. 그래서 교묘한 가면이 우직(愚直)한 진정만 같지 못하다는 것이다.

- 〈한비자〉에서

구슬을 가진 것이 죄

춘추시대 노나라 우공(虞公)은 아우 우숙(虞叔)이 가진 구슬을 탐냈다. 우숙은 처음에는 형에게 줄 생각이 없었으나,

"속담에 '소인은 죄가 없더라도 제 지체에 맞지 않는 구슬을 가지고 있으면 구슬을 가진 그 자체가 죄'라는 말이 있습니다. 그러니 이러한 것을 가지고 있으면 신변에 화가 닥칠 것입니다."
하고 형에게 그 구슬을 바쳤다.

맛을 들인 우공은 이번에는 우숙이 가지고 있는 검을 달라고 했다. 우숙은,

"형은 아무리 가져도 만족한 것을 모르는 사람이다. 이대로 가다가는 내 목숨까지도 성하지 못할지 모른다."
고 검을 주지 않고 오히려 형을 공격했다.

우공은 홍지(洪池)라는 곳으로 도망갔다.

- 〈좌전〉에서

군사는 수효보다 날래고 용맹해야 한다

5대 최후의 왕조는 주(周 - 後周)이다. 주나라 2대 임금 세종(世宗)은 5대 중 가장 뛰어나게 영특한 임금이었다. 세종이 임금 노릇을 했던 6년간 그가 한 일은 다른 어느 임금도 따를 수 없을 만큼 많았다.

세종이 임금이 되고 나서 한 일은 북한(北漢)의 침범을 물리치는 일이었다. 이때 세종을 도와 활약한 사람이 조광윤(趙匡胤) - 후에 송나라 태조(太祖)가 되었다. - 이었다.

조광윤이 북한과 싸울 때였다.

우익 방면을 맡았던 번애능(樊愛能)과 하징(何徵) 두 장수는 북한의 군사가 많은 것을 보고 미리 겁을 집어먹고 싸우지도 않고 도망을 쳤다. 그런데 조광윤이 이끄는 군사들은 용전 분투해서 크게 승리를 거두었다. 번애능과 하징은 도망을 치다가 우군이 승리를 했다는 소식을 듣고 아무 일도 없었던 듯이 진중으로 돌아왔다.

세종은 번애능과 하징과 그리고 그 밑의 장교들을 불러 놓고 호령을 했다.

"너희들의 실력은 결코 싸울 수 없을 만큼 그렇게 약하지는 않았다. 그런데도 한 번도 싸우지 않았다는 것은 만일 내가 지면 나를 배반하고 나를 잡아 적에게 바치려 했던 것이 틀림없다."

세종은 이들을 모조리 목잘라 죽여 버렸다.

이로부터 주나라의 군사들은 군기가 바로 섰다고 한다. 싸움에서 이기고 돌아온 세종은 우선 군대들의 훈련에 힘을 썼다.

"군사라 하는 건 날래고 용맹스러워야 한다. 수효만 많아도 소용이 없다. 농부 백 사람에게서 받아 들이는 세금으로 한 사람의 병정을 기르기가 어려운 형편인데, 백성의 피땀으로 쓸모 없는 병정을 기를 필요가 어디 있겠는가."

세종은 늙은 병정과 약한 병정을 추려내고, 각 지방에서 튼튼한 병정을 뽑아 조광윤으로 하여금 훈련을 시키도록 했다. 당시의 병정들이란 보통 때는 놀고 있다가 전쟁이 나면 항복하거나 도망이나 갈 생각밖에 다른 생각이 없었던 것이다.

각 왕조에서는 그런 대로 수효만 채우고 있는 형편이었다. 세종은 잘 훈련된 날랜 군사들을 가지고 후촉(後蜀), 남당(南唐), 글안(契丹)을 연달아 쳐 무찔렀다. 세종이 살았을 때의 주나라는 이렇게 강했다.

그러나 아깝게도 서른 아홉 살에 세종은 세상을 떠나고 말았다. 세종이 죽고 조광윤은 그 날랜 군사를 가지고 천하를 통일, 송나라를 일으킨 것이다.

- 〈십팔사략〉에서

남을 이기려면 먼저 자신을 이겨야 한다

하나라의 시조(始祖) 우(禹)의 아들 계(啓)가 제후의 하나인 유호(有扈)와 싸웠으나 이기지 못했다. 계의 부하들은 분하여 다시 유호를 치자고 했다. 그러나 계는 다시 싸울 것을 허락하지 않았다.

"나의 땅이 넓지는 못하나 백성의 수효는 적지 않다. 전쟁에 이기지 못한 것은 나의 덕이 없는 탓이니 먼저 나의 덕을 닦아 백성을 교화해야 한다."

그 뒤로 계는 잠잘 때 요를 깔지 않고 맛있는 음식을 먹지 아니하며, 가무(歌舞)와 음곡(音曲)을 폐지하고, 자녀들에게 패물을 차지 못하게 하고 친척들에게는 친절히 대하며, 늙은이와 어린이를 위로 하고, 슬기롭고 유능한 선비들을 맞아 나라 일을 해나가도록 했다.

이렇게 1년이 지났다.

이런 얘기를 전해 들은 유호는 자진해서 귀순하겠노라고 나왔다.

'남을 이기려면 자신을 이겨야 한다' 는 말이 있다. '남을 비평하려 면 먼저 나를 비평해야 한다' 는 것도 같은 얘기다.

- 〈여씨춘추〉에서

내 좌우 사람들에게 뇌물을 주지 않았기 때문

전국시대 제나라 위왕(威王)은 순우곤을 초나라에 보내어 구원을 청하고, 한편 안으로 정치를 고쳐 나갔다.

먼저 즉묵(卽墨)을 지키는 대부를 불러,

"경이 즉묵을 지키게 된 이래 나쁜 소문이 매일같이 들려 왔다. 그 래서 사람을 보내어 알아 봤더니 들녘은 개척이 잘 되고, 백성들은 살림이 유족하며, 관청의 사무도 지체없이 잘들 하고 있는 것을 알았 다. 경의 치적이 그 만큼 훌륭한데도 나쁜 소문이 그치지 않은 것은 내 좌우에 있는 사람들에게 뇌물을 주지 않았기 때문이다. 경은 참으 로 청렴했다."

위왕은 칭찬하고 상으로 일만 호의 땅을 주었다.

다음에 아(阿)라는 지방의 대부를 불렀다.

"경에 대해서는 칭찬하는 소리가 매일 들려 왔다. 그래서 알아 보

았더니 논밭은 묵어 있고 백성들은 가난에 쪼들리고 있었다. 그 뿐
아니라, 지난 번 조나라가 견 지방을 공격했을 때 경은 보기만 하고
구조를 하지 않았다. 또 위나라가 설릉(薛陵)을 빼앗었을 때에도 경
은 모른 척 했었다. 경이 그 만큼 무책임하고 일을 게을리했는데도
평판이 좋았던 것은 경이 나의 주위 사람들에게 늘 환심을 샀던 때문
이다. 고약한지고!"

위왕은 몹시 나무라고 당장에 아의 대부와 그를 추켜서 말했던 신
하들을 목잘랐다.

위왕은 이와 같이 상 주고 벌 주는 일을 엄하고 바르게 했기 때문에
신하들은 모두 벌벌 떨었다. 그리하여 뇌물을 받고 잘못하는 일을 잘
한다고 칭찬하는 자는 없게 되었다. 제나라는 이렇게 해서 나라가 잘
다스려졌고, 국위를 사해에 떨치게 되었다. 위왕은 훌륭한 신하를 소
중히 아끼고 또 믿었다.

위왕은 어느 때 위나라 혜왕과 함께 사냥을 한 적이 있었다. 이 얘
기 저 얘기 끝에 화제가 보물 얘기로 옮겨갔다. 혜왕은,

"우리 나라는 나라는 작으나 지름이 한치 되는 구슬이 열 개가 있
는데, 광채가 어찌나 있는지 구슬 한 개가 전차(戰車) 스물네 대를 비
출 수 있습니다."

하고 자랑을 했다.

그러자 위왕은,

"내가 가지고 있는 구슬은 위나라의 것과는 달리 사람입니다. 단자
(檀子)라고 하는 신하를 남성(南城)이라는 곳을 지키게 했더니, 초나
라가 무서워서 쳐들어오지를 못할 뿐 아니라, 그 방면의 열두 제후가
나에게 조공을 바치게 되었습니다. 혜자라는 신하에게는 고당(高唐)
이란 곳을 지키게 했더니, 조나라 사람들이 무서워서 그 근처에 고기

도 잡으러 오지를 못합니다. 그리고 또 있습니다……."

위왕은 명신과 공신의 이름을 들어 그들의 사적을 칭찬한 끝에 이렇게 말했다.

"이 사람들은 나의 보배입니다. 그 위력은 전차 스물 네 대가 아니라, 천리에 뻗칠 것입니다."

위왕의 얘기를 듣고 있던 위나라 혜왕은 부끄러워서 몸 둘 바를 몰랐었다고 한다.

- 〈사기〉에서

밥 한 그릇도 은혜는 은혜

전국시대도 끝 무렵, 진(秦)나라 소양왕(昭襄王)은 범수라는 명 재상을 얻어 여러 나라 중에서 가장 강한 나라가 되었다.

범수는 처음에 위왕(魏王)을 섬겼는데, 수고(須賈)라는 사람이 범수의 재주를 시기해서 위왕에게 없는 일을 일러 바쳐 범수는 재상 위제(魏齊)에게 갈비가 부러지고 이가 빠지도록 모진 매를 맞았다. 위제는 매를 맞고 늘어진 범수를 거적에 말아 마굿간에 처박아 두게 했는데, 범수는 마굿간지기에게 뇌물을 주고 겨우 도망쳐 나와 진나라로 와서 벼슬을 했다.

그 후 수고는 위왕의 사신으로 진나라에 왔다. 범수는 수고가 위왕의 사신으로 진나라에 온 것을 알고 일부러 낙척(落拓)한 모습으로 수고의 숙사를 찾아갔다. 수고는 범수가 살아 있는 것을 보고 놀랐다.

수고는 마음에 미안한 생각도 있고 해서 범수에게 술과 음식을 대

접했다. 수고는 범수의 초라한 꼴을 보고,

"그대는 그처럼 가난해졌는가? 가엾구만……."

하면서 솜옷 한 벌을 입으라고 주었다.

범수는 수고의 우정에 감사하면서 수고를 위해 수고의 수레를 손수 밀고 재상의 집까지 안내를 하겠다고 했다. 수고의 수레를 밀고 진나라 재상의 집에 이른 범수는 수고가 온 것을 알리겠다고 하며 안으로 들어가더니 한참이 지나도 나오지를 않았다. 그래서 수고가 재상집 청지기에 물었더니, 안으로 들어간 범수가 바로 진나라의 재상이라고 했다.

수고는 등에서 식은땀이 흐르는 것을 겨우 진정해 가지고 범수 앞에 나아가 전날 위나라에 있을 때의 잘못을 용서해 달라고 빌었다.

범수는 수고를 보고,

"그대는 전날 나에게 갖은 몹쓸 짓을 했다. 그 죄는 천 번 죽어서 마땅할 것이다. 그러나 내가 그대를 죽이지 않는 것은 조금 전에 나에게 솜옷 한 벌을 내 준 그 우정을 그대가 아직도 가지고 있었기 때문이다. 그러나 죄는 죄, 나는 그대에게 보복을 아니할 수 없다."

그러면서 여러 손님을 청해 연회를 베풀고 수고를 맨끝 말석에 앉게 했다. 수고의 앞에는 술과 음식 대신 짚을 썬 여물과 콩이 놓여 있었다.

수고는 부끄럽고 분하고, 한편 겁이 나기도 했다. 범수가 자기를 어찌하려는 것인가. 그러나 범수는 수고를 죽이지는 않았다.

이와 같이 범수라는 사람은 남의 은혜는 그것이 밥 한 그릇일지라도 꼭 보답을 하는 반면, 원한은 그것이 비록 조그마한 일이었더라도 보복을 하고야 마는 그런 사람이었다.

- 〈십팔사략〉에서

복숭아 두 개로 장수 세 명을 죽이다

　춘추시대, 제나라 경공(景公)의 신하 중에 공손접(公孫接) 전개강(田開疆), 고야자(古冶子)라는 세 사람의 용사가 있었다. 세 사람은 모두 다 무훈이 혁혁하여 누가 더하고 누가 덜하다고 할 수 없을 만큼 공적이 많았다. 세 사람은 그와 같은 공적을 유세하여 세상에 거칠 것이 없었다.

　경공도 이 세 사람이 너무 횡포하고 무례한 데 진절머리가 나서 어떻게 하든지 없애 버려야겠다고 마음 먹었다. 그래서 재상 안자(晏子)와 의논을 했다. 안자도 이 세 사람을 그대로 두었다가는 제나라의 사직까지도 위태로울 것 같아서 어떻게 처치를 해야겠다고 생각하고 있었던 터에, 경공으로부터 그러한 의논을 하게 되자 곧 한 가지 계교를 경공에게 여쭈었다.

　그것은 세 사람을 같이 불러 놓고 복숭아 두 개를 내 주면서,

　"자기 스스로 공적이 출중하게 크다고 생각하는 사람은 이 복숭아를 집어 먹어라."

하는 것이다.

　복숭아는 두 개뿐이고 그들은 세 사람이다. 제각기 자기가 먹으려고 할 것이다. 그렇게 되면 자연 싸움이 벌어지고, 싸움이 되면 서로 상하게 될 것이니 손을 대지 않아도 저희들끼리 해치게 될 것이라는 것이 안자의 계교다.

　과연 세 사람은 두 개의 복숭아를 놓고 다투어 먼저 먹으려고 덤벼들었다. 공손접, 전개강이 먼저 먹었다. 그런데 실상 고야자의 공이 이 두 사람보다는 훨씬 크다는 것을 그들도 모르지 않았다. 공손접과 전개강은 부끄러움을 어찌할 수 없어 자결을 했다.

혼자 남은 고야자도 자기 혼자서 살아 남아서는 무엇하겠느냐고 죽어 버렸다. 결국 세 사람은 안자의 계교대로 다 죽고 만 것이다.

- 〈안자춘추(晏子春秋)〉에서

사람을 쏘려면, 먼저 말을 쏘라

송나라 말기 휘종(徽宗)이 임금으로 있던 25년간을 통해서 가장 세도 있는 자리에 있던 사람은 채경(蔡京)이다. 채경은 학식도 있고 재주도 있었다. 그리고 취미도 많았다. 휘종과 가까워진 것도 그 취미가 인연이 되었던 것이다.

지난 날 사마광(司馬光)이 재상으로 있으면서 왕안석(王安石)이 만들어 놓은 새 법을 다시 옛것으로 바꾸려고 서두르고 있을 때 채경은 개봉부(開封府)의 지사(知事)였다.

어느 날 위에서 새 법을 구법으로 바꾸라는 지시가 내려왔다. 다른 사람들은 하나도 위의 지시를 기일 안에 바꿔 놓은 사람이 없었는데, 채경만은 기일 안에 해 놓았다. 사마광은 채경이 천하에서 제일 가는 유능한 관리라고 칭찬했다. 채경은 그와 같이 요령이 좋은 사람이었다.

채경이 재상이 된 후, 채경은 임금이 놀기를 좋아하고 사치를 좋아하는 것을 알고 놀음과 사치로써 임금의 비위를 맞추기 시작했다. 그래서 왕안석 때 조금씩 늘어났던 나라 살림이 얼마 안 되어 밑바닥이 드러나고 말았다.

부역에 끌려 나온 백성들 사이에서는 원망이 자자했고, 한편에서는 벼슬아치들이 부정을 일삼았다. 그러나 채경은 조금도 그런 것을 고쳐 보려 하는 생각은 없이, 자기에게 반대하는 자는 탄압으로 억눌렀다. 횡포해진 것이다.

이 때 진관(陳瓘)이란 사람이,

"사람을 쏘려면 먼저 말을 쏘라. 적을 사로잡으려면 먼저 왕을 사로잡아라."

고 쓴 격문을 돌렸다.

진관의 동지들이 많이 생겼다. 그들은 연달아 임금에게 탄핵문을 올렸다.

진관이 적을 사로잡으려면 왕을 사로잡으라고 한 말은 나쁜 무리들을 없애려면 조그만 송사리들을 잡아서는 소용없고, 괴수를 잡아야 한다는 뜻이다. 즉, 채경을 쫓아내야 한다는 뜻이다.

이리하여 결국 채경은 재상 자리에서 쫓겨났지만, 휘종의 방탕과 사치는 그칠 줄을 몰랐다. 휘종이 죽고 흠종(欽宗)이 섰을 때는 벌써 북녘의 금나라에게 밀려 남쪽으로 도읍을 옮기지 않으면 안 될 처지에 놓이고 말았다.

선비는 나를 알아 주는 사람을 위해 죽고, 여자는 나를 기쁘게 해 주는 사람을 위해 얼굴을 다듬는다

전국시대 초기, 한(韓)과 위(魏), 지백(知伯)의 연합군은 조(趙)를 치기로 했다. 그러나 한과 위가 배신을 해서 지백만이 죽고, 지백의 땅은 없어지고 말았다. 그래서 진(晉)나라는 사실상 한(韓), 위(魏),

조(趙) 세 주인이 나눠 가지게 된 셈이었다.

조의 주인 무술은 전쟁의 뒷수습을 끝내고 이제 백성들의 마음을 안정시키느라고 바빴다. 이때 무술의 목숨을 노리는 한 사나이가 있었다. 그는 예양(豫讓)이라는 사람이었다. 예양은 전날 지백에게서 두터운 대우를 받았던 은혜를 잊지 못해 옛 주인의 원수를 갚으려고 비수를 품고 다녔다.

예양은 진양성(晉陽城) 싸움이 끝나자, 홀로 산속에 숨었다. 그 뒤 자기의 주인 지백이 죽은 것과 지백의 영토를 한, 위, 조 세 나라가 나눠 가진 것을 알았다. 그리고 예양의 마음을 한층 아프게 한 것은 무술이 지백의 해골에 옷칠을 해 가지고 요강 대용으로 쓰고 있다는 것이었다.

예양의 분함과 노여움은 불길같이 일어났다.

"선비는 나를 아는 자를 위해 죽고, 여자는 나를 기쁘게 해 주는 자를 위해 얼굴을 다듬는다고 했다. 지백은 나를 알아 주었다. 그래서 나를 누구보다 후대해 주었던 나의 주인이었다. 나는 지백을 위해서 그 원수를 갚지 않으면 안 된다. 그렇지 않으면 내 어찌 저승에 가서 지백을 만날 낯이 있을 것이냐. 선비로서의 마지막 나의 소임은 지백의 원수를 갚는 일이다."

마음에 굳게 맹세한 예양은 이름을 갈고 죄수들의 틈에 끼여 무술의 궁중에서 막일을 하게 되었다.

어느 날의 일이었다.

뒷간엘 다녀온 무술은 웬일인지 가슴이 울렁거리고 예감이 이상했다. 사람들을 시켜 뒷간을 살펴보았다. 그랬더니 뒷간 벽을 바르고 있는 한 죄수의 거동이 수상쩍었다. 눈빛이 예리한 이 죄수는 여느 죄수 같지가 않았다. 그래서 그를 잡아다 몸을 수색해 보니까 품속에서 비수가 나왔다.

"너는 어떠한 죄수이냐?"

예양은 조금도 겁내는 기색 없이 제 이름을 댔다.

"예양이다. 죽은 지백을 위해 나는 무술의 머리를 베어야 하겠다."

당당한 말투였다.

좌우의 사람들은 예양을 당장에 죽이려고 달려들었다.

"잠깐!"

무술이 좌우를 말렸다.

"훌륭한 의인이로다. 용감한 자이로다. 네가 내 몸을 노린다면 나만 주의하면 되겠구나. 풀어 주어라."

무술의 도량도 이만저만 큰 것이 아니었다. 그러나 이렇게 풀려 나온 예양은 그 뒤에도 늘 주인의 원수를 갚기 위해 무술의 뒤를 몰래 밟고 다녔다.

- 〈사기〉에서

솥(鼎)에도 귀가 있다

송나라 태조(太祖)는 어느 눈 오는 밤 재상 조보(趙普)의 집엘 찾아갔다. 조보는 태조가 가장 미더워하는 재상이었고, 태조는 곧잘 미복(微服)으로 미정을 살피러 나가는 일이 있었던 터라, 태조가 조보의 집을 찾아간 것은 조금도 기이한 일이 아니었다.

태조가 미복차림으로 민정 사찰을 나설 때면 좌우에서 늘 말리곤 했다. 그럴 때면 태조는,

"임금은 천명을 타고 나는 것이다. 아무리 구해도 되는 것이 아니고, 아무리 마다해도 안 되는 것이다. 천명을 받아 임금이 될 수 있는 사람은 누구고 임금이 될 수 있는 것이다. 자네도 천명만 있다면 임금이 될 수 있다."

하면서 조금도 말리는 말을 들으려 하지 않았다.

조보의 집에서는 태조를 극진하게 모셨다. 태조는 이 얘기 저 얘기 끝에 태평(太平)이란 지방을 공략하면 어떨까 하고 조보에게 물었다.

"그런 곳은 아직 그대로 두어 두는 게 좋을 것 같습니다. 그대로 두어도 다른 곳을 평정하고 나면 저절로 손에 들어오게 될 것입니다."

"나도 그렇게 생각하고 있긴 있었네."

태조는 이와 같이 모든 일을 조보와 의논했던 것이다. 조보의 의견을 들어 보지 않으면 마음이 놓이지가 않았다. 그 만큼 조보를 믿고 있었던 것이다.

그런데 어느 날, 어사(御史)가 조보를 탄핵하는 문서를 올렸다.

"조보는 옥리들과 결탁하여 마음대로 형벌을 감해 주기도 하고, 더 하기도 한다."

는 내용이었다.

태조는 이 말을 듣고 크게 노하여,

"솥에도 귀가 있다는데, 사람인 네겐 귀도 없느냐? 너는 조보가 어떤 사람이라는 것을 듣지도 못했느냐?"

탄핵한 어사를 당장에 결박하였다가 이튿날 벼슬을 떨어뜨려 멀리 상주(商州)로 쫓아 버렸다. 그런데 어사가 조보를 탄핵한 사실은 조금도 거짓이 아니었다. 태조도 그것을 모르는 바 아니었지만, 그렇게 함으로써 조보가 스스로 자숙하도록 하려는 의향이었던 것이다.

그 뒤 태조는 또 조보의 집에 갔다가 어떤 사람이 항아리 열 개에

금을 가득 담아서 보낸 것을 보았다. 태조는 웃으며,

"상관 있나, 받아 두게. 그까짓 금덩어리 열 항아리를 보냈다고 해서 천하가 어떻게 될 것도 아니고⋯⋯."

태조는 정말 아무렇지도 않은 눈치였다.

조보의 이와 같은 일을 번연히 알고 있으면서도 모른 척 직접 눈으로 보고도 조금도 개의하지 않는 그 도량, 이리하여 태조는 역시 송나라를 세울 수 있었던 큰 인물이었다고 할 수 있을 것이다.

－〈송사〉에서

여느 사람과 같이 나를 대우하면, 나도 여느 사람과 같이 보답한다

전국시대, 예양은 옛날 주인이었던 지백의 원수를 갚기 위해 갖은 짓을 다해 보았으나, 실패하고 말았다. 원수였던 무술은 예양을 한 번 잡았다가 도로 풀어 놓아 준 일까지 있었지만, 예양은 끝끝내 무술의 뒤를 밟았었다.

예양은 이번에는 온 몸에 옻칠을 하고 문둥이처럼 보이게 했다. 불붙은 숯을 삼켜 말도 제대로 할 수 없게 됐다. 그의 아내조차도 남편인 예양을 알아 볼 수 없을 만큼 변해 버렸다. 예양은 오직 무술이 밖에 나오는 기회만을 기다리고 있었다.

어느 날 예양의 친구가 길에서 예양을 알아보았다. 그는 예양에게,

"자네같이 훌륭한 재주가 있으면 무술도 반드시 자네를 불러 쓸 것일세. 그렇게 되면 무술을 가까이 할 수 있는 기회도 있을 것이니, 그때 원수를 갚아도 될 것이 아닌가. 그런데 왜 이렇게까지 고생을 한

단 말인가?"

"그건 안돼네. 신하가 되어 가지고 그 주인을 죽일 마음을 갖는다는 것은 안될 말이야. 내가 지금 하는 일은 어렵고 또 고생은 되지만, 이렇게 고생되는 일을 내가 하는 까닭은 후세에 누구도 신하가 되어 가지고 두 마음을 가지는 자가 있어서는 안 된다는 걸 일러 주기 위해서야."

예양의 친구는 더 할 말이 없었다.

얼마 뒤 예양이 기다리고 기다리던 기회가 찾아왔다. 무술이 외출을 하게 된 것이다. 예양은 무술이 지나갈 길목 어느 다리 밑에 몸을 숨기고 이제나 저제나 무술이 지나가기만을 기다리고 있었다.

그런데 무술의 수레가 다리 못 미처 이르렀을 때 수레를 끌던 말이 무엇에 놀랐는지 딱 멈추고 섰다. 무술은 수레에서 내려 둘레를 살펴봤다. 다리 밑에 예양이 있었다.

"너는 전에 범(范) 중행씨(中行氏)를 섬기다가 지백이 중행씨를 멸망시키자 너는 주인의 원수를 갚기는 커녕 주인의 원수인 지백의 신하가 되었던 자가 아니냐? 그런데 이번에는 지백이 망했다고 해서 어찌 지백을 위해 원수를 갚겠다는 마음이 이다지도 끈질기냐?"

"전의 중행씨는 나를 보통 사람이나 다름없이 대우했었습니다. 그러나 지백은 나를 국사(國士)로 대접해 주었습니다. 여느 사람과 같이 나를 대우하면 나도 여느 사람과 같이 보답하고, 국사로 대우하면 나도 국사로서 주인에게 보답하려는 것입니다."

예양의 말을 듣고 무술은 길게 한숨을 내쉬었다. 그러나 용서에도 한계가 있다. 예양도 이제는 죽을 것을 각오하고 있었다.

"밝은 임금은 사람의 장점을 잘 알아서 그 점을 존경하고, 장점에 대하여 방해를 하지 않는 법입니다. 그리고 충신이라 하는 자는 명예를 위해서 죽음을 마다하지 않는 절개를 가진다고 들었습니다. 당신은 전날 나를 용서해 주었습니다. 오늘 또 이와 같은 무례를 하였으나, 죽어도 마땅한 줄로 압니다."

예양은 무술에게서 무술의 웃옷을 얻어 가지고 그 옷에다 세 번 비수로 찔렀다. 그리고는,

"이제는 저승에 가서 지백을 만날 수 있다."

고 외치며, 가졌던 비수로 자기 가슴을 찌르고 그 자리에서 목숨을 끊었다.

왕이 노하면 백만의 주검과 천리에 피가 흐른다

전국시대 끝 무렵 진왕(秦王) 정(政) – 후의 시황제 – 은 자기의 영토 사방 5백 리의 땅과 안릉군(安陵君)의 작은 영토와 바꾸자고 했다. 안릉군은 당저(唐且)라는 사람을 진왕에게 보내어 거절한다는 뜻을 전했다. 진왕은 대단히 노했다.

"진나라는 이미 한(韓)을 부수고, 위(魏)를 쳐 없앴다. 안릉군에게 땅을 주고 작은 땅과 바꾸자고 한 것은 의리를 생각해서 한 일이며, 안릉군이 두려워서가 아니다. 나는 열 곱절이나 되는 땅을 주고 바꾸자고 한 것인데, 싫다는 것은 나를 얕잡아 보는 증거가 아닌가?"

"그런 것은 아니올시다. 안릉군은 선군에게서 물려받은 땅이기 때문에 바꿀 수가 없다는 것 뿐입니다. 그러니까 열 배가 아니라, 천 배가 되는 땅을 주신다고 해도 바꾸지 않을 것입니다."

진왕은 더욱 노해서,

"그대는 왕이 노한 것을 본 적이 있는가?"

하고 호통을 쳤다.

"없사옵니다."

"왕이 한 번 노하면 백만의 주검과 천리에 피가 흐른다는 것이다."

"그러하오면 대왕께서는 선비의 노한 것을 보신 일이 있으시옵니까?"

"선비 따위가 노한댓자 쓰고 있는 관이나 벗어 던지고 머리를 땅에 박는 일밖에 더 하겠는가."

"아니올시다. 그것은 어리석은 백성이 노할 때 하는 짓이옵고, 선비는 그렇지 않습니다. 옛날 전저(專諸)가 오나라 공자 광(光)을 위해서 오왕 요(僚)를 칼로 찔렀을 때 혜성이 달을 가리고 분성(奔星)이 대낮에 나타났더라고 합니다. 요리(要離)가 오왕 합려(闔廬)를 위하여 왕자 경기(慶忌)를 찔렀을 때는 어떠했습니까? 또 섭정이 계부(季父)를 찔렀을 때는 어떠했습니까? 이 세 사람의 경우가 바로 선비가 노했을 때의 보기가 되는 것입니다. 나도 지금 대왕을 찌르려고 합니다. 선비가 한 번 노하면 주검은 하나, 유혈은 다섯 자밖에 흐르지 않습니다."

"자 받으시오!"

당저는 품에서 비수를 쑥 뽑아 치켜들었다. 진왕은 얼굴이 새파랗게 질려 그 자리에서 잘못했노라고 빌었다.

진(秦)이 천하를 다 손아귀에 넣었어도 안릉군이 있던 불과 5십 리밖에 안 되는 땅은 손을 대지를 못했다. 그것은 당저의 이와 같은 일이 있었기 때문이다.

원수는 곡직을 가려서 갚고, 은혜는 은혜로 갚는다

어떤 사람이 공자에게 물었다.

"원수를 은혜로써 갚으면 어떠합니까?"

공자는 못마땅한 듯이,

"그러면 은혜는 무엇으로 갚겠는가? 원수는 시비곡직을 가려서 갚을 것이요, 은혜는 은혜로써 갚아야 할 것이다."

공자의 대답은 현시적이며 상식적이다.

그리스도와 같이 '오른쪽 뺨을 때리거든 왼쪽 뺨을 내밀어라. 웃저고리를 달라고 하거든 바지도 벗어 주라'고는 하지 않았다.

여기서 공자가 말하는 시비곡직을 가려서 갚으라는 것은, 옳고 그른 것을 가려서 갚을 것은 갚고 갚을 것이 아니면 안 갚는다는 뜻이다.

– 〈논어〉에서

적을 알고 나를 알면 백 번 싸워 위태롭지 않다

군대에 관한 지식이 없는 사람이 대장이 되었다면 그는 명령이나 지휘를 할 수가 없다. 그가 명령이나 지휘를 했다손 치더라도 부하 장병들이 명령을 의심하게 될 것이며, 그렇게 되면 통솔이 잘 되지 않아 싸움에 승리를 할 수가 없을 것이다.

또 군대 안에 기풍이라고 할까, 그 군대의 성격, 능력 같은 것에 관심을 갖고 있지 않은 자가 대장이 되었다면 장병들이 신뢰를 하지 않게 되고, 장병들이 대장을 신뢰하지 않으면 대장도 장병들을 믿을 수 없어서 서로 못 믿게 되니, 싸움에 이기기를 바랄 수 없다.

"싸움에 이길 수 있는 방법이 다섯 가지가 있다. 첫째는 싸움을 할 수 있는 경우와 싸울 수 없는 경우를 잘 분간하는 일이다. 싸울 수 있다든가 싸우지 않으면 안 될 때에 한해서 전력을 기울여 싸워야 한다. 피해야 되는 싸움은 절대로 피해야 한다.

둘째는 적을 공격할 경우 상대방 적에게 얼마 만한 병력으로 공격을 해야 할 것인가를 정확하게 계량할 일이다. 병력을 너무 많이 써도 쓸 데 없는 낭비가 될 것이며, 병력을 너무 적게 쓰면 이쪽이 지고 만다. 적당한 병력을 써야 한다.

셋째는 윗사람과 아랫사람의 마음과 뜻이 맞아야 한다.

넷째는 모든 일을 잘 생각해서 치밀한 계획을 세워 행동할 것이다. 그래 가지고 적이 아직 대비가 되지 않았을 때 그 때를 타서 쳐들어 가야 한다.

다섯째는 대장이나 지휘관이 풍부한 지식과 재능이 있어야 한다. 왕은 일단 대장에게 싸움을 지휘하게 한 다음에는 아무 간섭도 하지 말아야 한다. 그래야 대장이 자기 마음 먹은 대로 자기의 재능껏 싸움을 지휘할 수가 있다.

이상과 같은 조건에서 적과 아군의 실제의 상황을 비교 검토한 다음에 이길 수 있다는 결론이 나오면 그 때에 싸움을 할 것이다. 적을 알고 또 나를 알면 백 번 싸워도 위태롭지가 않다. 적의 사정을 모르고 내 쪽만을 알고 있으면 이기고 지는 것은 반반이다. 적의 사정도 모르고 제 형편도 모르면 매양 싸움에 지고 만다. 따라서 이기고 지는 것이 반드시 싸움을 해야만 알 수 있는 것은 아니다. 백 번 싸워 백 번 이김이 잘함에 잘한 것이 아니요, 싸우지 않고서 사람의 군사를 굽힘이 잘함에 잘한 것이다."

라고 손자는 말한다.

- 〈손자(孫子)〉에서

적에게 군사를 빌려 주고, 도둑에게 양식을 준다

이 말은 스스로 화근을 불러들인다는 뜻이다. 이와 비슷한 말로
'문을 열고 도둑에게 절한다'는 말도 있다.

전국시대 진(秦)나라 재상이던 범수는 애초에 위나라 사람이었다.
위나라에서 대부 수고(須賈) 밑에 있었는데, 재상 위제(魏齊)에게 잘
못 보여 진나라로 도망해 왔다.

범수는 진나라 소왕(昭王)을 뵙고,

"옛날 제나라 민왕은 멀리 초나라를 쳐서 승리를 거두었습니다. 그
러나 제나라가 피폐한 틈을 타서 가까운 곳에 있는 제후들이 제나라
를 공격했습니다. 그래서 제나라는 초나라를 이기고도 초나라의 땅
을 한치도 얻지 못했습니다. 제나라는 먼 데 있는 초나라를 쳤기 때
문에 결국은 가까운 데 있는 한(韓)과 위(魏)가 이익을 보았을 뿐입
니다. 이것이 이른바 적에게 군사를 빌려 주고 도둑에게 양식을 준다
는 격입니다. 그러므로 진나라는 먼 나라와 사귀고 가까운 나라를 치
는 것이 가장 좋은 방책일 줄로 압니다."

이것이 유명한 원교근공책이라는 것이다.

진나라 소왕(昭王)은 범수의 말대로 가까운 곳에 있는 제후들을 하
나씩 정복해 나갔던 것이다.

그 뒤 삼국시대 오나라 손권(孫權)은 형 손책(孫策)이 죽자, 눈물과 슬픔에 젖어 있었다. 이것을 본 장소(張昭)는 다음과 같이 아뢰었다.

"지금 천하에는 간악한 무리들이 날뛰고 표범과 늑대 같은 패거리들이 기회만 있으면 오나라를 침범하려 엿보고 있습니다. 참으로 비상시라고 하지 않을 수 없습니다. 형님이 돌아가시어 애통하시는 심정 모르지 않습니다마는, 그처럼 슬픔에 잠기시어 국사를 돌아보지 않으시는 동안에도 간악한 무리들이 눈을 번득이고 있습니다. 이야말로 문을 열고 도둑을 맞아 들이는 것과 같습니다."

손권은 그 날부터 우는 것을 그치고 상복을 벗어 버린 후 갑옷에 투구를 갖추고 군영을 둘러보았다.

오나라와 위나라, 촉나라의 관계는 어느 때 무슨 일이 터질지 모르는 급박한 형세에 있었다. 장소의 말대로 한시도 편안하게 있을 때가 아니었다.

　　　　　　　　　　　　　　　　　　　　　　－〈사기〉에서

죽고 사는 것은 적에게 맡겨져 있어도 절개를 지켜 굽히지 않음은 나에게 있다

원나라 세조(世祖)는 남송(南宋)과 강화를 하고자 하여 한나라 사람 학경을 사신으로 보내려 했다. 학경은 학식과 덕행이 뛰어나서 세조가 매우 신임하는 사람이었다.

학경이 남송으로 사신이 되어 가게 되었다는 소문을 듣고 학경의 어떤 친구가 충고를 했다.

"이번 일처럼 위험한 일은 없네. 어째서 병을 핑계삼아서라도 거절을 하지 않았는가?"

그러나 학경은,

"원나라와 송나라가 싸우는 통에 천하의 백성들은 여간 고생을 겪고 있지 않소. 세조는 지금 두 나라가 전쟁을 끝내기를 바라고 있소. 이번 내가 사신으로 가서 두 나라의 싸움을 그치게 할 수 있다면 창칼 아래 죽는 수만의 목숨을 건지게 되는 것이오. 그렇다면 내 하찮은 학문도 쓸 데가 있는 것이 아니겠소."

학경은 친구의 충고를 물리치고 사신의 길을 떠났다.

원나라 세조가 학경을 송나라에 사신으로 보낸 것은 송나라와 화평하게 지내자는 뜻도 있지만, 또 한 가지는 기왕에 송나라의 고사도 (賈似道)가 약속한 일이 있었기 때문에 그것도 한 번 다시 알아 보자는 생각이 있었다.

고사도와의 약속이란, 전에 고사도가 악(顎)이란 데서 원나라 군사와 싸우게 되었을 때, 원나라 군사가 워낙 세어서 당할 수 없을 것을 깨닫고 몰래 항복을 했던 것이다. 그 때,

"송나라는 원나라를 상전으로 섬길 것이며, 해마다 조공도 하겠습니다."

하는 조건이었다.

원나라 세조도 그 때 형 헌종(憲宗)이 죽었기 때문에 후계자의 문제도 있고 해서 빨리 군사를 거두어야 할 형편이어서 고사도의 항복을 받아들이기로 했던 것이다. 그런데 고사도는 송나라에 가서 그런 말을 한 마디도 비치지 않고, 오히려 자기가 원나라 군사를 쫓아 버린 것처럼 얘기를 해서 송나라 임금도 고사도의 말을 듣고 그 공을

치하까지 했던 것이다.

고사도는 원나라에서 사신이 온다는 말을 듣고 큰 걱정이 되었다. 지금까지 한 거짓말이 탄로가 날 것이 두려웠던 것이다. 고사도는 학경이 회하(淮河)를 건널 때 학경을 붙잡아 진주(眞州)라는 곳에 갖다 놓고 꼼짝을 못하도록 가둬 버렸다.

포로가 되다시피 된 학경과 그 일행은 고생이 심했다. 일행 중에는 불평이 많았다. 그럴 때면 학경은,

"죽고 사는 것은 적에게 맡겨져 있다. 그러나 절개를 지키고 굽히지 않음은 오로지 나에게 있다. 어찌 불충 불의하여 중국의 사대부의 면목을 욕되게 할 수 있으랴. 여러 사람들에게는 매우 미안하게 되었으나, 참고 때를 기다리자. 송나라는 머지 않아 망할 것이다."

이렇게 타이르며 힘을 돋워 주었다.

학경은 그런 채 십여 년을 그 곳에서 참고 견디어 냈다. 그러다가 원나라 군사가 송나라를 쳐들어왔을 때 구원되었다.

- 〈십팔사략〉에서

차라리 지혜로써 싸우리라

유방은 홍문에서 돌아온 후 더욱 군비를 튼튼히 하고, 널리 천하의 인심을 얻기에 힘썼다. 한편 항우는 그 성품이 거칠고 단순하여 백성의 인심이 따르지 않아 그의 세력은 점점 약해져 가기만 했다.

이러한 기미를 본 유방은 항우을 정벌하기로 했다. 그러한 때 항우가 초나라의 의제(義帝)를 죽였기 때문에 유방은 항우를 역적이라 하

여, 역적을 친다는 명분을 붙였다.

그러나 그 당시 항우의 용맹을 따를 장수는 없었다. 첫번째 싸움에서 유방은 크게 패하여 유방의 아버지 태공(太公)과 여 부인(呂夫人)이 사로잡히고 말았다. 유방과 항우의 군사는 영양(滎陽)에서 맞아 대치하고 있었다.

재차 싸움이 시작되려 할 때, 항우는 커다란 도마 위에 태공과 여 부인을 유방의 진영에서 보이는 곳에 올려 앉혀 놓고 큰 소리로 외쳤다.

"항복하지 않으면 너 보는 앞에서 네 아비를 도살할 것이다. 어떻게 하려느냐?"

유방도 배짱 있는 사내다.

"너와 나는 지난 날 형제를 맺었던 사이, 그러니 나의 아버지가 곧 너의 아버지가 아닌가. 제 아버지를 죽여 삶아 먹겠다니 재미있구나. 형제의 의로 봐서도 나에게 그 고기국 한 그릇쯤 보내 주겠지."

항우는 말문이 막혀 버렸다. 옆에 있던 항우의 숙부 항백(項伯)이 항우에게 말했다.

"천하를 다투는 마당에 집안일 같은 것이 문제가 되겠는가. 태공을 죽인다 해도 유방은 꿈쩍 안 할 것이다. 공연히 세상에 소문만 나쁘게 날 것이니 그만두어라."

이리하여 항우는 태공을 죽이려다가 그만두었다. 그러나 양쪽 군사는 지루하게 맞서고 있었다. 성미가 급한 항우는 참을 수가 없어 또 전날처럼 유방의 진영에다 대고 큰 소리로 외쳤다.

"천하는 어지럽다. 죄 없는 백성들만 괴롭힐 것 없이 너와 나만이라도 자웅을 결판내자."

유방은 비웃듯이 대꾸했다.

"나는 차라리 지혜로써 싸우리라. 완력으로 싸우는 것은 싫다. 힘으로 싸운다는 건 어리석은 자들이 할 것이다."

유방은 그야말로 항우를 놀리는 것 같았다.

그리고 항우가 의제를 죽인 죄목을 죽 들어서 항우에게 욕지거리를 퍼부었다. 성미가 단순한 항우는 참을 수가 없었다. 불같은 화가 가슴에서 치밀어 올라왔다. 항우는 성벽 위로 올라가서 고래고래 소리를 지르며 싸움을 돋우었다.

- 〈사기〉에서

처음엔 처녀 같이 얌전하고, 나중엔 토끼 같이 날쌔다

"적을 향해서 처음에는 처녀 같이 얌전히 그리고 부드럽게 대한다. 그러면 적은 만만하게 보고 마음을 늦추게 된다. 마음을 늦출 뿐 아니라, 상대를 깔보게 된다. 그래서 저쪽에서 먼저 때리려 들면 때려 보라고 몸을 내맡긴다.

그때 이쪽에서는 행동을 시작하는 것이다. 행동을 시작할 때는 그물을 빠져나와 도망치는 토끼같이 재빨리 그리고 용맹하게 대들어야 한다. 상대는 그렇게 재빠르게 공격해 올 줄은 미처 몰랐다가 이쪽에서 급작스럽게 대들게 되면, 어쩔 줄을 몰라 비틀거리게 된다. 이쪽에서 틈을 두지 말고 맹렬히 공격하면 상대는 패하고 마는 것이다. 이것이 전법의 묘라는 것이다."

이 말은 〈손자병법〉 '구지편(九地篇)'에 있는 말이다.

충성된 마음 후세에 전하여 역사에 그 빛을 비추리

　남송(南宋)의 서울 임안(臨安)이 원나라 군사에게 떨어지게 되자, 문천상(文天祥)은 원나라와 강화를 맺기 위해 원나라로 가던 도중 원나라 군사에게 잡히고 말았다.

　원나라 군사는 문천상을 호송하여 자기네의 서울 연경(燕京)으로 보내려고 했다. 문천상은 도중에서 도망했으나 다시 잡혔다. 아내는 이미 연경으로 붙잡혀 갔고, 아들들은 모두 병이 나서 죽었다. 문천상은 자기도 자결하려 했으나 이루지 못했다.

　문천상은 원나라 장수 장홍범(張弘範)의 진중에 잡혀 있었다.

　장홍범은 문천상이 항복하기만 하면 원나라에서 벼슬을 얻고 잘 살 수 있을 것이라고 꾀었다. 그러나 문천상은 듣지 않았다.

　그때 장홍범은 남송의 애산(崖山)이라는 곳을 공격하고 있었는데, 애산에는 남송의 장수 장세걸(張世傑)이 죽기를 각오하고 한사코 지키고 있어서 좀처럼 떨어뜨리기가 힘들었다.

　그래서 문천상에게,

　"남송이 다 망했는데, 장세걸이 혼자 애산을 지키고 있으면 무슨 소용이 있겠느냐."

라고 하며 항복을 권고하는 편지를 쓰라고 했다.

　그러나 문천상은 당연히 거절했다.

　"나는 나라를 구하지 못한 것이 철천의 한이 된다. 그런데 내가 남에게 나라를 팔아 먹으라고 할 수 있겠는가?"

　그래도 장홍범은 편지를 쓰라고 강요했다.

　장홍범의 얼굴을 한참이나 뚫어지도록 쳐다보고 있던 문천상은 무슨 생각이 들었는지 옆에 놓인 붓을 들어 듬뿍 먹을 묻혀 가지고 종이 위에 글을 써 나갔다. 그것은 한 편의 시였다. 그 시의 끝의 장은 이런 것이다.

인생 예로부터 죽지 않은 이 있었던가.
충성된 마음을 후세에 전하여
역사에 그 빛을 비추리.

장홍범도 이 시를 읽고는 더 이상 문천상을 괴롭히지 않았다. 그것은 문천상의 굳은 마음을 돌이킬 수 없다고 깨달은 동시에, 장홍범 그 자신이 원래는 남송의 장수였다가 원나라에 항복하여 원나라 장수가 되었던 자이기 때문에 마음에 찔리는 데가 있어서였는지도 모른다.

문천상은 그로부터 4년 후 형장의 이슬로 사라지기까지 그의 나라를 사랑했던 충성은 조금도 굽힐 줄을 몰랐다.

－〈송사〉에서

호랑이에게는 고기를 실컷 먹여야 한다

후한 말기, 황건적을 물리친 조조의 세력은 산동 일대가 그의 손아귀에 들어 있었다. 그러나 천하를 얻으려면 아직도 강적이 많았다. 조조는 먼저 여포(呂布)를 꺾어야 하겠다고 마음먹었다.

조조에게 쫓긴 여포는 유비에게로 갔다가, 유비를 배반하고 유비가 있던 하비(下邳)성을 가로챘다. 이번에는 여포에게 쫓긴 유비가 조조에게로 갔다. 이때 여포는 진등(陳登)이란 사람을 조조에게 보내어 자기에게 서주(徐州)를 맡겨 달라고 청했다. 여포는 서주를 얻어 가지고 장차 천하를 한 번 차지해 볼 속셈이었던 것이다.

여포의 사자 진등이 조조에게 말하기를,

"여포를 기르는 것은 호랑이를 기르는 것과 같습니다. 호랑이를 기르려면 먹기 싫도록 고기를 먹여야 합니다. 그렇지 않으면 사람을 해칠 염려가 있습니다."

진등의 말뜻은 여포에게 서주를 주지 않으면 적이 될지도 모른다는 엄포 같은 것이었다. 그러나 그 따위 말에 넘어갈 조조가 아니었다.

"아니야, 여 장군을 기르는 것은 매를 기르는 것이나 같다. 매는 배가 고파야 사람의 말을 듣지, 배가 부르면 공중으로 날아가 버린다."

여포란 믿지 못할 사람이라는 것을 조조는 잘 알고 있기 때문에 진등의 청을 거절하고 만 것이다.

그 뒤에 여포는 조조와 싸워 조조에게 사로잡히게 되었다. 조조는 언젠가 진등이 여포를 호랑이에 비유했던 말이 문득 생각났다.

"호랑이는 섣불리 묶어서는 위태해."

조조는 여포의 목을 졸라 죽였다.

◨ 편저 권 순 우 ◨

▍ (고대 · 중세 · 근세 · 근대 4세대로 구분된) 서양 고사성어로의 여행
▍ (분야별로 엮어 영문과 한글을 같이 읽는) 세계명언으로의여행
▍ (중국의 문화를 한권으로 알 수 있는) 중국 고사성어로의 여행
▍ 손자병법

(중국 대표 사상가들에의해 쓰여진)
중국 사상으로의 여행

초판 2쇄 인쇄   2023년 1월 10일
초판 2쇄 발행   2023년 1월 15일

편 저   권순우
발행인   김현호
발행처   법문북스
공급처   법률미디어

주소   서울 구로구 경인로 54길4(구로동 636-62)
전화   02)2636-2911~2, 팩스 02)2636-3012
홈페이지 www.lawb.co.kr

등록일자 1979년 8월 27일
등록번호 제5-22호

ISBN   978-89-7535-933-0(93150)

정가   24,000원

철학은 잘 모르지만 한 가지 분명한 것은 철학 같은 것은 몰라도 숨쉬는 데는 지장이 없다는 것이 일반적인 생각들이다. 따라서 철학을 하려는 사람은 이 바쁜 세상에서 선택받은 호사가이에 틀림없다고 생각하는 것 같다.

철학이 이처럼 오해받고 있는 것은 철학이라는 학문이 그 이름만으로는 전혀 그 내용이 보이지 않기 때문일 것이다. 그러나 철학이란 다른 학문과는 달리 언어만으로는 그 내용을 파악할 수 없는 학문이다. 왜냐하면 그것은 우리에게 너무 가까이 밀착되어 있어 마치 자기 속눈썹을 보지 못하는 것과 같은 이치인 것이다.

따라서 '철학을 한다'는 것은 자신의 일상과 주변 생활에 대한 반성과 비판이 일어날 때에만 비로소 가능해지는 것이리라. 또한 철학은 과학에 의해 제기된 것보다 더욱 일반적이고 근본적인 물음들을 제기함으로써 어떤 면에서는 과학은 철학으로부터 상당한 빚을 지고 있다고 할 수 있다.

93150

9 788975 359330

ISBN 978-89-7535-933-0

24,000원